Els veïns de dalt

Col·lecció Humor i Sàtira, 25

Albert Om

ELS VEÏNS DE DALT

La volta a Europa en 88 dies

EDICIONS La campana

1a edició: març del 2000

Edicions La Campana
Balmes, 65, 4t 1a
08007 Barcelona
Tel.: 93 453 16 65 / Fax: 93 451 89 18

Disseny coberta: Núria Querol

ISBN: 84-88791-91-7
Dipòsit legal: B. 15.895 - 2000
Fotocomposició: EdiGestió (Barcelona)
Imprès a Romanyà/Valls. Capellades (Barcelona)

A la Núria,
perquè el viatge
no s'acabi mai.

Un sopar d'agraïment

M'agradaria començar el llibre amb un sopar d'agraïment. Que hi fossin tots els que l'han fet possible.

Hi convidaria els meus pares, que són els primers que em van ensenyar Europa. Que vinguin amb tota la família, en Ramon, la Isabel, en Sergi i l'Alba. Guardaré tres llocs per als editors de La Campana –la Isabel Martí, en Josep Maria Espinàs i la Joana Martí– per les ganes, el talent (i les hores) que hi han dedicat des del primer dia que els vaig explicar el projecte.

Voldria que hi fos en Carles Capdevila, pel seu suport incondicional, i la Vanesa Villar i la Gemma Sanz, pels seus coneixements d'Europa i la seva feina de recerca.

Quan arribin a la taula, es trobaran (si aquell dia, no han quedat) amb Toni Soler, Matthew Tree, Eva Piquer, Jordi Puntí, Màrius Serra, Giovanni Albertocchi, Veronique Michel, Josep Querol, Xavier Graset, Pere Arcas, Andreu Buenafuente, Xen Subirats, Mia Font, Carmelo García, Xavier Bardolet, Núria Periago i Casimir de Dalmau.

A veure quin dia quedem. Ja us trucaré jo, si de cas. De moment, deixem passar festes...

Nosaltres, els europeus

«Si viatges, tens alguna cosa de què parlar quan tornes a casa.»

ALDOUS HUXLEY

He decidit anar-me'n a viure a casa dels veïns de dalt. Últimament, se'n parla molt, d'ells. De nosaltres, vaja. Fins i tot, diuen que aviat compartirem la mateixa moneda. Em sembla que ja comença a ser hora de conèixe'ls.

M'hi instal·laré tres mesos, el temps de saludar-los, veure com tenen el pis, obrir armaris, xafardejar habitacions, saber les seves manies i dir-los que, si mai els falta un pessic de sal o un raig d'oli d'oliva, aquí em tenen, als baixos (amb perdó) d'aquest edifici anomenat Europa.

La casa és del 1957, l'any en què sis veïns (França, Alemanya, Itàlia, Bèlgica, Holanda i Luxemburg) es van posar d'acord per venir-hi a viure. Nosaltres ens hi vam traslladar el 1986 i avui dia ja som quinze a l'escala. L'edifici no para de créixer. Tothom vol tenir-hi un pis, aquí. Ara, la comunitat de veïns estudia tornar a fer obres i ampliar la casa per l'Est.

Europa és tan llaminera que, els últims anys, veïns d'altres edificis es juguen la vida, saltant de finestra en finestra, per entrar a viure aquí. Alguns ja ni hi arriben, es queden pel camí; altres són retornats pel porter als seus edificis d'origen, i els que estan més de sort (o almenys ho sembla) busquen un forat al primer sostre que troben.

M'he passat l'estiu anant amunt i avall de l'edifici. A tot arreu, he trobat les portes obertes. Només abans d'entrar a Anglaterra (un dels pisos on no hi toca mai el sol), m'han fet identificar. No pateixin, els he dit, sóc el veí de baix.

A segons quines llars, hi he vist escenes de violència domèstica. Famílies barallades irreconciliablement, perquè alguns membres volen independitzar-se i tenir un pis propi. També hi ha el cas contrari; a Alemanya, fa poc, van tirar els envans a terra i de dos pisos n'han volgut fer un *loft* d'un sol ambient (que ara es porten molt).

Als dos àtics (Suècia i Finlàndia), no hi havia manera de dormir; a l'estiu, hi toca el sol les 24 hores del dia i estan plens de mosquits. Els finlandesos em van invitar a una sauna, amb els homes de la casa. Tots despullats, com si ens coneguéssim de tota la vida. Els irlandesos, que són els més creients, se'm van emportar a missa, un diumenge al matí. Això sí, aquí anàvem vestits.

Les reunions d'escala es fan a Brussel·les, una de les habitacions de Bèlgica. No ho puc entendre; han triat el pis menys acollidor de tot el bloc. A Grècia, només veient com tenen els vàters, comprenc els problemes que passen cada mes per pagar les despeses de l'escala. Portugal em va recordar l'olor de resclosit d'aquells pisos antics. I el cas d'Àustria és diferent; el *loft* alemany els ha tret tota la llum que havien tingut.

Luxemburg, tot i haver-se quedat l'apartament més minúscul, ha hagut d'omplir les habitacions amb gent de fora. Els danesos, que podrien tenir la vida solucionada, es queixen del veïnat; s'estimarien més viure en una caseta unifamiliar, fora de l'edifici Europa.

Els holandesos, que ja hi estan bé, em van oferir un porro. Si no eren al·lucinacions, després em va semblar que els veia tots amb bici pel passadís de casa. A França, només em vaig aixecar de la taula per anar a la cuina o a la bodega. I els italians, vaig confirmar que eren els que tota la vida havia sentit cridar pel cel obert. Amb la calor que hi fa, viuen amb les finestres obertes, com si representessin una òpera per als veïns de l'edifici Europa.

Cada casa em va semblar un món, però hi ha coses que les vaig trobar repetides a tota l'escala. Un benestar general. Una preocupació comuna per la immigració. Un desinterès creixent per la religió. Una pressa semblant. Les mateixes cares serioses. Les musiquetes dels telèfons mòbils. Les cançons de Ricky Martin. Les pel·lícules americanes. I un McDonald's a cada racó de pis. Qui ho diu que no hi ha coses que ens uneixen a nosaltres, els europeus? La cultura americana, la primera.

Els veïns de dalt és un autoretrat irònic dels europeus (començant pels catalans), però també és una visió àcida d'una determinada manera de viatjar: amb cotxe, amb parella i amb una targeta de crèdit a la butxaca. En 88 dies, vam dormir a 62 habitacions diferents i vam recórrer 25.000 quilòmetres per tots els països de la Unió Europea. He anat a llocs on mai entraria un turista i he estat en altres on tots ho érem.

Els veïns de dalt no és una aventura, ni tampoc unes vacances. És la crònica del viatge que em venia de gust fer entre juny i setembre del 1999: lliure, heterodox i amb més humor que no pas èpica.

És més. La primera nit estava tan animat que vaig decidir temptar la sort.

Una nit al casino

«Jo crec que jugar i perdre són dues coses lligades per la més absoluta coherència.»

JOSEP PLA

Avui serà la primera vegada a la vida que entraré en un casino. Estic impacient. Tot just són les quatre de la tarda. Encara no són hores d'anar a jugar a la ruleta. Podria intentar fer migdiada, si no fos perquè els coixins d'aquest hotel (un tres estrelles vingut a menys) són de forma cilíndrica i fan 40 centímetres d'alt. Quan m'hi estiro, el tronc i el cap formen un terrorífic angle de 90 graus. No deu ser la posició més còmoda per començar un viatge de tres mesos.

Hem arribat a Mònaco sota l'impacte d'una notícia que, en poques hores, ha commogut les classes benestants europees: «*La princesa Carolina, vestida igual en dos actos diferentes*». Ho diu una revista que he fullejat de manera clandestina a l'última àrea de servei catalana. Hi havia quatre pàgines plenes de fotos a tot color, que demostraven que la filla gran dels Grimaldi havia tingut la poca vergonya d'anar a dues festes diferents amb el mateix vestit.

Doncs no deu ser perquè a Mònaco no hi hagi botigues de roba! Surts al carrer i tens moltes més oportunitats de comprar-te un vestit de Chanel o de Christian Dior, que no pas un quilo de pomes o una cuixa de pollastre. Camines amunt i avall i no veus fruiteries, ni botigues d'alimentació ni forns de pa. Tot són *boutiques* d'alta costura, bancs, immobiliàries i joieries. M'imagino els seus habitants llevant-se cada matí (perdó, cada migdia) per sortir de casa a comprar un parell de pisos («tria-me'ls ben macos») i mig quilo de diamants («tallats ben prims»). Com si tots ells, la nit abans, s'haguessin fet rics jugant a la ruleta.

Aquest és un risc que jo també tinc de cara a la cita d'aquesta nit: que guanyi molts diners. Que surti del casino de Montecarlo amb feixos i feixos de bitllets i que després no sàpiga ni què fer-ne. Que els hagi de carretejar amunt i avall, entaforats a dins d'una ronyonera o arrugats a dins dels mitjons gruixuts que m'he comprat per pujar al Cap Nord.

Una mica per evitar tot això tan desagradable (i molt, molt, per pura xafarderia), m'aventuro a mirar els preus dels pisos exposats als aparadors de les immobiliàries. Amb els tres primers, ja en tinc prou. El més petit de tots fa 97 metres quadrats, més 30 de terrassa amb vista al mar, i té plaça de pàrquing. Del segon pis, la immobiliària en destaca les dimensions (142 metres quadrats, més 41 de terrassa), però sobretot que té vista al port i a la sortida del Gran Premi de Fórmula 1. L'últim és absolutament temptador: tres pàrquings, quatre banys i cinc habitacions, fins a un total de 297 metres quadrats d'interior i 323 de terrasses.

Tractant-se de Mònaco, els preus em semblen una ganga. El primer val 9 milions, el segon, 15 milions, i l'últim, 29. Crido la Núria, s'acosta a l'aparador i també està d'acord amb mi. Ella, que es fixa més en els detalls, només hi troba un petit inconvenient: que les quantitats estan expressades en francs francesos. Treu la calculadora i em tradueix a pessetes el cost dels pisos: 225, 375 i 725 milions de pessetes. Proposo que ho deixem córrer. Ja estem bé de lloguer, i a Barcelona.

Es fa fosc a Mònaco i ja no queda pràcticament ningú passejant pel carrer. Ho entenc. Jo tampoc sortiria: amb aquests preus, preferiria quedar-me les 24 hores del dia a casa per amortitzar fins a l'últim raconet de pis.

Oficialment, el 80 % de la població de Mònaco és estrangera. La seva condició de paradís fiscal atrau milionaris de tot el món cap a aquest petit principat, que fa frontera amb Itàlia i França. La llei els obliga a viure aquí, com a mínim, la meitat de l'any. Però tothom sap que no ho acaben complint. Són els porters de les finques els que, de tant en tant, entren als pisos, encenen els llums i fan anar el telèfon per simular que allà hi viu algú.

Mònaco és la capital del mal gust arquitectònic. Els edificis són altíssims, estan construïts els uns a tocar dels altres i, a la majoria (suposo que per impressionar), els han pintat la façana de color rosa. El resultat és un país mantegós, una espècie de pastís de noces indigest, que creix en vertical, a base d'afegir-hi pisos i més pisos.

És la manera com, des de sempre, Mònaco ha superat la limitació de tenir una superfície d'encara no dos quilòmetres quadrats i de ser el segon estat més petit d'Europa. Únicament, el guanya el Vaticà. La diferència és que el Vaticà no té ruleta (almenys que estigui oberta al públic).

I la ruleta, i no cap altra cosa, és el que ens ha portat avui a Mònaco.

Qui es fixa en nosaltres?

Tot el dia esperant-ho i ara resulta que la nostra arribada a les escales del casino passa absolutament desapercebuda. Ningú no es gira ni a mirar-nos. Les desenes de curiosos que s'han reunit a fora l'entrada em sembla que busquen un altre tipus de client, algú que, com a mínim, no hagi comès la immensa vulgaritat d'arribar-hi a peu. A aquestes hores de la nit (deuen ser quarts d'onze), la gran distracció és fotografiar-se al costat dels cotxes de luxe aparcats a la porta del casino. A més de Ferraris, Jaguars i Porsches, a la façana principal de l'edifici, hi ha dues joieries, una a cada banda de l'escala. Sospito que deuen fer un servei públic molt estimable: si vas perdent, surts i t'ho vens tot; si guanyes, la festa comença allà mateix.

Mònaco és un paradís per als amants del joc i del luxe, des que el príncep Carles III va seguir l'exemple de Baden-Baden i va fer-hi construir un casino, el 1878. Cada nit, turistes de tot el món continuen provant sort a les taules de joc de Montecarlo. Avui, fent cua just a davant nostre, hi ha un grup de set o vuit americans que porten esmòquing i que suen molt. Només un d'ells té el detall d'eixugar-se la humitat del front amb un mocador. Sembla com si l'avió els hagués deixat a Niça i haguessin vingut corrent fins al casino. Què són 16 quilòmetres comparat amb els milions que poden guanyar aquí dins?

A les taquilles, compro una entrada on hi ha el meu nom imprès i, a canvi, se'm queden una fotocòpia del passaport. Estic fitxat, però ja sóc a dins del casino de Montecarlo. M'han avisat que tindré la circulació restringida. Sense corbata, no puc entrar ni al restaurant, ni a les sales de joc privades. M'hauré de conformar amb tot el que, de mica en mica, aniré descobrint: un bar, amb gent asseguda, bevent i xerrant, com si no tinguessin cap pressa per fer-se rics; més enllà, una gran sala, plena de taules on juguen a la ruleta i, al fons, desenes de màquines escurabutxaques, amb sintonies horribles que actuen, pretesament, com a reclam de nous clients.

De seguida, m'adono que els casinos funcionen d'una manera peculiar. La gent hi va a fer-se rica, però, un cop a dins, els diners no existeixen. Els he de portar a una finestreta i confiar en un senyor uniformat que diu que me'ls canvia. Si vull jugar a les màquines, em dóna unes monedetes que fan riure, de la Societé des Bains de Mer Casino de Montecarlo; si vull jugar a la ruleta, em carrega de fitxes de tots colors. Aquest senyor el paguen per confondre la gent. Amb mi, ho ha aconseguit de sobres. Ara mateix l'únic que sé és que m'he de treure com sigui totes aquestes fitxes. Primer hauré de descobrir com es juga a la ruleta.

M'acosto a les taules i sembla que tothom s'estigui avorrint profundament. Veig les mateixes cares impassibles, les mateixes accions mecàniques a cada jugada: un home de gris que anuncia amb solemnitat «*faites vous jeux*», la gent que aposta al número que creu que ha de sortir, el mateix home de gris que ara diu «*rien ne va plus*» i la bola que, sentint-se el centre de totes les mirades, allarga la intriga i dóna dotze voltes a la ruleta fins que decideix parar-se en un número. Guanyar o perdre no aconsegueix alterar ni un múscul de la cara dels jugadors. L'única reacció que observo és la d'un home, que, després de cada partida, fa un glop de whisky proporcional a la quantitat que acaba d'apostar. M'ho apunto per copiar-li quan m'arribi el torn: la beguda sempre dóna caràcter.

Una de les taules la domina un xinès, que crida l'atenció per les espectaculars dimensions de les seves ungles. La del dit petit és multifuncional: serveix per espolsar amb diligència la cendra del cigarret, per recollir ràpidament les fitxes que guanya i per eliminar (amb dificultats evidents, això sí) les restes de menjar que li han quedat entre les dents. Això també m'ho apunto, però com a cosa que, en principi, no hauria de fer.

El segon focus d'interès de la mateixa taula són les discussions d'una parella d'italians de la nostra edat. Ella, dreta i amb els braços plegats, vol marxar com sigui; ell, en canvi, salta d'una cadira a l'altra i juga cada vegada més per recuperar el que ha perdut. De tant en tant, s'acosta a la noia, li fa un petó, que no troba mai resposta, i se'n va a provar sort a una altra taula. Suposo que per evitar escenes com aquesta, la majoria de jugadors (o jugadores) que hi ha aquesta nit al casino no van acompanyats. Així no han de donar explicacions a ningú.

Hi ha uns altres personatges que ja fa estona que em criden l'atenció. Van vestits de gris, n'hi ha tres o quatre a cada taula i sembla que es coneguin entre ells. Deuen ser els famosos crupiers. La seva feina és controlar les apostes que fan els jugadors. Quan tenen problemes, veig que criden uns altres senyors que m'imagino que manen més, perquè van vestits de color blau. Uns i altres, els de gris i els de blau, no m'inspiren cap confiança. Més aviat, em fan por.

Al final de cada partida, descobreixo que els crupiers cobren una espècie d'impost revolucionari. Tots els guanyadors els deixen unes quantes fitxes de propina. El més generós és un noi que està sopant al restaurant i, entre plat i plat, s'aixeca a fer apostes milionàries. Per les esplèndides propines que veig que deixa, qualsevol diria que va a mitges amb el crupier. A més, hi ha una altra cosa que em fa sospitar: tots dos porten el cabell llepat enrere i un moreno excessiu. Me'ls imagino, de dia, gastant-se junts al solàrium el que, a la nit, han guanyat, separadament, a la ruleta.

Però nosaltres, que som molt més modestos, encara no ens hem ni estrenat. Tardem una hora a fer la primera aposta: 80 francs francesos a vermells. Són unes 2.000 pessetes. Si surt vermell, en cobrarem 4.000; si surt negre, ho perdrem tot. Tenim un 50 % de possibilitats. L'únic que he de fer ara és estirar el braç i col·locar quatre fitxes de 20 francs al lloc de la taula corresponent a vermells.

Poso les fitxes en un raconet, una sobre l'altra, perquè no es barregin amb les apostes de la resta de jugadors. Em fa patir que les tinc massa lluny. No hi ha cap cadira buida en tota la taula i m'ho he de mirar dret, des de la segona fila. No trec els ulls de sobre les fitxes, perquè no me les prengui ningú.

Ja només falta que diguin allò de *rien ne va plus* i que la bola comenci el seu recorregut per la ruleta. Però no; alguna cosa impedeix que comenci la partida. Pitjor encara: em sembla que aquesta cosa sóc jo. Un dels crupiers assenyala, amb el seu rasclet, la meva muntanyeta de 80 francs.

–De qui és això? –diu, amb cara de pocs amics.

–És meu –contesto desconcertat.

Tothom em fulmina amb la mirada. Jo encara no sé què he fet malament. Només intento jugar a la ruleta per primera vegada a la vida.

–No sap que l'aposta mínima és de 50 francs?

Per un moment, penso que encara tindré raó jo. Si l'aposta mínima és de 50 francs i jo n'he posat 80, no veig el problema per enlloc. Intento defensar-me utilitzant tots els meus recursos expressius en francès.

–Jo, 80.

Per la cara que fa, ja veig que l'explicació no l'ha convençut.

–Això va de 50 en 50. Faci el favor de posar-ne 20 més o de retirar l'aposta. L'estem esperant.

El primer que em passa pel cap és la mare del crupier. Dècimes de segon després, recupero els 80 francs i marxem a una altra taula, sense ni temps de veure si surt vermell o negre. Diguem que, en aquest moment, és el de menys. Ja ho estic prou, jo, de negre!

A la segona taula, descobreixo que hi ha jugadors que no fan les apostes directament, sinó a través dels crupiers. Els posen les fitxes a la mà i els indiquen el número (o el color) pel quan volen jugar. Suposo que deu ser la manera més senzilla per no equivocar-te i per tenir algú que vigili on i com t'ha de col·locar les fitxes. I si, al final, els crupiers igualment s'han d'emportar propina, com a mínim, així, se la treballen una mica.

Aquesta vegada, no puc fallar. Vull apostar 100 francs (unes 2.500 pessetes) al número 18, el favorit de la Núria. Abans de llançar-me, faig dues comprovacions: *a*) que, aquí, l'aposta mínima també sigui de 50 francs, i efectivament veig que ho és, i *b*) que 100 sigui múltiple de 50, cosa que, si no hi hagut canvis d'última hora, també sembla evident.

Tot fa pensar que no he de tenir cap problema. És el moment d'acostar-me a un d'aquells senyors de gris, donar-li la fitxa i dir-li, molt educadament, on vull que la col·loqui.

–Al 18, si us plau.

Em quedo amb el braç estirat i la fitxa a la mà. L'home em mira com si l'acabés d'ofendre terriblement.

–Es pot saber què fa? –pregunta amb aires de superioritat.

–...

No em surt cap paraula. Només obro els ulls i arronso les espatlles per expressar gràficament que no conec les normes de la ruleta.

–No és a mi, a qui li ha de donar la fitxa –i amb un cop de cap desganat m'assenyala els seus companys.

Decideixo no fer l'aposta, perquè noto com si tots els jugadors em miressin. Hi ha gent que va al casino i guanya molts diners. Uns altres, la majoria, hi perden. Jo dec ser la *tercera via*. Fa dues hores que sóc aquí i encara no he pogut apostar. Ja he hagut de marxar de dues taules, maleint la mare dels crupiers. De la primera, me n'he anat per no saber multiplicar i d'aquesta segona –me n'he adonat més tard–, per haver confós el xef amb un simple crupier. Això els passa per anar vestits iguals.

Queda una tercera taula en funcionament, més apartada i amb poca gent jugant-hi. Aquí trobo la sort que m'ha faltat durant tota la nit. En cinc minuts, i sense cridar l'atenció de ningú, ho perdo tot. A negres, a vermelles, a parells, a imparells o al número 18. Tot perdut. Ja no em queda cap fitxa a la butxaca i, el que és més important, ja no hi ha res que m'impedeixi travessar la porta del casino de Montecarlo, amb la cara ben alta.

A fora, alguns bancs anuncien que tenen servei les 24 hores del dia. No, gràcies. Tal com han anat les coses, no ens convé fer cap ingrés d'urgència. A més, els carrers de Mònaco són extremament segurs. Hi ha 60 càmeres de vídeo, repartides per totes les cantonades, que segueixen el recorregut que fem, des del casino fins a l'hotel. El Principat té 500 policies, un per cada 60 habitants. L'objectiu és que les senyores puguin passejar tranquil·lament pel carrer, sense que ningú els robi les seves joies de set milions de pessetes, ni faci esclatar els seus pits operats.

Per això, per no molestar els que hi viuen, a Mònaco, no veus ni indigents ni immigrants sense feina. Fins i tot, els passos subterranis són un altre món comparat amb els de Barcelona: no fan pudor de pixats, hi ha molta llum, tenen plantes naturals i estan decorats amb marbre pertot arreu.

A l'arribada a l'hotel, el recepcionista té la delicadesa de no preguntar-nos com ha anat al casino. Ens explica la seva història, la d'un francès d'origen africà, que, com tants d'altres, cada dia ha d'anar i venir des dels afores de Niça, perquè no es pot permetre el luxe de viure al Principat.

Em fico al llit pensant que Mònaco deu ser, precisament, això: un país on els que hi treballen, no hi poden viure, i els que hi viuen, no volen treballar. Ni falta que els fa.

Un museu a l'aire lliure

«Venecia lleva siglos muriéndose.
Es la vaporosa novela de la muerte.»

MANUEL LEGUINECHE

Els italians parlen molt. I, a vegades, per no dir res, simplement pel plaer de la conversa. Els agrada que els escoltis i que es puguin convertir en el centre d'atenció de la seva taula i, per què no, de tot el restaurant. De fet, l'apassionament, la musicalitat (i el volum) amb què parlen anul·la qualsevol altre intent de diàleg que neixi al seu voltant.

Això és el que ens va passar, ahir a la nit, sopant en un restaurant de Verona. Ni parlàvem ni menjàvem. Quan ens en vam adonar, ja teníem la pizza freda. Feia mitja hora que estàvem hipnotitzats pel grup del costat. No enteníem què deien, però ho deien bé; tan bé, que els vam continuar escoltant, amb la boca oberta, fins que el cambrer ens va avisar, a uns i altres, que era la una de la matinada. L'hora de tancar.

La importància de l'oratòria a Itàlia me l'havia advertit, abans de marxar, Giovanni Albertocchi, que és professor de Literatura Italiana a la Universitat de Girona i fa molts anys que viu a Barcelona. «A Catalunya, la paraula té una funció estrictament comunicativa. A Itàlia, en canvi, és tot un art: l'art de l'eloqüencia.» Per Albertocchi, la clau és la importància que l'escola del seu país dóna a l'oralitat. «A primària, els professors ja et fan explicar la lliçó del dia abans en veu alta i, tant a secundària com a la universitat, els exàmens són orals.»

Segurament que per canalitzar totes les inquietuds oratòries d'aquest poble, un italià –Guglielmo Marconi– va acabar inventant-se la ràdio. Els informatius de totes les emissores, ara que sortim de Verona, obren amb la mateixa notícia: el pàrkinson del papa Joan Pau II avança implacablement. Aquesta vegada, s'ha desmaiat, ha tornat a caure de la banyera i li han hagut de donar tres punts al cap.

Avui és dia d'eleccions a Itàlia. Els ciutadans van a les urnes per elegir els seus representants al parlament europeu, als ajuntaments i als consells provincials. Acabo de veure un cartell dels Verds, amb un eslògan magnífic: «*piu parchi e piu sole*» («més parcs i més sol»). Els votaria, encara que només fos per saber com s'ho fan per complir les seves promeses electorals.

El diari *La Repubblica* dedica més espai a l'*annus horribilis* de Bèlgica que no pas al Papa o a les eleccions. El que passa a Bèlgica és inaudit. En qüestió de setmanes, ha vist com els seus ciutadans perdien la confiança en dos dels grans pilars de les democràcies actuals: el pollastre i la Coca-Cola. Primer, van retirar tots els pollastres dels supermercats, per culpa de l'afer de les dioxines; ara han de destruir 15 milions de llaunes de Coca-Cola, Sprite i Fanta, després que seixanta persones hagin ingressat a l'hospital amb vòmits, mal de cap i marejos.

Em pregunto què quedarà lliure de sospita quan arribem nosaltres a Bèlgica, d'aquí a un mes i mig. Ara mateix, no tinc cap ganes d'anar a Brussel·les. Tothom m'ha dit que és la capital de l'Europa avorrida i grisa. Amb perdó pel gris.

De moment, hem decidit no continuar el viatge cap a Roma i el sud d'Itàlia. Ens desviaríem massa d'un dels nostres objectius: arribar al Cap Nord, abans de mitjan juliol, a temps de veure el sol de mitjanit. Això ens obliga a deixar el sud d'Europa (França, Itàlia, Grècia i Portugal) per al final del periple. Només acordem una excepció, perquè ens ve de pas i perquè, en ple agost, podria ser insuportable: Venècia.

Milions de residents virtuals

Hem fet bé. A mig juny, a la Piazza San Marco, encara hi trobem més coloms que turistes. En segons quines èpoques de l'any, és al revés: els turistes guanyen els coloms. Llavors, baixa el risc de ser víctima d'una deposició d'ocell a la camisa, però, en canvi, augmenten les possibilitats de ser trepitjat o esclafat per una de les múltiples riuades humanes que t'esperen darrere de qualsevol cantonada. A l'agost o en ple carnaval, diuen els que hi han estat, les possibilitats de sortir-ne amb vida són pràcticament nul·les.

L'antiga república independent de Venècia s'ha convertit en una espècie de museu a l'aire lliure. Cada any la visiten 12 milions de persones. Però, paral·lelament, s'hi produeix un altre fenomen migratori: els seus habitants abandonen Venècia i s'instal·len a terra ferma, a la ciutat de Mestre. Els venecians ja saben que Mestre no té cap atractiu estètic, però hi troben, en canvi, un nivell de vida més suportable i la comoditat de no haver d'estar, permanentment, amb l'aigua al coll.

De seguida noto que els turistes s'han fet amb el control de Venècia. No veig per enlloc els 70.000 habitants que diuen que encara té la ciutat. L'Ajuntament deu conservar els venecians en unes àrees reservades, com si fossin espècies protegides, perquè no molestin els nous amos. M'ha fet gràcia la manera que un portaveu municipal definia els turistes, en una entrevista a *La Repubblica*: «residents virtuals». Hi estic d'acord; hi véns a passar dos dies i pagues els impostos equivalents a tot un any.

Per exemple: un pipí en un dels lavabos públics que hi ha a Venècia, costa 2.000 lires, unes 170 pessetes. S'ha de tenir molt pipí, perquè et surti a compte pagar 170 peles! Aquest preu, però, només afecta els *residents virtuals*. Els venecians disposen d'una mena de *pipi card*, que els permet fer les seves necessitats a un preu més reduït o, de franc, si són jubilats o aturats. És una jugada hàbil: rebaixar el preu de les miccions per frenar l'èxode cap a Mestre.

Abans de pagar 170 pessetes, provo si em surt a compte entrar en un bar, demanar una cervesa i, pel mateix preu, utilitzar els serveis del local. Em sembla que no ha sigut una bona idea. Al cafè Florian, de la Piazza San Marco, una cervesa em costa 13.000 lires, unes 1.100 pessetes. Calculo que per recuperar la inversió, hauré d'anar sis vegades consecutives al lavabo en els pròxims cinc minuts.

Mentre espero que la cervesa comenci a estimular-me la bufeta, veig el cambrer que se m'acosta. Es disculpa molt educadament perquè no s'ha recordat d'afegir a la factura un suplement musical de 6.500 lires, unes 550 pessetes més. Total: 1.650 pessetes per una cervesa. Pago el que em demana, però li faig constar que, des de la meva cadira, tinc l'orquestra tan lluny, que només veig el contrabaix, i encara gràcies.

Quan sortim, em paro a mirar l'ambient de la terrassa. Les primeres taules les ocupen turistes d'edat molt avançada. Sembla com si haguessin fet una promesa que no es moririen sense haver estat, almenys una vegada a la vida, a Venècia. Per l'anglès que parlen (i també per les panxes de les senyores) dedueixo que moltes de les altres taules les ocupen americans. Venècia és una de les seves destinacions europees preferides. Penso que, en tots aquests palaus a banda i banda del Gran Canal, els americans hi deuen veure la idealització del Vell Continent, la sublimació d'una història que ells mai no han tingut.

De nit, el Gran Canal és un decorat inquietant. Hi ha molt poca llum, l'aigua agafa un to negrós i les cases queden a la penombra. Darrere les façanes, m'imagino palaus abandonats, que necessiten que algú hi entri, obri les finestres i deixi córrer l'aire. Ara mateix, m'agradaria tenir les claus d'algun d'aquests palaus. Estic segur que, enmig de teranyines i un fort olor de resclosit, encara trobaria taules parades, bacanals a mitges i, qui sap, si algun cadàver per enterrar.

Aquest és l'atractiu morbós de Venècia; que és romàntica i decadent a la vegada, que tant pots anar-t'hi a enamorar, com a suïcidar. Però tant si vas a fer una cosa com l'altra, acabaràs passejant en góndola pels canals. Valgui el que valgui. Forma part de l'espectacle.

Remar i regatejar

Els *gondolieri* són uns homes que van vestits amb samarreta de ratlles blaves (com Pablo Picasso) i porten un barret de palla al cap (com Tom Sawyer). No fan res més en tot el dia que remar i regatejar. Per això, en les negociacions per determinar el preu del trajecte, sempre t'acaben prenent el pèl. Almenys, aquesta és la sensació que tinc, després d'acceptar pagar 200.000 lires (unes 17.000 pessetes) per un passeig nocturn de 45 minuts. Em quedo amb les ganes de demanar-li si el preu també em dóna dret a un pipí al Gran Canal, des de dalt de la góndola. Seria un detall.

Primer de tot, el nostre *gondoliere* es presenta. Es diu Roberto; així, cridant i marcant molt les erres: Rrroberrto!!! Després, em dóna la mà, jo també li ofereixo la meva i es crea la primera situació tensa entre nosaltres dos. La Núria em fa adonar que el noi no vol cap encaixada, sinó ajudar-me a pujar a dalt de la góndola. Perdó!

De seguida, descobreixo l'avantatge d'haver pagat 17.000 pessetes: nosaltres anem asseguts i ell haurà de fer tot el viatge dret, a darrere nostre. La góndola és de fusta de roure i està pintada de color negre. El toc *hortera* el donen els complements que la guarneixen: coixins de vellut vermell, borles vermelles i fanalets, també, vermells. En Roberto, però, és un fenomen: condueix la barca per canals increïblement estrets, ens explica la seva vida i canta melodies italianes. Tot això al mateix temps. I encara troba un forat per saludar els altres *gondolieri* que ens anem creuant i que, per cert, fan exactament el mateix que el nostre: conduir, xerrar i cantar.

En Roberto viu a Mestre, però durant tot el trajecte critica la deixadesa de Venècia. Es posa especialment nerviós cada vegada que passem a tocar de cases amb un pilot de bosses d'escombraries acumulades a fora. Em faria gràcia veure com les recullen els serveis municipals. Aquí, per motius evidents, no ho fan amb camió, sinó amb barca. Que malament que sona això de «la barca de les escombraries».

Antigament, a Venècia, tothom utilitzava les góndoles. Ara en queden quatre-centes i estan reservades als turistes. Els residents a la ciutat disposen, actualment, d'altres mitjans de transport. En Roberto m'ensenya com alguns venecians tenen, a la porta de casa, la seva pròpia barca que els espera. Demà al matí, encara ho veuré millor. Homes que surten de casa, i, sense haver de tocar el carrer, posen un peu en una petita lanxa, l'altre també, engeguen el motor i marxen cap a treballar.

El transport públic més famós de Venècia és el *vaporetto*. Hi hem pujat un parell de vegades aquesta tarda. Són barques força tronades, que uneixen diferents punts de la ciutat, amb una lentitud exasperant. Turistes i venecians paguen preus diferents per anar tots com anxoves a dins del *vaporetto*. En Roberto ens aconsella que no l'agafem ni a primera hora del matí, ni a última de la tarda, perquè és quan van més carregats. Porten els milers de persones que, com ell, cada dia vénen des de Mestre a treballar a Venècia.

Estem arribant al final del recorregut. Han passat tres quarts d'hora i em sembla que ja es veu el punt on hem agafat la góndola. Per evitar nous equívocs, aquesta vegada, no li donaré la mà, a en Roberto. Hem d'anar per feina; encara tenim una bona estona a peu fins a l'hotel Santa Chiara, a l'entrada de la ciutat.

Pel camí, el silenci és absolut. És un gust que, a Venècia, tot l'any sigui el Dia Sense Cotxes. El problema serà quan algun governant descobreixi l'impacte ecològic de la circulació pels canals i se li acudeixi organitzar el Dia Sense Barca. Llavors, no voldré perdre'm la imatge de tothom anant a treballar nedant (que diuen que va molt bé per l'esquena).

L'art d'estendre roba

«La vida imita l'art,
més que no pas l'art imita la vida.»

OSCAR WILDE

El segon dia d'estada a Venècia coincideix amb la inauguració de la Biennal Internacional d'Art Contemporani. Em passo quatre hores recorrent-la, de punta a punta, i contemplant obres arribades de tot el món. Algunes diria que no les entenc. Però es veu que l'art no s'ha d'entendre. O t'agrada o no t'agrada. I, a mi, aquest sí que m'agrada, si més no pel contrast que hi ha entre les agosarades propostes estètiques de la mostra i la decadència d'una ciutat, que tot just acabo de deixar enrere.

Entro al pavelló de Bèlgica i només veig una boira molt espessa que ho cobreix tot. M'hi trobo com a casa. És un retorn inesperat a Vic. Amb el pretext de la modernitat més absoluta, han fet servir la boira per amagar la realitat d'un país que s'ensorra. No està mal pensat.

Al pavelló d'Itàlia, la mirada se me'n va cap al vigilant d'una de les sales d'exposició. Aquest home em fa patir molt. Està assegut en una cadira, amb els ulls molts oberts i el cap repenjat a la paret. A davant seu, només té una escultura de dotze rates gegants, una al costat de l'altra. Els animals formen un cercle i, per la cara que fan, semblen disposats a atacar el vigilant. Vuit hores al dia veient aquesta única imatge. Em pregunto com deu ser la vida d'aquest home quan torna a casa, al vespre.

Sort que el pavelló de Corea em treu aquests pensaments del cap. De fora, ja sembla un dels més sol·licitats. Un cop a dins, entenc el perquè: hi ha dues cabines individuals de karaoke, i totes dues amb els èxits del grup suec Abba. No sembla la proposta més revolucionària per a una Biennal d'Art Contemporani, però la gent fa cua per exhibir els seus dots vocals. En una altra sala, hi trobo les noves tendències mundials en tatuatge. El que es porta ara és estampar-te, a qualsevol punt del cos, la taca que l'expresident soviètic Mikhaïl Gorbatxov té al cap.

Al final del recorregut, hi ha una habitació que serveix de punt de trobada per als participants a la mostra. Hi descobreixo un detall molt revelador de quines són les preocupacions dels artistes, unes quantes setmanes abans de l'any 2000. És un llibre que està a sobre de totes les taules de la sala i que es titula: *Como spiegare a mia madre che cio'che faccio serve a qualcosa*? (Com explicar-li a la meva mare que el que faig serveix per alguna cosa?) Genial.

Les sis de la tarda és una bona hora per tornar a l'hotel, dutxar-nos i sortir a sopar. És la nostra última nit a Venècia i hem decidit menjar en un dels restaurants que tenen terrassa al Gran Canal. El recinte de la Biennal queda una mica apartat del centre turístic. Per això, al migdia, hi hem arribat en *vaporetto*, però ara hi ha un motiu que m'empeny a tornar a peu: o acabo de tenir una al·lucinació o veig símptomes de vida autòctona al barri de Castello.

Comencem a caminar i es confirmen les sospites: els balcons són plens de roba estesa. Això vol dir que algú l'ha rentada i algú l'ha embrutada, aquesta roba. Això vol dir que, en aquestes cases, hi viu algú. Em sembla que la dutxa i el sopar poden esperar-se una estona. Ara és més urgent saber com és aquest grup d'indígenes venecians que resisteix heroicament la invasió dels turistes.

El carrer deu fer cinc metres d'amplada. És un espai més que suficient perquè, a qualsevol altra ciutat d'Europa, hi hagués una vorera a cada costat i un carril central per als cotxes. A Venècia, per motius evidents, no deixa de ser un carrer de vianants, com tots els altres. La roba estesa travessa de punta a punta el carrer, formant múltiples fileres. Sembla com si tothom s'hagués posat d'acord per fer rentadores avui, que és dilluns.

El recorregut es converteix en una mena de cursa d'obstacles. Primer, he de passar per sota d'un rengle de calçotets, samarretes, calcetes, sostenidors i mitjons que encara degoten. Una mica més enllà, m'ajupo per no tocar amb el cap uns llençols blancs, que surten d'un primer pis i arriben fins a un metre i mig de terra. També em criden l'atenció dues samarretes de futbol que pengen d'un balcó. Les dues ja són història: la blanca de Davor Suker, amb el número 9 del Madrid, i la blaugrana de Fernando Couto, amb el 24 del Barça. Fotografio les samarretes i m'imagino que són de dos germans, un del Barça i un del Madrid, que cada dia es barallen a l'hora de sopar fins que acaben tots dos castigats.

Recorro el carrer tres o quatre vegades, amunt i avall, fent fotos des de tots els angles. Una d'aquestes imatges la tornarem a veure, d'aquí a unes setmanes, al sud d'Itàlia: la roba estesa, en primer terme, i, de fons, una paret de color terra, escrostonada i despintada pel pas del temps, amb una *madonna* a l'interior d'una vitrina.

La imatge és tan extemporània, tan irreal, que sembla una instal·lació més de la Biennal d'Art. La més revolucionària. Em sembla una idea brillant: estendre roba (de tots els colors i de totes les talles) al mig del carrer, i obligar la gent a passar-hi per sota. Si ho veiés algun crític d'art, escriuria que és el millor descobriment d'aquesta edició de la Biennal. El crític compararia les mestresses de casa amb les grans artistes del segle XXI i potser trobaria a faltar que als balcons d'aquest carrer no hi hagi el mateix llibre: *Com explicar-li als meus fills que tot el que faig (una rentadora després de l'altra) serveix d'alguna cosa?*

Postals de Viena

> *«No he conegut la Viena d'entreguerres i sóc massa jove per recordar la Viena d'antany, amb el seu encant fàcil i fictici, i la seva música de Strauss. Per a mi, és només una ciutat feta de ruïnes sense dignitat, transformada en aquest mes de febrer en grans blocs de gel i neu.»*
>
> GRAHAM GREENE,
> *El tercer home*

Ja es veu a venir que, en aquest viatge, no hi haurà temps per al descans. De moment, en cinc dies, hem dormit a quatre hotels diferents: Mònaco, Mòdena, Verona i Venècia. L'avantatge és que tampoc ens avorrirem. Tenim tres mesos i catorze països per endavant. Les ciutats ens comencen a passar, per davant nostre, tal com passen els canals de televisió quan fas un zàping. Et quedes amb el millor i quan te'n canses (o, en alguns casos, abans i tot) marxes cap a la pròxima parada.

De Mòdena, recordo el seu aire misteriosament fúnebre. La ciutat estava plena d'esqueles gegants; a molts punts d'Itàlia, encara es comunica la mort d'algú d'aquesta manera: enganxant a les façanes de les cases les necrològiques que, a Catalunya, els més afortunats publiquen a *La Vanguardia*.

A Verona, en canvi, viuen de dos cadàvers il·lustres: el de Romeu i el de Julieta. Gràcies a aquests dos personatges de Shakespeare, és la quarta ciutat més visitada d'Itàlia, després de Roma, Venècia i Florència. *Julietes* de tot el món pelegrinen a Verona amb l'únic objectiu de treure el caparronet pel balcó dels

Capuleto i ser immortalitzades en una foto, pel seu *Romeu* particular o per un fotògraf professional, que ofereix, com a servei extra, posar la seva imatge en una tassa de te.

Totes les parets de la casa estan plenes d'inscripcions d'amants, que a penes es poden llegir. Amb els anys, unes s'han superposat a les altres, en una espècie d'orgia col·lectiva. Amors més nous i exaltats esborren els anteriors, els desfiguren o fan que formin estranyes parelles. Les pintades que encara es poden llegir porten una data dels últims anys. Qualsevol arma és bona per intentar allargar la vida del missatge: retoladors, monedes o claus.

La inscripció més habitual és un cor amb el nom de la parella a banda i banda. Altres ho reforcen amb un «t'estimo», una frase que en aquelles parets la trobo escrita en tots els idiomes del món. També hi ha missatges més desconcertants: «*Il pane imburrato cade sempre dalla parte del burro*» («El pa amb mantega sempre cau per la part de la mantega») o més atípics: «Altamira, sexo oral», que fa sospitar de la conducta sexual dels nostres avantpassats.

Aquest matí de dimarts, des de l'hotel de Venècia, estudio el camí més ràpid per arribar a Viena. Una de les millors compres que vaig fer abans de sortir de Barcelona és un planificador de rutes per Europa en format CD-Rom. És impressionant: poso el disquet a l'ordinador portàtil, li dic a quina ciutat sóc i a quina vull anar. Immediatament, calcula la distància que hi ha entre aquests dos punts, el temps que tardaré a recórrer-la, les carreteres que he d'agafar i el cost en gasolina que em suposarà el viatge. És bastant més còmode que esmorzar cada dia amb el mapa desplegat sobre el suc de taronja (a Mònaco, natural, i tots els altres dies, de tetra-brik).

L'Autoroute Express (és el nom del planificador) diu que tardaré 5 hores i 17 minuts a recórrer els 600 quilòmetres entre

Venècia i Viena. Les primeres hores les passem escoltant música italiana a la ràdio. Primer, trobo Sandro Giacobbe, l'autor del mític *El jardín prohibido*, i després, Fausto Leali i Jovanotti. És curiós; en aquest país, tots els cantants tenen la mateixa veu enrogallada. És com si haguessin passat una nit moguda i els posessin un micro a la boca, just quan s'acaben de llevar.

Un cop a Àustria, dinem en una àrea de servei de l'autopista. El contrast és enorme.

Les cambreres van vestides de tiroleses i practiquen un peculiar (i irritant) bilingüisme germànic, que consisteix a contestarme en alemany (i, a sobre, amb cara d'ofeses) quan jo els parlo en anglès. El resultat és catastròfic: em porten uns plats que jo juraria que no he demanat mai. La tragèdia es consuma quan veig que, per l'amanida de remolatxa, no hi ha ni oli ni vinagre. Assumimho: ja som a l'Europa de la mantega i ens passarem, pràcticament, dos mesos sense ni tastar l'oli d'oliva.

Viena té poc més d'un milió i mig d'habitants, si fa o no fa com Barcelona. En canvi, entrar-hi amb cotxe no té el mateix al·licient que quan arribes a la capital catalana. Per al meu gust, hi falten els netejavidres. Als semàfors de Viena, només hi ha nois amb un anorac groc, que venen, molt educadament, exemplars del diari *Neue Kroner Zeitung*. Com a espectacle, és molt més avorrit.

Per això, m'he de distreure mirant, una i altra vegada, la matrícula de l'Honda Civic que portem a davant. Sí, ho he llegit bé: Mi Eva 001. Si no fos perquè som a Àustria, pensaria que és d'algun home que va anar a *Lo que necesitas es amor* a recuperar la seva dona i ella (*su* Eva), de la bufetada, el va enviar més enllà del Tirol.

Ara mateix, la Núria i jo tampoc estem gaire lluny d'arribar a les mans. Tenim la típica discussió de parella quan entra a una ciutat que no coneix, amb unes ganes boges d'agafar la dutxa de l'hotel, i, en canvi, fa mitja hora que s'ha perdut per uns carrers impossibles d'identificar, en el mapa. La Núria, a les cruïlles, fa veure que consulta la *Guia Michelin* d'Europa i no diu res, perquè sigui jo qui m'equivoqui. Jo, que ja començo a estar una mica nerviós, li exigeixo que triï el camí a seguir, com si s'hagués de conèixer la ciutat, pel sol fet de tenir, a davant, un mapa incomprensible.

Uns quants crits, una estona de morros i la reconciliació, quan, al cap d'una hora, descarreguem l'equipatge a l'hotel Bellevue. Llàstima que la pressió de l'aigua de la dutxa és ofensivament ridícula. Sembla com si algú, a sobre nostre, ens estigués mullant amb un porró.

L'endemà al matí, deixem el cotxe tancat al garatge de l'hotel i sortim a passejar per Viena. Primera constatació: tal com m'havien advertit, el Danubi no és blau, sinó verd. D'un verd merda d'oca. Johann Strauss no tenia manies. Si hagués nascut a Sant Adrià, hauria sigut capaç de fer un vals titulat *El Besòs és blau*, sense que li caigués la cara de vergonya.

Segona constatació: plou i no porto paraigua. Entro en una llibreria del costat de la catedral, i començo a mirar postals. Aquesta és una altra manera de descobrir una ciutat. Les postals són la imatge que Viena ofereix als visitants. En trio cinc, les que més m'agraden, i intento seguir les històries que amaga cadascuna. Tinc tres dies per endavant.

Postal número 1: retrat de Johann Strauss, en blanc i negre.

Si no fos perquè porta un violí a les mans, diria que és l'entrenador de futbol Xabier Azkargorta. Tots dos tenen el mateix bigoti descomunal, amb un rengle de pèls que se'ls repenja al llavi superior i uns altres que se'ls enfilen, pessigollejant, cap als forats del nas.

Però no, l'home de la postal és Johann Strauss. Aquests dies, a Viena, el trobo a tot arreu. Postals, cartells, col·leccions de discos recopilatoris i concerts especials recorden que, el 1999, es compleixen cent anys de la mort de l'home que va popularitzar el vals i va animar els salons de la Viena imperial del segle passat.

Strauss també és el responsable que milions de persones, a tot el món, comencin l'any despertant-se sobresaltats. La tradició marca que, al matí del primer de gener (i després dels salts d'esquí des de Garmisch Parten Kirchen), toca seguir, per televisió, el concert d'Any Nou des de la capital austríaca. A casa, ho feien amb un apassionament i un volum tan exagerats que, a mi, em semblava que tenia tota l'Orquestra Simfònica de Viena als peus del llit que m'interpreva ara un vals, ara una polca.

Però, ni en l'any del seu centenari, Strauss no ha pogut penetrar en el terreny de la xocolata, monopoli absolut d'un altre músic austríac, Wolfgang Amadeus Mozart. Els aparadors de totes les botigues de *souvenirs* de Viena estan plens de bombons embolicats amb la cara de Mozart. Una carrera tan breu, com la del geni de Salzburg, no podia tenir un final més dolç.

A davant de la catedral, el punt de màxima concentració turística de Viena, se'm fa difícil escapar de la pressió d'una noia que vol vendre'm entrades per a un concert de Johann Strauss, casualment. Pretén que miri un catàleg amb les fotos dels músics i els preus de l'espectacle, però estic francament més interessat per l'aspecte dels seus cabells. Em sembla que fa dies que no se'ls renta.

La noia canvia d'estratègia i, sense tancar el catàleg, comença a explicar-me la seva vida. Estudia piano a Viena des de fa més d'un any i, igual que molts dels seus companys, es paga els cursos venent entrades a turistes. El seu nom és Dita i és de Kosovo. De Kosovo, ha dit? Pobra noia, amb tot el que deu estar passant per culpa de la guerra, i, a mi, l'únic que se m'acut pensar és que li brutegen els cabells.

Els remordiments em desapareixen de cop, quan ella torna a insistir en la seva procedència, per si no ho havia entès a la primera:

–*Do you know Kosovo? Pum, pum, television,* i es queda amb el braç dret alçat cap al cel, en forma de pistola, i un somriure a la boca.

Definitivament, aquesta noia, em fa por. Li abaixo el braç, li compro les entrades i marxo corrent cap al concert. Entre el públic, hi ha clara majoria japonesa. Al final de la nit, acaben tots ells deixant, per uns instants, la càmera de vídeo a la cadira i sortint a ballar *El Danubi blau*. Sort que Strauss va morir-se fa cent anys! No crec que li agradés veure el patetisme d'aquest espectacle. I a mi, que encara sóc viu, tampoc.

Postal número 2: l'emperadriu Sissí, en un collage de fotos de diferents èpoques de la seva vida.

Viena, capital imperial. Així és com les agències de viatges encara continuen venent aquesta ciutat. Per les seves glòries passades. L'arquitectura monumental de Viena, les impressionants col·leccions d'art o la mateixa passió per la música són testimonis, encara avui, de la capitalitat cultural i econòmica que aquesta ciutat va exercir sobre Europa, als segles XVIII i XIX. Els tramvies que van amunt i avall completen el dibuix d'una Viena malencònica, orgullosa del passat i espantada per un futur incert.

L'emperadriu Sissí encarna l'antic esplendor de la cort vienesa. Molta culpa del mite de Sissí la té el cinema. L'actriu austríaca Romy Schneider va interpretar el personatge de l'emperadriu en una trilogia de pel·lícules ensucrades, que van triomfar a tot el món. A Espanya, per exemple, *Sissí* es va convertir en un autèntic fenomen de masses, sobretot per a un públic femení, que consumia compulsivament novel·les roses i serials radiofònics lacrimògens. De fet, l'argument de les tres pel·lícules s'acostava més a la premsa del cor, que no pas a la realitat històrica. Al final, Romy Schneider va acabar detestant el personatge i negant-se a fer una quarta part de la història.

La postal de Sissí em porta al palau de Schönbrunn, la residència d'estiu dels Habsburg. Només d'entrar als jardins imperials, trobo milers de turistes seguint una cerimònia de jura de bandera. Mai havia tingut tan a prop meu militars que portessin casc i cantessin en alemany. Com pot ser que l'exèrcit austríac faci les jures de bandera al lloc més turístic de Viena? No em vull ni imaginar els militars espanyols obligant els soldats a desfilar per dins de la Sagrada Família o pel mig de la platja de Lloret.

Un cop a dins del palau, admiro el llit comú de l'emperador Francesc Josep i l'emperadriu Sissí. Està intacte; és l'avantatge de no haver-lo utilitzat mai. La guia explica que l'emperador s'aixecava a dos quarts de quatre de la matinada per començar la seva jornada laboral. A l'hora de dinar, igual; l'home menjava en un moment i, de seguida, tornava a la feina. Sissí ja ni s'hi presentava, a taula. Estava arreglant-se la cabellera, fent una de les seves anorèctiques dietes pre-Biomanán o, fora de Viena, en algun dels seus viatges. Llàstima que naixés massa d'hora, perquè a finals dels segle XX segur que Sissí hauria treballat (de bracet amb Lady Di) per alguna ONG i hauria anat a l'Àfrica a donar les mans «d'uns quants nens negrets». Que tanta falta els fa.

Postal número 3: una safata amb dos cafès amb llet, dues culleretes, sucre i dos gots d'aigua.

No sóc capaç de mirar-me aquesta postal, sense haver de sortir corrent cap a un dels cafès que han donat fama mundial a Viena. Trio el Hawelka, perquè he llegit que és el més antic de la ciutat, i un dels pocs que encara recorda l'esplendor de finals de segle passat, quan aquests establiments eren el punt de reunió dels literats, intel·lectuals i artistes, que formaven l'avantguarda vienesa.

D'entrada, em sobta el silenci del cafè Hawelka. Miro taula per taula (n'hi deu haver una dotzena), i tothom està llegint un diari o un llibre. Només hi ha una dona, al costat de la finestra, que no llegeix; escriu quatre notes en una llibreta petita. Tot plegat, sembla una biblioteca, cosa que té mèrit perquè deu ser el bar més fosc en què he entrat a la meva vida.

El local té tot l'encant d'una peça de museu, amb taules de marbre, sofàs de vellut vermell i cadires de fusta. També són de fusta els penjadors de peu i un rellotge de paret, que està aturat a les nou i dos minuts, de vés a saber quin dia ni quin any. A la majoria de taules, hi veig uns cafès amb llet com els de la postal. Es diuen *melange*, porten cafè i llet fresca a parts iguals, i, a sobre, un núvol de llet espumosa. El *melange* el serveixen acompanyat d'un vas d'aigua de l'aixeta, que es veu que ajuda a digerir-lo millor. Als cafès austríacs no s'hi beu; s'hi viu. Per això, quan s'acaba el *melange*, queda l'aigua i el diari. Com a casa.

La tradició cafetera de Viena és d'origen turc. Manuel Leguineche explica, en el seu llibre *Hotel Nirvana*, que quan les tropes turques van abandonar, el 1683, el setge que efectuaven sobre la ciutat, van deixar-hi llavors de cafè. Un polonès, Kolschitzky, va aprofitar aquesta matèria primera per obrir el primer cafè de Viena.

L'amo del Hawelka, que no té pinta de turc ni de polonès, seu a la taula que queda més arraconada. El conec perquè l'he vist en una altra postal, fotografiat a l'exterior del seu cafè. És un senyor d'uns 90 anys, que porta camisa blanca, i armilla i corbatí negres. Deixa que sigui el cambrer qui tracti amb els clients, però ell controla, en silenci, els moviments de tothom. Només s'aixeca quan algú marxa. Aleshores, corre a apagar la bombeta de dos watts i mig que *il·luminava* aquella taula. També intenta assignar un lloc a tota la gent que entra, però no li fan cas i acaben asseient-se allà on volen.

Nosaltres, no; nosaltres hem respectat els seus desitjos i, per això, ara som en una taula de la filera del mig, on podrem consumir, tant com vulguem, sense necessitat d'haver d'obrir cap llum extra. Que això és del que es tractava.

Postal número 4: un quiosc de menjar al carrer, amb salsitxes i llaunes de cervesa en primer terme.

Molts vienesos aprofiten, el migdia, per dinar, a peu dret, en un dels quioscos de salsitxes que hi ha repartits per tota la ciutat. Hi ha tants tipus de salsitxes, com marques de cervesa: crues, fregides, amb formatge, amb fetge, més picants, menys... Totes les serveixen de la mateixa manera: en una plateta de cartró, com les que fan servir les pastisseries, i acompanyades per una mica de mostassa i un panet... de Viena. D'on, si no?

Postal número 5: s'hi veu un plat amb una escalopa i un tros de llimona, com a única guarnició.

La Wiener Schnitzel, carn de vedella arrebossada, és un altre dels plats típics de la ciutat. La serveixen tant als quioscos de menjar, com als millors restaurants de Viena. Els austríacs la van importar d'Itàlia al segle passat, quan el mariscal Radetzky va veure que els militars d'aquell país arrebossaven els filets i, després, els fregien. Per això, el que aquí coneixem com a *escalopa milanesa*, allà en diuen *escalopa vienesa*.

Al restaurant Do&Co, de l'Stephensplatz, descobreixo que una escalopa no té per què ser una forma oliosa (o mantegosa, en aquest cas) d'amagar una mala vedella. Aquesta és, senzillament, boníssima. Però, potser perquè és un local molt tocat i posat, no m'atreveixo a fer la comprovació definitiva per saber si una Wiener Schnitzel està ben feta. Diuen els austríacs que t'hi has de poder asseure a sobre i aixecar-te sense cap taca de greix al cul.

D'ordinadors i vàters

«Mentre Viena i Àustria es tornaven boges amb els seus teatres i amb el seu art, les ciutats alemanyes ens superaven en tècnica i en activitat, i ens van precedir en moltes coses pràctiques de la vida.»

STEFAN ZWEIG

Una setmana de viatge i ja he canviat un dels meus hàbits més arrelats. Rentar-me les dents ja no és l'últim que faig, cada nit, abans d'anar a dormir. Ara, quan estem estirats al llit, hem de veure tot el que hem gravat en vídeo, durant el dia. La càmera que va comprar la Núria, just abans de marxar de Barcelona, s'ha convertit en una de les joguines d'aquesta volta a Europa.

Avui mateix, semblàvem dos nens petits. Ens hem passat el matí filmant-nos, mentre jugàvem amb la neu. I és que, a menys d'una setmana de Sant Joan, ens ha sorprès una intensa nevada, quan pujàvem amb cotxe al Glossglockner, la muntanya més alta d'Àustria.

He interpretat la neu com un petit esclat d'alegria, en un país, certament, ensopit. En cinc dies que fa que som a Àustria, tres a Viena i dos recorrent el Tirol i el Salzkammergut, encara no hem vist el sol ni un minut. Els austríacs sembla que portin escrit a la cara que la seva època d'esplendor ja ha passat. Fa un segle, eren el gran imperi de l'Europa central; avui, pertanyen a un país petit, que s'arrisca a ser pres per una espècie d'apèndix d'Alemanya. «La gent d'aquí es mira els alemanys i sent un gran complex d'inferioritat. Per això, els critiquen sempre.» Ho diu José Miguel Prieto, un espanyol del Bierzo que treballa de cambrer al restaurant Plachutta, de Viena, i que va estar quatre anys casat amb una austríaca.

Vam sopar al Plachutta, l'última nit de ser a Viena, només unes hores abans d'agafar aquell taxi que parlava, i que no vam gosar filmar en vídeo per no semblar massa de poble. Me'n recordo, perfectament. Era un Mercedes de color beix, conduït per un noi d'Hamburg; un hamburguès, si se'm permet l'expressió.

El vam cridar a la sortida de l'hotel Sacher. Havíem volgut acabar l'estada a la capital austríaca provant un altre dels símbols gastronòmics que han donat fama mundial a la ciutat: un pastís de xocolata i melmelada d'albercoc, que es diu Sacher, en honor del cuiner que el va crear per al Congrés de Viena de 1814.

Vam pujar al taxi patint perquè no sabíem l'adreça del nostre hotel. Només recordàvem el nom –Bellevue– i que quedava al costat de la Franz Josefs Bahnhof, l'estació del Nord. El conductor en va tenir més que suficient. Va teclejar el nom de l'hotel en un ordinador minúscul, situat al mateix lloc on els taxistes de Barcelona porten el Justo Molinero a tot volum. Desganat, es va posar a conduir amb una sola mà, seguint les ordres que es veien a la pantalleta de l'ordinador i que la veu automatitzada d'una noia reproduïa, mecànicament.

El taxista no calia que es preocupés per res, ja li deien tot el que havia de fer: «continuï recte», «la pròxima a l'esquerra», «d'aquí a 50 metres, giri a la dreta»... Jo, que no treia els ulls de la pantalla, veia com les distàncies s'anaven reduint: 50 metres, 40, 30, 20, 10, fins que el 0 coincidia amb el punt exacte on havíem de girar. Ves per on em va venir al cap la picaresca d'alguns taxistes de Barcelona que et porten per allà on volen, i em va semblar que la diferència era abismal.

Llàstima que, al final, vam haver de baixar dues cantonades abans del nostre hotel, perquè l'ordinador volia fer passar el cotxe per un carrer que estava tot rebentat per obres. El taxista, que era nou a la ciutat, no coneixia cap altra ruta alternativa ni tampoc devia estar acostumat a tenir allò que se'n diu iniciativa personal. «Alemany havia de ser», que diria un austríac.

En una pensió modesta

Tot això ho recordo des de Hallstatt, un poblet de postal del sud-est de Salzburg, envoltat de muntanyes i amb casetes de fusta, al costat d'un llac boirós. Ens ha costat molt trobar-hi allotjament, perquè, aquests dies, una productora americana aprofita els decorats naturals de Hallstatt per rodar-hi una pel·lícula fantàstica. Fa la sensació com si tot el poble estigués pendent del rodatge; uns surten a la pel·lícula com a extres, els altres pengen el cartell de «complet» als seus hotels i pensions, i la majoria assisteixen, de públic, a les filmacions i estiren el coll per si coneixen algun dels actors del repartiment.

Després de mitja dotzena de temptatives sense sort, hem localitzat un parell de llits, en una modesta *gasthaus*, l'equivalent austríac dels *bed&breakfast* britànics. Em sembla que puc entendre, perfectament, per què aquesta és l'única habitació que queda lliure a tot el poble.

Des que vam entrar a Àustria, vam canviar els llençols i la manta per unes fundes nòrdiques que abriguen molt. El problema és que la funda d'avui és, exageradament, curta. Ja ho he provat de totes maneres i no me'n surto. Si agafo la nòrdica a la part de baix del llit, només em tapa fins al melic, i si me la tiro amunt fins al coll, em queden els peus enlaire.

L'habitació té finestra, però no persiana. Només hi ha una cortineta blanca (brodada, magníficament, per la mestressa de la casa), que deixa passar, amablement, tota la claror. A tres quarts de sis, es fa clar. O sigui, d'aquí a quatre hores.

Al lavabo, la dutxa no té plat ni tampoc cortina. Això sí, en un raconet, ens han deixat la fregona a punt, per treure els litres i litres d'aigua que s'acumulen, al terra, després de cada dutxa. Demà al matí, serem l'única parella al món que no es barallarà per dormir cinc minuts més, sinó per veure qui entra primer al quarto de bany, i no ha de netejar el xip-xap de l'altre.

Però de tota l'habitació, em quedo amb el vàter i el seu disseny revolucionari. La tassa no disposa del pendent habitual per on cauen les deposicions, sinó d'una base plana, on queden totes acumulades. Només marxen d'aquí quan tires la cadena, per la qual cosa és pràcticament obligatori veure els resultats de la feina feta.

Sempre és millor haver-nos trobat aquest vàter, avui, que no pas demà al vespre, que ja haurem visitat un camp de concentració nazi a Àustria i tindrem l'estómac més remogut.

Mauthausen: prohibit fumar

> *«Un paisatge desolat, molt de fred o una calor irresistible, la por al cos, els bramuls dels SS, els lladrucs dels gossos, els cops, les batzegades i, sobretot, el terror de no sortir-ne mai més.»*
>
> MONTSERRAT ROIG,
> *Els catalans als camps de concentració nazis*

> *«Haider representa la xenofòbia i el racisme, un sentiment explosiu en una Europa cada vegada més multicultural i multiètnica.»*
>
> MANUEL CASTELLS

18 de juny. Tres de la tarda. Camp de concentració de Mauthausen. Plou i un aire glaçat s'apodera de l'ambient. No es veu ningú per enlloc. Només nosaltres que paguem l'entrada i travessem la porta amb el cor encongit. Aquí dins, hi van morir més de 122.000 persones, entre el 1938 i el 1945.

A davant nostre, un immens pati de revista. A l'esquerra, barracons de fusta i a la dreta, edificacions de pedra i fusta, que anirem descobrint una per una. El silenci és absolut. L'aspecte del pati, desolador. No hi ha res. Ni un sol paper. Només un discret monument del govern austríac, que homenatja totes les persones que van morir a Mauthausen. Fa cinquanta anys, en aquest pati que ara no gosem ni trepitjar, els presoners hi formaven tres vegades el dia. No sé si imaginar-me'ls sortint dels barracons amb l'uniforme de ratlles, o despullats i tapant-se els genitals amb les mans. És tal com els he vist al cinema o a la televisió.

Per la porta principal, ara mateix acaba d'entrar una altra parella. Ja no estem sols. Veure gent aquí dins ens tranquil·litza. Fa la sensació que, enmig de tanta mort, la vida continua.

A la dreta de la porta, hi descobrim un mur ple de plaques commemoratives. Quan els reclusos arribaven al camp, se'ls lligava, en aquesta paret, i se'ls sotmetia a interrogatoris i vexacions, que podien durar dies sencers. Al capdamunt del mur, encara es conserva la reixa electrificada que envoltava tot el camp de concentració.

En seguim un bon tros i anem a parar a una porta que ens condueix a la presó. No hi ha ningú. Ni un trist vigilant. Empenyo una reixa i accedeixo a un passadís, amb cel·les a banda i banda. Algunes rajoles del terra estan partides i les parets s'han començat a escrostonar. L'atmosfera és tètrica. Em fa la sensació que, en qualsevol moment, he de sentir els crits de les 4.600 persones que van estar internades en aquestes dependències.

Marxem de la presó, cap al soterrani de l'edifici. Hem sortit d'un lloc horrible per entrar en un de pitjor. És la sala que s'utilitzava com a crematori per eliminar els cadàvers. L'estança la presideix un adhesiu macabre, que adverteix de la prohibició de fumar. Al crematori, no s'hi pot fer foc. Sembla un detall d'humor negre.

Uns metres més enllà, hi ha el racó del tret al clatell. Els presoners acostaven el cap a la paret pensant que els anaven a mesurar l'alçada i per un foradet algú els disparava a traïció. En una sala annexa, hi ha un llit de pedra que es feia servir per disseccionar els cadàvers i arrancar les dents d'or dels presoners. I, en una altra habitació, per fi, la cambra de gas. O el poc que en queda, avui dia. Els enganyaven dient-los que anaven a la dutxa. I s'ho podien creure; en algun camp de futbol de Regional, he vist dutxes d'aparença molt pitjor.

Les dues habitacions següents estan plenes de records personals. Enmig d'espelmes i clavells vermells, hi ha una vitrina dedicada als 6.502 republicans espanyols que van morir a Mauthausen. Impressionen objectes com la gorra que va portar, fins a l'últim dia, Luis Vilalta, el pres 4.440, o el braçalet que va fer el veí de Berga Josep Ester, abans que el matessin.

A les parets, hi falta espai. Hi ha plaques d'homenatge a ciutadans de tot Europa. En reconec de l'Ajuntament de la Vajol, d'Esquerra Republicana de Mataró o d'Estat Català. Però les que m'emocionen més són les que van acompanyades amb la foto del mort. És el cas de Tomàs Rebollo i Echániz; la seva família li ha escrit un expressiu «no t'oblidarem mai». O el de Josep Riera i Borrell, de Montclar, del qual recorden que «morí a Mauthausen per la llibertat de Catalunya i dels homes». Abans d'entrar al museu, hi ha tota una vitrina, amb fotos de carnet, en blanc i negre, de joves dels anys trenta i quaranta. A sota de cadascun d'ells, la data de naixement i la de la mort. Tots van ser víctimes de l'extermini nazi.

Les dependències de l'antiga infermeria del camp es van convertir en museu, l'any 1970. Per acabar-te de commoure, més records personals a les vitrines. L'uniforme de ratlles i les botes que portaven els reclusos; els estris que feien servir per menjar o per treballar, els distintius que havien de lluir al pit, i que variaven segons la condició de cada pres, o alguns dels objectes amb què els torturaven.

També s'hi exposen desenes de fotografies fetes per les mateixes SS, que mostren diferents aspectes d'aquells vuit anys a Mauthausen: la construcció del camp, l'arribada de reclusos, les visites dels oficials de les SS, les execucions que s'hi feien o l'alliberament per part dels americans, el maig de 1945. Sembla impossible que tot això passés en aquest mateix lloc, fa poc més de cinquanta anys.

Em sembla que em convé respirar una mica. Fa estona que no surto a l'aire lliure. A fora, continua plovent, però sense massa insistència. El pati ha perdut la seva aparença desèrtica. Ara, un nombrós grup d'estudiants aplaudeix les paraules del guia del camp de concentració de Mauthausen. Deuen tenir encara no catorze anys. L'home es queda mirant com els nens i nenes s'allunyen en silenci. L'autobús els espera a la porta. M'acosto al guia i li demano què ha dit perquè els escolars l'aplaudissin.

–Què els he dit? Que pensin en Kosovo, que tot això que han vist no és història i que pot tornar a passar en qualsevol moment.

Harry, el guia

Parlem repenjats a la paret de l'edifici de la presó. El guia de Mauthausen deu tenir uns cinquanta anys. És alt, té la barba canosa, els cabells molt curts i la pell extremament morena. Va vestit amb una americana antiga de fil, de color cru, i porta unes ulleres de sol passades de moda, que li donen un aire entre ranci i enigmàtic.

L'home es disculpa perquè parla un anglès lamentable. Diu que el va aprendre fa trenta anys a col·legi i que no el fa servir gaire sovint. Accepta que li pregunti tot el que vulgui, però s'estima més no donar el seu nom. Al final, em suggereix que li digui Harry. A mi, Harry em sona més a un personatge de Clint Eastwood que no pas a un nom austríac.

–Com es porta això de treballar en un camp de concentració?

–És molt dur. Els primers mesos, em pensava que hauria de plegar. Quan tornava a casa, no em podia treure Mauthausen del cap. Ara ja fa cinc anys que sóc aquí, i he après a agafar-m'ho amb una mica més de distància. Sobretot, em compensa la reacció dels nens.

–Vénen molts escolars a Mauthausen?

–Sí. A Àustria, és obligatori que tots els estudiants visitin el camp, als catorze anys. Normalment, entren cantant i rient, però després d'una hora i mitja aquí, la majoria surten fortament impactats. Jo, l'únic que faig és recordar-los que tenen la sort de viure en llibertat i que són els encarregats de fer que els seus fills també hi visquin.

Conversar amb algú en anglès macarrònic, a peu dret, i al mig d'un camp de concentració és difícil, però si, a sobre, l'home no et mira ni a la cara, aleshores ja és desesperant. Jo li formulo les preguntes i prenc nota de les seves respostes en una llibreta. Però ell només mira la Núria. És com si jo no existís, com si només fos una veu que sorgís del no-res. Tinc ganes de cridar: «Ei, que sóc aquííí!».

–Quan va entrar, per primera vegada, a Mauthausen?

–Als disset anys. També em vaig passar tota l'estona rient, però allò que vaig veure em devia arribar tan a dins, que, a partir dels dinou, vaig començar a venir un cop l'any.

La Núria també s'està posant molt nerviosa, perquè hi ha coses de l'anglès que se li escapen, i no sap ni quina cara fer a les paraules que el guia pronuncia, a només un parell de pams dels seus ulls. Qualsevol persona que passés, ara mateix, per davant nostre, no entendria a què juguem. És una conversa a tres bandes, on ningú mira ningú. Jo el miro a ell, ell mira la Núria, i la Núria, em mira a mi, per veure com reacciono i intentar-me copiar el gest.

–Manté el contacte amb alguns supervivents del camp?

–N'he acompanyat uns quants que tornen, per primer cop, a Mauthausen, després de cinquanta anys. No es pot imaginar com és d'emocionant! Són homes que han estat molt temps sense parlar del que van patir i que, quan arriben al final de la seva vida, volen recuperar tots aquells records.

El guia continua parlant a la Núria. Ja no li cal ni la meva pregunta, d'excusa. Ara li fa memòria de la història recent d'Àustria, dels flirtejos del seu país amb el nazisme. El 1986, els austríacs van elegir Kurt Waldheim com a president, a pesar d'haver sigut oficial de les SS. A la dècada dels noranta, Jörg Haider, un polític ultradretà, governa a la regió de Caríntia i, segons els pronòstics d'en Harry, experimentarà una gran pujada de vots, a les pròximes eleccions generals.

–El problema sap quin és? Que tots aquests neonazis que hi ha a Àustria no entraran mai a Mauthausen. Jo en conec un que ho és i li he dit moltes vegades: vine i jutja per tu mateix. Però no s'atreveix.

El temps li donarà la raó. A l'octubre, quan ja estigui a Barcelona, llegiré com el Partit Nacional Liberal, de Jörg Haider, provoca inquietud a tot Europa, perquè es converteix en la segona força més votada d'Àustria, per davant dels democristians. I el febrer del 2000, es dispararà l'alarma mundial quan entrin al govern austríac sis ministres de la formació d'ultradreta.

Des del sofà de casa, pensaré en la visió política d'en Harry, l'home que no mirava mai a la cara.

Dies de cervesa i americans

> *«Si un alemany vol tenir consciència de la seva força, és necessari que comenci per tenir mitja ampolla al cos o, encara millor, una ampolla sencera.»*
>
> OTTO VON BISMARCK

Som a punt de travessar la frontera entre Àustria i Alemanya. No crec que notem la diferència. No seria la primera vegada que canviem de ciutat, canviem de país, ens passem el dia viatjant, arribem a l'hotel, ens dutxem, sortim a passejar i la primera imatge que veiem és idèntica a l'última d'abans de pujar al cotxe: la façana d'un McDonald's. Fins i tot, en vam trobar un a Mauthausen quan sortíem del camp de concentració.

A Alemanya, el risc encara és superior. Acabo de llegir que estan a punt d'inaugurar el McDonald's número 1.000, només en territori alemany. Tenim una setmana per intentar anar a tots. Però faig números i abandono la idea: tocaria visitar-ne 143 cada dia.

Hem decidit entrar per Baviera, un dels setze estats federats en què es divideix el país, i que tenen constitució, parlament i govern propis. Aquí, es concentren molts dels tòpics que sempre s'associen a Alemanya (cervesa, salsitxes, castells de conte...), però, en canvi, els bavaresos es consideren molt diferents de la resta. La religió (el sud d'Alemanya és catòlic i el nord, protestant) i la seva història, primer com a ducat, i després com a monarquia autònoma, poden explicar aquest sentiment.

Des de la seva creació, el 1871, Alemanya està encaixada, com una peça de puzle, al centre d'Europa. La prova és que té frontera amb nou països diferents: Dinamarca, Països Baixos, Bèlgica, Luxemburg, França, Suïssa, Àustria, República Txeca i Polònia. Potser aquest encotillament és el culpable que, al llarg de la història, els alemanys hagin tingut certs desitjos d'expansió entre els pobles veïns. Després d'haver provocat (i perdut) dues guerres mundials, ara fa una temporada que estan quiets. Sembla que, tot i l'impacte de la reunificació, ningú els discuteix el paper de primera potència econòmica del continent.

A l'arribada a Munic, el primer que faig és connectar-me a Internet. Els crits d'eufòria ressonen a tot l'hotel. Fins avui, encara que ho provava cada nit, només havia aconseguit connectar-me una vegada en onze dies. O a Europa això d'Internet funciona d'una altra manera, o jo sóc un negat absolut en informàtica! Des del lavabo, la Núria s'inclina per aquesta segona opció.

Sigui com sigui, aprofito per llegir els quatre missatges que hem rebut per correu electrònic i per buscar informació d'hotels a Berlín. Sóc partidari d'arribar, d'aquí a tres dies, a la capital alemanya, amb una reserva feta. No podem començar a buscar allotjament, carrer per carrer, en una ciutat que és nou vegades més gran que Barcelona i 3.508, que Taradell.

Abans de sortir a passejar per Munic, fem el que s'espera d'uns turistes i demanem, a l'hotel, un mapa de la ciutat. El recepcionista també compleix la seva part del ritual: fa que sí amb el cap, desplega un plànol a sobre el taulell i marca amb una creueta la situació de l'hotel, i amb una altra, la Marienplatz, el centre neuràlgic de Munic. Segons aquest noi filipí, hi tenim quinze minuts a peu, «trenta si fossin americans».

Ell és l'únic que riu de la seva pròpia broma. Els clients que estem a l'altra banda del taulell ens quedem igual; jo, perquè no l'he entès, i el matrimoni del meu costat perquè són de Chicago, i, per la manera que criden, em sembla que s'han ofès considerablement. El recepcionista (que ja ha començat un recital de reverències, en senyal de desgreuge, cap als americans) ens adverteix que agafem un paraigua, perquè a Munic, per la seva proximitat als Alps, el temps canvia molt de pressa.

Deu ser veritat. Ara no plou, i, en canvi, tots els expositors de postals que hi ha pel carrer porten, a dalt de tot, un paraigua incorporat. Així que cauen quatre gotes, el propietari del negoci només l'ha d'obrir, i no ha d'estar entrant i traient els expositors, cada cinc minuts.

Per cert, ara que veig postals, m'acabo de recordar que no he enviat les cinc de Viena. Les tinc a la motxilla, escrites i amb els segells austríacs enganxats. Aquesta vegada, en un viatge de tres mesos, no em servirà l'excusa de sempre: si encara hauria arribat abans jo que la postal...

Ara són les dues de la tarda i, a aquesta hora, sembla com si tots els ionquis de Munic haguessin decidit reunir-se en assemblea, a la vorera de davant de l'edifici de Correus, el Deutsche Post. N'hi deu haver una vintena; la majoria estan asseguts a les escales, uns altres lluiten per mantenir una certa verticalitat, i, finalment, un parell estan estirats al mig del carrer. No tenim més remei que obrir-nos pas, amb la màxima discreció possible, tenint en compte que anem armats amb motxilles, el vídeo i la càmera de fotos. Anoto en el capítol de sorpreses que el ionqui alemany no porta xandall.

Uns centenars de metres més enllà, trobem tres grups de músics peruans, com els que a Barcelona hi ha a la plaça de Catalunya. Uns semblen clònics dels altres. Cabells negres fins a mitja esquena, ponxos de mil colors i la mateixa cançó: *El cóndor pasa*. Però, aquest diumenge de juny, als peruans, els ha sortit competència. En un racó de la Kaufingerstrasse, el carrer de vianants que arriba fins a la Marienplatz, s'hi instal·la un acordionista. Deixa a terra un barret, hi afegeix unes monedes que portava a la seva pròpia butxaca i es disposa a començar el seu repertori. Hi ha una certa expectació per saber quina cançó triarà. La incògnita desapareix quan sento les primeres notes d'*El baile de los pajaritos*, de Maria Jesús y su Acordeón. Amb la Núria, ens mirem i continuem caminant. Com si no haguéssim sentit res. Com si ja intuíssim que a Alemanya trobarem un acordionista a cada cantonada i a cada cerveseria.

No ens tornem a aturar fins que veiem l'aparador d'una agència de viatges dedicat íntegrament a Mallorca. El pòster està ambientat en una platja; de fons, el mar blau, i, en primer terme, un home, que seu en una gandula del mateix color que la sorra, i que llegeix un llibre. Constato, alleujat, que no és cap obra de l'illenc Baltasar Porcel, sinó *Der alte mann und das Meer (El vell i el mar)*, d'Ernest Hemingway.

L'eslògan que acompanya el pòster és «*Mallorca, da will ich hin*». Coneixent el domini absolut que els alemanys exerceixen sobre l'illa, no m'estranyaria que volgués dir «Mallorca, ja és tota nostra». Però, per més seguretat, me'l faig traduir per un noi que passa pel carrer. Es veu que el significat correcte en català és «Mallorca, hi volem anar». Doncs no hi veig cap sentit. Com pot ser que hi vulguin anar, si ja hi són?

Mallorca és l'última invasió d'Alemanya. L'únic que ha canviat de quan, a principi de segle, tenien l'obsessió d'envair França és que, ara, el general que posen al capdavant de les tropes es diu Claudia Schiffer i es deixa fotografiar, a alta mar, amb els pits enlaire.

La primera bronca en alemany

A l'Oficina de Turisme ens han recomanat que, si volíem conèixer la relació dels habitants de Munic amb la cervesa, passéssim la tarda de diumenge en un *biergarten*. Es tracta d'una institució típicament alemanya que està a mig camí entre una cerveseria i un parc. Ara acabem de sortir del tramvia número 17 (una modernitat, comparat amb els de Viena) i som a punt d'entrar al Hirschgarten, el jardí de la cervesa més gran de tot Munic.

L'espectacle és impressionant. No havia vist mai tanta gent junta bevent cervesa. Hi deu haver més de 5.000 persones. Totes seuen en bancs de fusta, però només unes quantes poden aprofitar l'ombra que fan els castanyers del parc. A Munic ha sortit el sol. Nosaltres (que hem fet cas al recepcionista de l'hotel) encara anem amb el paraigua a la mà, per si plou.

Decideixo seguir la tradició alemanya i em poso a fer cua per comprar cervesa. La majoria de les 5.000 persones tenen, a sobre la taula, una *masskrugen*, que no és altra cosa que una gerra de litre. És com si a Barcelona, tots els que visiten, un diumenge, el parc de la Ciutadella, ho fessin amb una Xibeca a la mà. Quan m'arriba el torn, em guanyo una bronca de la cambrera, pitjor que la del crupier del casino de Montecarlo.

A l'altra gent de la cua, els dec inspirar compassió. Veig que intenten ajudar-me. M'ensenyen la gerra que porten a les mans i m'assenyalen cap a l'esquerra de la caseta de fusta. Trec el cap en aquella direcció i hi descobreixo un armari amb milers de gerres buides (i brutes). Es veu que n'he d'agafar una, rentar-me-la en unes grans piques d'acer inoxidable que hi ha just al davant i tornar a caixa amb els 8,90 marcs (750 pessetes) que val la cervesa.

Ara sí. La noia que abans m'havia renyat, m'ha donat el litre de cervesa i, fins i tot, se li ha escapat el riure quan ha vist que necessitava les dues mans per aguantar la gerra. Ho entendré al cap d'una estona, quan hagi vist homes i dones que agafen fins a sis gerres, amb una sola mà.

A Hirschgarten, també s'hi menja. Algunes famílies es porten el pícnic de casa, però la majoria aprofita les parades que hi ha al parc per comprar arengades, salsitxes, carn rostida, amanides, pollastre, patates fregides o, simplement, pa. A Alemanya, hi ha fins a 400 tipus diferents de pa. El més popular al sud del país és el *brezel*, que sembla un tortell i porta sal grossa pel damunt. El *brezel* és ideal per combinar-lo amb cervesa: et fa entrar una set que et mors.

A les cinc de la tarda, gent de totes les edats continua arribant al parc amb bici. Ara mateix, passa per davant de la nostra taula una dona que porta enganxat, a la roda del darrere, un remolc amb el seu fill. El nen mira a un costat i a un altre, i no pot parar de riure. Em fa por que aquí no posin cervesa als biberons, també. Darrere de la bici, hi circula una espècie de *papamòbil* descapotable, amb un home que condueix i un altre que recull les gerres abandonades. Tots dos porten el vestit tradicional bavarès: un mono verd de pell girada, amb pantalons curts, mitjons i botes gruixudes, i un barret guarnit amb una ploma.

En general, fa la impressió que els alemanys que veiem al parc vesteixen amb roba que tenen a l'armari des de fa vint anys. El pentinat favorit entre els joves és el que triomfava a Catalunya, a principis dels vuitanta: cabells en punxa per davant i llargues *grenyes* pel darrere. Sembla com si la moda no els preocupés. Potser per això, aquí no ens sentim tan observats com a Itàlia, on vam notar que, pel carrer, ens repassaven de dalt a baix.

Començo a tenir problemes per acabar-me la cervesa. M'he menjat tot el *brezel* i encara em queda més de mitja gerra. A la dreta, el grup que comparteix banc de fusta amb nosaltres ja va per la tercera ronda. A l'esquerra, hi ha una parella que porta el mateix ritme, però amb un mèrit afegit: ho han de compaginar amb l'atenció als dos fills que els acompanyen.

Cinc mil persones bevent cervesa juntes, i ni un crit, ni una paraula més alta que l'altra. No veig ningú amb símptomes d'anar borratxo. Ni tan sols sembla que s'ho passin especialment bé. Em ve al cap l'espot d'un fabricant alemany de cotxes, on apareixia un actor explicant acudits i ningú reia. L'anunci acabava dient:

«Val més que continuem amb allò que, realment, sabem fer bé els alemanys: cotxes». Per ells, és un diumenge qualsevol. Per mi, un espectacle humà excepcional.

No vull marxar sense haver visitat els vàters. Estic intrigat per veure les cues que s'hi deuen formar. Segueixo un dels homes del grup del costat per veure si m'hi porta, però veig que no hi arriba. S'atura en un racó del parc, just a darrere de les parades de menjar, i comença a pixar allà mateix. Que és porc!

He d'acabar trobant els lavabos jo sol. La primera sorpresa és que no hi ha les aglomeracions que m'imaginava. La segona és que pixes directament a la paret, sense l'urinari clàssic masculí, de manera que més homes poden satisfer les seves necessitats, al mateix temps. I la tercera sorpresa és que no hi ha la clàssica màquina de preservatius. L'han substituït, amb bon criteri, per un aparell que et permet bufar i automesurar-te el nivell d'alcoholèmia. Segurament que, en aquestes circumstàncies, és molt més útil que els condons.

Una ciutat plena d'americans

Tinc la sensació que Munic és plena d'americans joves. Tant ahir com avui, n'he vist pertot arreu. El seu complement favorit és el *Let's go Europe*, una guia de més de mil pàgines, editada als Estats Units, per a turistes amb pressupost baix. Els americans coneixen aquesta ciutat, perquè és la que cada any acull el festival de cervesa més visitat de tot el món. L'Oktoberfest se celebra la segona quinzena de setembre. Sospito que quan els organitzadors van triar el nom d'Oktoberfest ja devien estar sota els efectes de l'alcohol.

Ara, a ple juny, sembla com si els americans volguessin estendre, a tot l'any, el clima etíl·lic d'aquelles dues setmanes. El seu lloc de concentració és la cerveseria Hofbräuhaus, al centre de

Munic. Aquesta nit, unes 2.000 persones (la majoria, menors de vint anys), riuen, canten, ballen i criden amb una gerra d'un litre de cervesa a la mà. Volen imitar els alemanys, però els resultats s'assemblen més a una festa universitària, tipus Telecogresca. Ara s'emborratxen; d'aquí a una estona, s'aparellaran; i demà (que fort, tio!) no es recordaran de res.

Desenes de cambrers amb una cartereta a la cintura (com els antics cobradors d'autobús) serveixen cervesa a tota velocitat. El procés està totalment automatitzat: premen un número, posen la gerra a sota, i la màquina ja sap la cervesa triada i la quantitat que n'ha de servir. Pertot arreu, veig grups que s'enfilen als bancs de fusta a fer brindis espontanis. Xoquen les gerres, cau la cervesa i, a terra, el bassal es fa, cada vegada, més gran.

Al mig de la sala, un grup musical (guarnit amb el vestit típic bavarès) toca cançons tradicionals. A davant seu, un noi s'ha entossudit a treure els barrets que porten els músics, mentre una noia fa veure que els dirigeix amb una batuta imaginària. Els dos s'acaben afegint a una conga improvisada per un noi que porta la samarreta de la selecció francesa, amb el número 10 de Zinedine Zidane.

Em poso a les portes dels lavabos i compto el ritme d'assistència, igual que vaig fer, ahir a la tarda, al Hirschgarten. En un minut, hi arriben a entrar fins a quaranta persones. Algunes, que s'esperen al vestíbul de fora, maten el temps amb les distraccions que proposa la direcció del local. Dues amigues, per exemple, manipulen una màquina que fa fotos instantànies i les converteix en adhesiu. Poden triar el fons que volen: cors, estrelletes o llunes. Trien els cors vermells. Ho trobo encertat, els farà joc amb el color d'ulls que els ha deixat la cervesa.

A davant seu, dos amics comproven el nivell d'alcoholèmia que porten. La màquina és igual a la que vaig veure, al Hirschgarten. El primer dóna 0,60. Salta de content. Ha aconseguit superar el límit permès. Tota la pressió recau, ara, en el segon. No pot quedar en ridícul. 0,70!!! Ha guanyat ell. S'abraça al company i marxen a fer una altra ronda, suposo.

Em quedo mirant les samarretes que porten. Semblen acabades de comprar. En una, s'hi veu una cervesa i s'hi llegeix, en lletres gegants: «*They say I was in Munich, but I can't remember*» (Diuen que vaig estar a Munic, però no me'n recordo). A l'altra samarreta, hi apareixen dues gerres brindant, però la inscripció té pretensions literàries (i humorístiques): «*Two beer or not two beer*». Aquesta és la qüestió.

La ciutat de les grues

> *«Primero se vendió el muro a los turistas en pequeños pedazos a precio de turrón y ahora, sobre los solares que albergaban aquella corona de espinas, se ve planear a enormes cuervos con un maletín de ejecutivo bajo las alas.»*
>
> MANUEL VICENT

Primer problema important. 23 de juny. Tretze dies de viatge. Zero calçotets nets. En tenia deu per passar tres mesos fora de casa, però ara m'adono que potser era arriscat confiar en una mitjana d'utilització de nou dies per peça. A Viena, em va salvar la vida una oferta de dos eslips (un de blanc i un altre de blau elèctric) per 600 pessetes. Per tant, tinc dues solucions: o torno a Viena i em compro 78 calçotets més, o començo a rentar roba.

Per dos vots a zero, triomfa la segona opció. Hem decidit que, avui mateix, quan arribem a Berlín, pujarem les maletes a l'hotel. Serà la primera vegada que ho fem en tot el viatge. Fins ara, a cada lloc, hem seguit la mateixa litúrgia: deixar l'equipatge al cotxe i agafar la roba justa per a aquella ciutat, en una bossa de mà petita. Té una lògica que si durant tres mesos el cotxe ha de ser la nostra casa ambulant, al portaequipatge li toqui fer d'armari.

El trajecte de Munic a Berlín se m'ha fet molt avorrit. Com que a Alemanya totes les autopistes són gratuïtes, els copilots (com jo mateix aquest matí) perdem els dos grans al·licients d'aquesta feina: conservar el tiquet d'entrada a l'autopista en un lloc ben visible, i preparar la targeta de crèdit per al moment de pagar.

Quan arribem a la recepció de l'hotel Ibis Messe, noto cares d'estupor. No acaben d'entendre que tinguem una reserva només per a tres nits (feta per Internet, des de Munic) i que, en canvi, portem maletes com si ens hi quedéssim tot un any. Ho tindran més clar d'aquí a una estona, quan vegin tota la roba que enviarem a la bugaderia (inclosos els calçotets de color blau elèctric de Viena).

Que l'extensió de Berlín és nou vegades la de Barcelona, ho noto quan desplego un mapa de la ciutat per trobar-hi la ruta cap al centre. Per poder-lo mantenir obert, la llargada de braços també se m'hauria de multiplicar per nou. Acabem agafant el metro i descobrint fins on arriba, en aquesta ciutat, l'obssessió per la unificació: no hi ha cap tipus de separació entre vagons, de manera que, des de darrere, puc veure com tot el tren, convertit en una sola unitat, serpenteja en agafar els revolts. El que sembla més content és un home, amb barba blanca i americana gruixuda de quadres. Es passeja, amunt i avall, demanant caritat, sense haver d'esperar a arribar a les estacions per poder saltar d'un vagó a l'altre.

Sortim a la Breitscheidplatz i la nostra primera imatge de la ciutat coincideix amb la que apareix al començament de la pel·lícula *El cel sobre Berlín,* de Wim Wenders: les runes d'una església, tal com van quedar després d'un bombardeig britànic el novembre de 1943. Només es conserva la torre de l'oest, i encara mig partida.

Des d'algun extrem de la plaça, aquest monument a l'horror de la Segona Guerra Mundial no és visible. El tapa un cartell publicitari gegant, amb la cara de la model Claudia Schiffer (sí, la invasora de Mallorca!), que anuncia una marca francesa de cosmètics. Això em fa pensar en una altra pel·lícula: Liza Minelli, a *Cabaret*, amb unes pestanyes llarguíssimes, una piga pintada al pòmul dret, i cantant, al Berlín dels anys trenta, allò de *Money makes the world go around.* Gairebé setanta anys després, no es pot dir que l'afirmació hagi perdut vigència. Els diners continuen fent moure el món.

Els cèntims també preocupen al cambrer sicilià que ens serveix el sopar. «A Berlín, les coses estan molt malament. Estem pagant els efectes de la reunificació.» Som al restaurant Intermezzo, menjant dues sopes ben calentes per treure'ns el fred de sobre. Sembla impossible que, de la manera que anem abrigats, avui pugui ser la nit de Sant Joan. De moment, no hem vist senyals de festa per enlloc. «Els alemanys són molt freds. Si vols quedar amb algú que coneixes, el truques, es mira l'agenda i t'acaba donant hora per al cap de tres setmanes. A Sicília, és tot més relaxat. Passes per casa del teu amic i dius: què, sortim?»

El cambrer ens recull els plats de sopa i continua dret, al costat de la nostra taula. Només es gira cap al mostrador per veure si l'amo el controla. «Fa cinc anys que sóc aquí i tothom encara et fa sentir com un estranger. Tinc ganes de canviar d'aires.» El projecte de futur no l'explica fins a l'hora de les postres. Vol obrir un restaurant a Múrcia, juntament amb un amic seu. «Creus que seria un bon negoci?» No sé què dir-li. Repasso mentalment els meus coneixements sobre Múrcia i veig que s'acaben amb el nom del camp de futbol (La Condomina) i el lloc de naixement de Bárbara Rey (Totana). Li desitjo sort. Em sembla que n'hi farà falta.

A fora, el termòmetre marca dotze graus. A Catalunya, ara deu començar la revetlla de Sant Joan, la nit més llarga de l'any. A Berlín, ja estem a punt de ficar-nos al llit. Demà ens espera un dia molt cansat.

El paradís del jubilat

Pols, soroll i carrers tallats. Caminar per Berlín és molt desagradable. Tota la ciutat està en obres. Mai a la meva vida havia vist tantes grues juntes i dubto que mai més les torni a veure. Des de la Potsdamer Platz, les compto, una per una, i me'n surten 83, només fins allà on arriben els meus ulls. Hi ha tantes grues en tan poc espai, que les han hagut de numerar, perquè els obrers de la construcció no s'equivoquin i se'n vagin a treballar a l'obra del costat. A Berlín, els paletes es barregen amb els turistes, però no els arribes a confondre mai; uns porten casc i els altres, gorra.

El ritme de construcció a la Potsdamer Platz, a l'antic est de la ciutat, és frenètic. Hi ha tantes obres en marxa, que, al centre de la plaça, han obert un edifici com a punt d'informació i d'observació del Berlín del segle XXI. Des de la terrassa, veig com neix una ciutat nova. No hi pot faltar de res. Hotels, casinos, multisales de cinema, centres comercials o les seus de firmes com Sony i Mercedes. *Money makes the world go around.*

La Potsdamer Platz és, ara mateix, el paradís dels jubilats. Almenys d'aquells que es passen el dia voltant per Barcelona, inspeccionant obres públiques, amb la mirada desconfiada i les mans entrellaçades a l'altura del cul. Aquí no s'avorririen mai.

La plaça tornarà a l'activitat que tenia els anys trenta, quan els primers semàfors d'Europa regulaven les seves concorregudes cruïlles. En canvi, en una postal que acabo de comprar veig la imatge esgarrifosa de la Potsdamer Platz durant els anys de la Guerra Freda. A l'oest, el mur; a l'est, les barricades, i entremig, una immensa línia de la mort, que ocupava pràcticament tot l'espai que ara és propietat de les grues.

Encara avui es conserven restes del mur, en un racó de la plaça. Són propietat d'Erich Stanke, un particular que assegura que les va aconseguir amb una simple encaixada de mans amb un oficial, després de la reunificació. El cas és ara mateix als tribunals. Les constructores volen tirar el mur a terra i poder continuar les obres que tenen paralitzades.

Stanke no hi és aquesta tarda. Hi té un amic treballant per ell, venent restes de mur, de totes les mides i de tots els preus. L'home m'explica que els beneficis es destinen íntegrament a pagar les despeses judicials d'aquest procés, però no és gaire optimista sobre la resolució final. «Hem aconseguit un moviment ciutadà i cert ressò mediàtic a favor de conservar una cosa que és patrimoni de tots. Però em temo que, a Berlín, l'únic que compta és la cultura del diner. I si no», em diu assenyalant els luxosos edificis que es construeixen a la Potsdamer Platz, «miri al seu voltant».

Quan em giro, els gratacels sembla que diguin que sí amb el cap.

La història de tot un segle

Avui, com cada dia, centenars de persones fan cua per visitar un dels símbols d'aquest nou Berlín. Es tracta de l'edifici del Reichstag (el Parlament alemany), que acaba de reformar el britànic Norman Foster. Berlín s'ha convertit en una de les capitals mundials de l'arquitectura. Alguns dels millors professionals de tot el món (Isozaki, Moneo o el mateix Foster) hi tenen projectes en marxa. Altres arquitectes visiten la ciutat per saber cap a on van les construccions del segle XXI o, simplement, per criticar els seus col·legues, una activitat molt pròpia del ram.

Ens afegim a la fila d'entrada al Reichstag, mentre contemplem, des de fora, l'espectacular cúpula de 40 metres de diàmetre, feta amb vidre i acer. Després de mitja hora d'espera, una rampa en forma d'espiral ens permet pujar per l'interior de la cúpula, fins a arribar a dalt de tot. La vista, cada vegada, és més impressionant. Un altre cop, grues i més grues. Al voltant del Parlament, es construeixen, a tota màquina, els ministeris i altres edificis governamentals, que han deixat l'antiga capital, Bonn, i han vingut cap a Berlín. El trasllat s'ha de fer després de l'estiu.

Al meu costat, els ulletS diminuts d'un home de més de vuitanta anys també miren cap a fora. S'agafa del bracet d'una persona, que m'imagino que és la seva filla. És impossible que aquest home reconegui la seva ciutat en la imatge que li ve del carrer. Per més que hagi viscut aquí, tota la vida. Devia néixer amb la Primera Guerra Mundial, que va posar fi a tot un imperi; després, va veure la pujada de Hitler al poder (i qui sap si també ell es va fer nazi); una Segona Guerra Mundial que va destruir la ciutat; el mur que va dividir Berlín durant gairebé trenta anys, i ara, des del 1989, un altre cop la reunificació i la febre constructora.

En qüestió de segons, noto com tot el segle XX passa per la mirada d'aquest home. Els 164 quilòmetres de mur ja no hi són. La porta de Brandenburg ja no la veu com la frontera simbòlica entre el Berlín Est i el Berlín Oest, sinó com un simple decorat per als turistes que s'hi fotografien al davant. La història, en aquesta ciutat, avança (i, a vegades, retrocedeix) a un ritme vertiginós. Res no és immutable. Berlín es reinventa constantment.

Igual que el Reichstag. La transformació dissenyada per Norman Foster ha costat 50.000 milions de pessetes. Però em sembla que aviat la tindran amortitzada. Al bar, per una aigua sense gas, m'han fet pagar 15 marcs, unes 1.275 pessetes.

Piercing, ostres i flamenc

«La capital alemana sigue siendo una especie de útero acogedor, de territorio de mestizaje en plena crisis de crecimiento.»

ANTONIO SKÁRMETA

Tres paraules que expliquen un dia, l'últim que som a Berlín: *piercing*, ostres i flamenc.

PIERCING. Ens passem el matí recorrent la ciutat amb metro. De tant en tant, sortim a l'exterior i passegem per barris de l'antic Berlín Est. Molts joves alternatius: cabells pintats, crestes *punks*, roba paramilitar, però, sobretot, impressiona la quantitat de ferro que porten a sobre. Veig més *piercings* aquí, en un parell d'hores, que, en tot l'any, a Barcelona.

Al mateix vagó nostre, hi viatja una noia que porta tota la cara perforada: les orelles, les celles, el nas, els llavis i les galtes. Als forats, s'hi col·loca anelles, claus i, fins i tot, una llança que connecta un orifici nasal amb l'altre. Busco pertot arreu i no li trobo ni un angle de la cara on li puguin fer un petó sense tocar ferro. No ho aprovo. Hauria de ser obligatori deixar espais lliures, perquè la cara pugui respirar. Com les zones verdes de les ciutats.

OSTRES. Sisena planta del Ka De We, els magatzems de luxe de la ciutat (Tauentzienstrasse, 21). A més del supermercat d'alimentació, una trentena de barres ofereixen servei de restaurant, amb productes especialitzats i de primera qualitat. Les ostres tenen la seva pròpia barra; la llagosta, també; les salsitxes, el pollastre, la carn, la pasta, les patates, les amanides, els formatges, els cafès, la pastisseria i la xocolata. Fins i tot, xampanys francesos, com Moët Chandon o Veuve Clicquot, disposen del seu establiment exclusiu.

Dinem, saltant d'una barra a l'altra, entre joies, corbates, targetes de crèdit i turistes japonesos. El Ka De We és un altre Berlín. El Berlín que es menja una dotzena d'ostres d'aperitiu. L'únic *piercing* el porta el guàrdia de seguretat, amagat a la llengua. Per això li deu costar tant obrir la boca, quan li demano on és la sortida.

FLAMENC. La decoració és molt austera. A primera vista, no hi ha cap element que em pugui fer pensar que sóc, a Berlín, en un local que es diu Bar-Celona (Hannoversche Strasse, 2). Ni fotos de toros, ni pòsters de la Sagrada Família o de l'equip del Barça. Com a molt, una ampolla de Veterano, a sobre el taulell.

Ens asseuen compartint taula amb una parella jove que repassa una guia de Xile. No són els únics que vénen al Bar-Celona per ambientar-se de cara a les vacances de l'estiu. A la taula del costat, hi ha tres matrimonis de mitjana edat, que repassen uns fulletons amb ofertes d'apartaments a Mallorca. Celebro la idea: tindran sol tot el dia i s'hi trobaran com a casa. Fins i tot, quan enyorin el so de l'acordió, algú els interpretarà els *Los Pajaritos*, havent sopat.

Al Bar-Celona mengem una truita de patates que només en té el nom, de truita de patates. El gust és de ceba i oli, mal barrejats. A aquesta hora, a les nou del vespre, comença l'actuació setmanal del grup de flamenc de Claudio, El Compadre. Els alemanys que omplen el local es tornen bojos acompanyant *Las sevillanas del adiós*, amb crits d'*ole* i picant de mans sorollosament i descompassadament. El restaurant és tan petit que els cambrers han d'apartar els ballarins per poder servir les paelles que sopen a la majoria de taules. «Sort que no hem demanat arròs», diu la Núria.

Claudio, El Compadre és un trio format per dos ballarins (un noi i una noia morenos) i un guitarrista i cantant, que té un físic que sembla una barreja entre en Lluís Llach i el lleig dels germans Calatrava. Si em fixo en la cara, veig una d'aquelles persones que tenen més dents que no pas boca. Si li miro els peus, encara és pitjor: porta sandàlies amb mitjons blancs. D'això, se'n diu integrar-se a la societat alemanya.

En Claudio canta els temes en castellà, però les presentacions les fa en alemany. Per l'extraordinària fluïdesa amb què parla aquesta llengua, dedueixo que fa molts anys que és aquí. M'imagino que deu ser el fill d'algun dels molts espanyols que els anys seixanta havien d'emigrar per guanyar-se la vida, com ara fan els africans o els europeus de l'Est.

Al final del concert, els músics em fan un lloc a la taula on sopen. Només començar a parlar amb en Claudio, descobreixo que totes les meves suposicions eren completament equivocades. Primera: no és fill d'emigrants. Segona: no és espanyol. I tercera: ni tan sols es diu Claudio. És de Berlín de tota la vida i el seu nom és Klaus. Respiro tranquil. Si és alemany, ara entenc allò del mitjonet blanc i la sandàlia!

Els dos *bailaores* que acompanyen en Klaus per locals d'Alemanya, Àustria i Dinamarca han escoltat tota la conversa sense dir ni una paraula. Ell és turc i ella, andalusa del Puerto de Santa María. La *bailaora* deu tenir poc més de quaranta anys, està una mica rodanxona i va negra de cap a peus. Se la veu nerviosa, fins i tot quan fuma. És d'aquella gent que fa la calada, treu el fum i espolsa la cendra, tot al mateix temps. María Encarnación López encén un cigarret darrere l'altre i, mentrestant, proclama el seu amor per Berlín: «M'agrada perquè hi ha gent de tot el món».

«I els únics que són alemanys es fan passar per estrangers», hi afegiria jo, pensant en el seu company Klaus.

La conversa es talla de cop perquè s'acosta l'hora de tancar i els del restaurant volen passar comptes. En Klaus, que està enfeinat recollint la guitarra i els altaveus, li demana, a la María, que se n'encarregui ella. A la taula, es crea una situació incòmoda. Em quedo sol amb l'altre *bailaor*, que només parla turc o alemany.

Afortunadament, giro la vista cap a la barra i veig que la María ja torna cap al nostre costat. Porta un parell de bitllets a la mà; un se'l queda ella i l'altre, el dobla i el posa a la butxaca de la camisa d'en Klaus. M'ha semblat que era de 100 marcs. Pot ser que Claudio, El Compadre actuï per només 8.500 pessetes? Sense voler, la María m'ho contesta: «Aquí, pel que paguen, no val la pena esforçar-se gaire».

Ara sí. En Klaus ja té la furgoneta carregada, a la porta. Els veig com marxen tots tres. La setmana que ve, els esperen al Bar-Celona, el mateix dia, a la mateixa hora i pel mateix sou. Nosaltres tenim altres plans. Demà ja volem dormir a Suècia.

El llarg estiu

«Pobra gent de la Mediterrània / a qui manca el mot "desgel del migdia". / D'altra banda, tenen llimones, / i no han de jeure malalts com nosaltres / quan llangueixen els dies / i les llunyanes nits no arriben.»

WERNER ASPENSTRÖM,
Canvi de mes

Hotel Marina Plaza, de Helsingborg, al sud de Suècia. Engego la tele i, en un dels canals, em fa il·lusió trobar la primera catalana del viatge. Assumpta Serna li està ensenyant els pits a Mickey Rourke, a la pel·lícula *Orquídea salvaje*. Parla en anglès, la subtitulen en suec i s'enrotlla amb un americà. Perquè després diguin que els catalans som tancats!

L'habitació té un gran finestral que dóna al mar. Són dos quarts d'una de la nit de dissabte i sembla que ja comença a baixar la freqüència dels ferris que arriben des de Dinamarca. Miro l'espectacle des del llit. És increïble el que surt de les entranyes d'aquests barcos! Bicis, motos, cotxes, autocaravanes, camions, autobusos i, fins i tot, un tren, el que cobreix el trajecte Copenhaguen-Estocolm.

Fa unes hores, érem nosaltres els que sortíem d'aquest ferri, cansats després de tretze hores de viatge. Avui ha sigut un dia de nervis; de trànsit a les carreteres alemanyes, de pluja a Dinamarca i de barcos plens de joves escandinaus que s'emborratxaven de cervesa «sense impostos» en aigües internacionals.

La pallissa ha valgut la pena. Suècia ens ha rebut amb una notícia inusual: els hotels són més barats en temporada alta, tant a l'estiu com als caps de setmana. M'ho he fet explicar dues vegades per la recepcionista: «Nosaltres hem de donar facilitats a la gent, a l'època que té més possibilitats de viatjar. Quin sentit té fer descomptes quan ningú es pot moure de casa?» L'argument és d'una lògica desconcertant. M'hauré d'acostumar a viure, per uns dies, en una societat tan *rara* que no sap ni què és «fer l'agost».

Continuen arribant ferris, però a mi ja se'm tanquen els ulls. Demà començarem a travessar Suècia, un país estret, però increïblement allargat. Fins al Cap Nord (que ja és en territori noruec), hi tenim gairebé 2.500 quilòmetres per carretera. Sé que els suecs són uns conductors molt prudents, però no em puc ni imaginar que, en tota la nostra estada al país, només ens avançarà un cotxe. Per la matrícula, veuré que és alemany. Un suec mai no ho faria.

1a etapa. Helsingborg-Estocolm (578 quilòmetres)

Males cares del personal de l'hotel. Hem arribat dos minuts tard a esmorzar. Donem mostres de penediment i els cambrers accepten esperar una estona a retirar el bufet lliure. No queda gaire cosa, però, almenys, no ens hem de barallar amb ningú per punxar un tall de formatge ni per agafar un vas de suc de taronja. Anem arreglats aquí: el tetrabrik el va inventar un suec, Ruben Rausing, l'any 1951.

Esmorzem sols i en silenci. A les taules del menjador, hi ha un senyal de fusta amb el dibuix d'un mòbil tatxat. No es pot parlar per telèfon. El tabac, en canvi, no cal que el prohibeixin explícitament. N'hi ha prou d'acostar-te a la màquina i veure el preu d'un paquet de ros: 720 pessetes. Se't passen les ganes de fumar de cop.

A mig matí, quan sortim a la carretera, comprovo que a Suècia és obligatori conduir amb els llums engegats les 24 hores del dia. Els seus cotxes ja estan preparats perquè, quan arranqui el motor, s'encenguin els llums automàticament. Però jo, que he de fer l'acció manualment, no puc evitar sentir-me una mica ridícul, sobretot quan miro el retrovisor i veig que porto ulleres de sol.

Els conductors suecs, de tan prudents com són, resulten perillosos. Són una gent tan submisa i ben educada que circulen per la vorera d'emergència per deixar lliure el carril principal. Tot un *xollo* per a un llatí com jo, veure els altres conductors col·locats en fila índia a la dreta de la carretera. No sé com agrair tanta deferència. Intento correspondre'ls saludant-los, un per un, a mesura que avanço la tirallonga de Volvos i Saabs. Però és inútil. Tots miren endavant, a veure quin és el pròxim senyal de trànsit que poden respectar.

Avui és diumenge i, a l'autopista d'Estocolm, trobem més trànsit del que és habitual. Molts suecs que viuen a la ciutat tornen de passar el cap de setmana a la segona residència. Les casetes d'estiueig solen ser petites, de fusta, i pintades de color vermell bordeus, excepte els marcs de les portes i de les finestres, que són blancs. Semblen construccions de joguina, enmig d'un paisatge que, ni dibuixat, seria tan pla i tan terriblement verd.

I pertot arreu, la bandera sueca: a les façanes de les cases, a les àrees de servei, a les parades on venen maduixes de bosc i als revolts perillosos, que també estan senyalitzats amb el blau i el groc, els colors nacionals. Però el patriotisme suec no fa por. Sembla de pícnic.

Des de l'autopista, truco per reservar hotel a Estocolm. Quan sent el meu nom, al recepcionista se li escapa el riure. No li veig la gràcia, la veritat.

–Perdoni, senyor. És que en suec *om* equival al *si* condicional. Per nosaltres és com si vostè fos el senyor *si de cas*.

Doncs no van desencaminats. Una mica cagadubtes sí que ho sóc.

Els pròxims dies a Suècia, haurem de vigilar, perquè aquest no és l'únic equívoc lingüístic. Acabo de llegir que pastís és *kakka* i pa, *laputta*. Si els suecs fossin catòlics, el parenostre sonaria més irreverent.

I les sueques?

En poques hores m'he enamorat d'aquesta ciutat. Deu ser la síndrome d'Estocolm. Amb el sol que hi fa avui, la capital sueca sembla de postal: neta, alegre i desperta. Fins i tot, les estacions de metro no són nius de rates, sinó vibrants galeries d'art subterrànies. El que a Barcelona són quatre grafits furtius a la paret, a Estocolm són pintures i escultures pagades amb diners públics.

Al Gamla Stan, el barri antic de la ciutat, les bicicletes esperen els seus amos a les portes de casa. Els carrers són estrets, el terra, empedrat, i els edificis estan pintats de colors càlids. A mitja tarda, la tranquil·litat és tan absoluta que, en una de les places del barri, es permeten el luxe d'oferir massatges de relaxació a l'aire lliure. Si no fos perquè estic acalorat de caminar tot el dia, seuria en una d'aquestes cadires, recolzaria el cap endavant i deixaria que un massatgista em remenés les cervicals i les dorsals fins que es fes fosc. Que a finals de juny, a Estocolm, és el mateix que dir fins a les onze de la nit.

A les terrasses del Gamla Stan, veig molts cotxets amb nens petits. No m'estranya que n'hi hagi tants, perquè a Suècia les mares (o els pares) tenen dotze mesos de baixa laboral retribuïda, després de cada naixement. Tots els nens i nenes sembla que surtin d'un càsting per fer anuncis de colònia o de bolquers. Són rossos, amb la cara rodoneta i els ulls blaus. El primer el trobo preciós, el segon, també, però quan n'he vist una vintena, ja no tenen cap gràcia.

Les mares sembla que pretenguin xuclar tot el sol que fa avui a Estocolm. Gronxen el cotxet amb una mà, mentre miren al cel amb els ulls tancats, com si acaparessin reserves d'energia solar per al llarg hivern que els espera. Les mares que seuen al meu costat són altes, tenen la pell neta i fan cara de dormir bé.

La noia més jove de la terrassa (que no sé si és mare o cangur) encara va pentinada com la Pippi Calzaslargas, amb dues trenes, una a cada banda del cap. Només li falten les pigues entremaliades a la cara i el color panotxa dels cabells. Però aquí totes les dones que veig són rosses. Rosses de veritat, sense arrels negres per sota.

Des dels anys seixanta, les sueques són l'ideal de bellesa per a molts llatins. Van ser les primeres turistes de venir els estius a la costa catalana i encara avui a qualsevol estrangera alta, rossa i despampanant la prenen per sueca.

A la coberta del barco que ens porta a Vaxholm –una de les 25.000 illes de l'arxipèlag d'Estocolm– parlo amb una sueca. Es diu Karen i té 65 anys. Seu al meu costat, atabalada perquè el fort vent que bufa no se li endugui la perruca. No separa la mà dels cabells per impedir que un cop d'aire inesperat acabi amb ella i perruca a l'aigua. Ho fa amb tanta discreció que, al cap de cinc minuts de conversa, ja ni em recordo que parlo amb una senyora que té el braç dret permanentment aixecat.

La Karen s'estranya que vulguem travessar tot Suècia i arribar fins a Lapònia i el Cap Nord. Ella no hi ha estat mai i diu que la majoria de suecs, tampoc.

—Des d'Estocolm, hi ha la mateixa distància fins al Cap Nord que fins a Barcelona. Tant per tant, ens estimem més anar al bon temps –diu la Karen en un anglès perfecte, difícil d'imaginar en una persona de la seva edat a Catalunya.

L'única vegada que ella va venir a la Costa Brava va ser a principis dels anys seixanta. No recorda com es deia el poble on dormien i es torraven al sol, ella i una altra amiga. Mirant la Karen, m'adono que les mítiques sueques d'abans, retratades pel No-do i per les pel·lícules de l'Ozores, ara ja són felices iaies de tres néts. Els catalans que van descobrir els amors d'estiu amb elles també estan a punt de jubilar-se.

Em puc imaginar la Karen de jove, amb biquini (una peça totalment extraterrestre a l'Espanya de l'època) i una llarga cabellera rossa. Segurament que els dies de vent no tenia tants problemes, com avui, amb la ditxosa perruca.

2a etapa. Estocolm-Fannbyn (630 quilòmetres)

Des del cotxe, acabem de reservar habitació en una granja que hem descobert en un fulletó d'allotjaments rurals. Aquest vespre dormirem a Fannbyn, un poblet de cent habitants al nord de Suècia, però encara molt per sota del Cercle Polar Àrtic. En aquesta època de l'any, a mesura que anem pujant, augmenten les hores de llum solar i la nit es fa cada vegada més curta. Si a Estocolm, a quarts de quatre del matí ja era clar, avui potser ja ni es farà fosc, a Fannbyn.

La casa que hem llogat té vistes al llac Storsjön, on, segons una llegenda local, hi viu un monstre emparentat amb el del llac Ness. El propietari, quan li he comentat el cas per telèfon, s'ha posat a riure: «Només hi trobareu el mateix que hi ha a tots els llacs: mosquits».

Ell és qui ens ve a rebre quan arribem a la granja. Es diu Niklas i té una mà molt ampla, que encaixa amb una força molt superior a les meves possibilitats de rèplica. Ens presenta la resta de la família: la Camilla, que és la seva dona, i els fills, la Júlia, de tres anys, i en Frej, que té encara no dos mesos. En un segon terme, veiem com també ens observen un parell de gossos, una dotzena de gallines i 55 vaques de llet. Més enllà, grans extensions de camps verds, el llac i els mosquits, que fan guàrdia al costat de l'aigua.

Dormirem en una caseta de fusta de dos pisos, que data de mitjan segle passat, i que està reformada amb molt de gust. En Niklas es disculpa perquè encara no fan menjars: «La Camilla és una gran cuinera, però ara, amb el nen tan petit, no té temps». Haurem d'anar a sopar a Östersund, una ciutat que és a dotze quilòmetres d'aquí. Es veu que, a la plaça, hi ha un restaurant que serveix menjars fins a mitjanit. Són les deu del vespre i tornem a la carretera, encara amb ulleres de sol.

El sol se'n comença a anar quan estem a punt d'acabar-nos el salmó, cap a les onze de la nit. Però no es pot dir que es faci fosc. Continuem sopant amb llum natural. Si no vols tornar-te boig, aquí és imprescindible que portis rellotge. Endevinar l'hora es converteix en tota una proesa.

Ara mateix, per la llum que veig a l'exterior, diria que són les set del matí i que tot just acaba de fer-se de dia. És aquella claror de quan els empleats municipals reguen els carrers i la gent comença a sortir de casa; de quan les botigues encara són tancades i l'enllumenat públic s'ha apagat, després d'haver estat cremant tota la nit.

Al nord de Suècia, a l'estiu, no tenen nit. Després d'un dia, ve un altre dia, i encara un altre. Fins que, de cop, a l'hivern, s'estaran setmanes senceres sense veure el sol. «*You get used to it.*» Això és el que ens ha dit la cambrera, que «T'hi acostumes». Però no ha sabut explicar-nos com.

Nosaltres ens estrenem, avui, en l'experiència. Les perspectives no són gaire optimistes. A quarts de dues de la matinada, a la nostra habitació, hi toca el sol. No hi tenim persianes ni cortines.

I, el que és més greu: quan traiem la vànova, veiem que tampoc no hi ha ni uns tristos llençols.

A dos quarts de deu del matí, he quedat al porxo de la casa per parlar amb en Niklas, el propietari. Hi arribo havent dormit només un parell d'hores. Em fa mal l'esquena i encara tinc la sensació que em pica tot el cos. M'he passat tota la nit estirat, directament, a sobre del matalàs, i abrigat amb una vànova. Ell, com cada dia, s'ha llevat a les sis per munyir les vaques. Fa la sensació d'estar fresc.

L'enganxo que acaba d'esmorzar amb la seva dona. «Si lloguem la casa, és per ella. No ha sortit mai de Suècia i li fa gràcia conèixer gent nova. A mi, ja m'està bé. Trobo que és una manera fàcil de guanyar diners, molt més que amb les vaques.» Clar, si no posen ni llençols al llit, no m'estranya que sigui un bon negoci!

En Niklas és un granger enrotllat; té trenta-vuit anys, va vestit amb un mono vermell i porta el mòbil a la butxaca. Quan el truquen, contesta dient el seu nom, tal com fan els policies a les pel·lícules. Va néixer en una família de ramaders de tota la vida i li ha tocat modernitzar la granja. Els anys vuitanta, va viure llargues temporades a Austràlia i el Canadà per estudiar el funcionament d'altres explotacions semblants. Ara reconeix que es passa el dia pencant: «Aquí dalt, no hi ha gaires més al·licients. Només treballar, veure la tele i dormir». El mateix que fa mig món.

Per ell, octubre i novembre són els pitjors mesos de l'any. «Sembla com si tot s'hagués mort. És fosc, no para de ploure i el vent s'emporta les fulles dels arbres.» A l'hivern, tenen sort de la neu: «Les dues primeres vegades que neva, no acaba de quallar. Però, a la tercera, ja s'hi queda per unes quantes setmanes. I, per nosaltres, és com si hagués arribat la llum. Fins i tot, les vaques queden prenyades amb molta més facilitat». Sembla mentida. A Catalunya, quan cauen quatre volves de neu, la llum és el primer que se'n va i les que queden prenyades no són, precisament, les vaques.

Tots els dissabtes de l'any, tant és que nevi com que faci sol, aquesta família de grangers té un ritual sagrat. En Niklas i la Camilla s'asseuen a davant del televisor a mirar *Bingo Lotto*, un dels programes més populars de Suècia. Es tracta d'un bingo a distància; els teleespectadors han d'anar marcant, en uns cartrons comprats prèviament, els números que canten a la tele. «A Suècia, és impossible fer-te ric treballant. Només ho pots aconseguir jugant a la *lotto.*» Quan veu que apunto les seves paraules a la llibreta, de seguida les matisa, per si li han quedat massa crítiques: «Que consti que sóc molt afortunat de viure a Suècia. Tinc una dona, dos fills, una granja que és meva, unes vistes impressionants al llac... En tot cas, només demanaria una mica menys d'impostos i una mica més de sol».

Ara mateix, la meva petició és molt més modesta. Em conformo que avui puguem dormir en un llit amb llençols.

3a etapa. Fannbyn-Jukkasjärvi (850 quilòmetres)

Què hi faig, aquí? És un quart de dotze de la nit, encara tenim claror de dia, fa 200 quilòmetres que hem travessat el Cercle Polar Àrtic i estic en una gasolinera netejant amb una esponja els centenars de mosquits que s'han estampat al parabrisa del cotxe. No havia vist mai res d'igual. El vidre és una immensa fosa comuna. Cadàvers de tots colors s'amunteguen fins a formar una capa llefiscosa de cossos mutilats i esquitxos de sang. Ficar la mà a la galleda és una heroïcitat. L'aigua que devia ser neta, a primera hora del matí, s'ha transformat en una sopa espessa de color negre.

I, a més, què hi faig guarnit d'aquesta manera? Porto tota la cara i el cap embolicats amb un jersei de la Núria. Només trec els ullets perquè la corona de mosquits (vius) que tinc al meu voltant no trobi ni un forat per picar-me. Això no és cap oasi i jo, en canvi, semblo una pèssima imitació d'un tuareg que travessa les carreteres desèrtiques de Lapònia.

Avui, penúltima etapa abans d'arribar al Cap Nord, ens hem tornat a passar dotze hores a dins del cotxe. El mal estat de la carretera 45 ens fa creure que ens acostem a la fi del món. Alguns trams no estan ni asfaltats. Circulem per camins de grava, aixecant un gran núvol de pols i escopint centenars de pedretes. A vegades, arribo a pensar que per aquí no hi ha passat mai ningú. Que el camí l'obrim nosaltres, a mesura que donem gas al cotxe.

El trànsit ha quedat reduït a la mínima expressió. Hauríem pogut comptar, un per un, els cotxes amb què ens hem encreuat durant tot el dia. Des de l'hora de dinar, només hem vist mosquits i rens, molts rens. Alguns d'aquests animals travessen la carretera corrent; altres es paren al mig de la calçada i se't queden mirant amb les banyes enfocades cap al vidre del cotxe.

Aleshores, es crea una situació tensa, perquè ni ells s'aparten ni jo goso engegar. Els rens ens han fet conduir tot el dia amb l'ai al cor, perquè es confonen amb el gris de l'asfalt. Si els volen deixar lliures per les carreteres, trobo que el govern suec els hauria de pintar de colors més vistosos.

Avui –com ahir, com demà– no se'ns farà fosc. Ara són les dotze de la nit i el sol que hem vist que s'amagava fa tot just un parell d'hores, es comença a aixecar per l'horitzó. Ens el mirem, hipnotitzats, des d'un pont a prop de la cabana de fusta on dormirem. És un sol rogent, una esfera de foc que, de tan rodona, sembla dibuixada.

L'estampa és d'un cromatisme gairebé perfecte. No m'estranyaria que les postals que es venen per tot Europa, les vinguessin a fer aquí. Seria tot molt romàntic, si no fos perquè quan miro la

Núria la veig amb una tovallola blau cel que li tapa tot el cap. Jo encara vaig embolicat amb el seu jersei. A Lapònia, els mosquits –igual que el sol– no se'n van a dormir durant tot l'estiu.

És més, arribo a sospitar que el sol de mitjanit no se l'hagin inventat els mosquits per atraure turistes (o sigui, víctimes) cap a casa seva. O ho fan així, o aquí dalt no hi ha feina per a tots.

Un hotel que es desfà cada any

Per fi, hem dormit amb llençols. Però els hem hagut de pagar a part. Què es pensen en aquest país, que tothom viatja amb mantes, cobrellits i llençols a la maleta? L'altra novetat d'avui és que teníem lliteres a l'habitació. La Núria (amb la il·lusió d'una nena petita) ha demanat dormir a la de dalt. Si ha caigut, ni me n'he adonat. M'he passat la nit somiant que atropellava rens i que els mosquits em cosien a picades.

A Lapònia, estan esverats per les altes temperatures. El termòmetre de l'exterior de la cabana, que està preparat per arribar als 50 graus sota zero, marca 26 graus positius, i tot just són les deu del matí de l'1 de juliol. Hem fet 6.000 quilòmetres amb tres setmanes de viatge (tres, només?), i enlloc ens havíem trobat tanta calor, com aquí, en aquesta zona inhòspita del nord de Suècia.

Sembla increïble que, a l'esplanada que ara veiem lliure, entre la nostra cabana i el riu Torne, cada hivern s'hi construeixi un hotel de gel. La recepcionista ens ensenya fotos de l'iglú més gran del món. El construeixen cada any amb 1.000 tones de gel i 2.000 de neu.

Hi ha un cinema, un bar, unes galeries, quaranta habitacions i una capella, on hi va gent de tot el món a casar-se. Els llits són de gel i estan recoberts per pells de rens. Als clients, se'ls dóna un sac de dormir i se'ls recomana que passin la nit vestits, per aguantar una temperatura que oscil·la entre els 3 i els 8 graus sota zero. Si algú no ho aguanta, sempre pot acabar en una de les cabanes de fusta on avui hem dormit nosaltres, que disposen de calefacció, aigua calenta i llençols (si els pagues a part).

L'hotel es desfà cada any entre els mesos d'abril i maig, quan la neu i el gel no resisteixen la pujada de les temperatures. L'empresa ha provat de mantenir l'establiment congelat de forma artificial, però encara no ha trobat un sistema que els doni resultat. La recepcionista ens recomana que tornem, a partir del novembre, per descobrir el plaer de prendre un vodka Absolut a la barra d'un bar de gel.

Pujo al cotxe intentant imaginar-me com deu ser la vida (i el vodka), en ple hivern, quan la temperatura habitual de la Lapònia sueca és 60 graus inferior a la que tenim aquest matí de juliol. No m'estranya que tot aquest territori tan extens estigui pràcticament deshabitat i que el 85 % dels suecs es concentrin al sud del país. Molt poca gent ho ha de poder resistir. Jo, segur que no.

Amb aquesta determinació, faig marxa enrere i noto com si, amb una de les rodes posteriors del cotxe, hagués trepitjat algun objecte contundent. Baixo i comprovo que acabo de passar per sobre dels nostres necessers de viatge! Per fora, ja es veu que han quedat fets un nyap, però, la sorpresa és a dins. S'ha rebentat un pot d'escuma per als cabells i l'aspecte interior de la meva bossa és pitjor que el riu Sorreigs, després d'un abocament de Puigneró. Només d'obrir la cremallera, un núvol blanc surt, amb força, i s'estén pel mig del carrer.

Mentre els netegem a la pica del lavabo, comença una llarguíssima i estèril discussió. Qui en té la culpa? Qui deixa els necessers a terra o qui dóna gas sense mirar?

4a etapa. Jukkasjärvi-Cap Nord (741 quilòmetres)

Un altre dia a la carretera. Tenim el Cap Nord a tocar, però sembla que no acabem d'arribar mai més. Els últims quilòmetres se'm fan eterns. Al matí, hem marxat de Suècia, després hem passat per Finlàndia i ara som en territori noruec, a punt d'entrar a Honningsvag, el poble on dormirem.

El canvi de paisatge ha sigut molt brusc. Després d'hores i hores conduint per llargues planúries de vegetació escassa, és com si, a Noruega, de cop, haguéssim tornat a la vida. La carretera passa pel costat del mar i, de tant en tant, veiem poblets de pescadors, amb casetes de colors i peixos penjats en bastides de fusta, perquè s'assequin a la intempèrie.

Entre els mesos de maig i juliol, milers de persones peregrinen, diàriament, al punt més septentrional de tot Europa, amb un únic objectiu: veure el sol de mitjanit. Però, avui, a més del paisatge, també ha canviat el temps. Hem marxat de l'hotel de gel amb samarreta i pantalons curts, i ara, després de set hores de viatge, acabem de treure els anoracs de la maleta. El sol no es veu per enlloc. És més, cauen quatre gotes i, pel color del cel, sembla que amenaci tempesta. A Honningsvag, es detecta una lògica preocupació entre la comunitat turista. El viatge és molt llarg per haver de marxar sense admirar el sol.

A l'hora de sopar, al menjador de l'hotel Rica, tothom interroga els cambrers sobre les possibilitats que millori el temps. Ells, que ja estan acostumats a fer de meteoròlegs, responen amb evasives del tipus: *a*) «és difícil de dir» o *b*) «aquí el temps canvia molt de pressa, senyor». En Jan, el noi que ens serveix a nosaltres (una altra vegada salmó) prefereix animar-nos recorrent als antecedents més immediats. Ens assegura que ahir feia un temps fantàstic (quina casualitat!) i que dotze dels catorze últims dies s'ha pogut veure el sol de mitjanit.

Les estadístiques oficials no són tan optimistes. A Honningsvag, dos de cada tres dies hi fa mal temps, està núvol, hi ha boira o, simplement, plou. Per tant, les possibilitats que, després dels milers de quilòmetres que hem fet, pugem al Cap Nord i, d'aquí a un parell d'hores, canviï el temps i vegem el sol de mitjanit, només són comparables a les de treure la loteria de Nadal sense jugar-hi.

Una fi del món molt concorreguda

Paguem 175 corones noruegues, unes 3.600 pessetes, per entrar al recinte del Cap Nord. El tiquet val per dos dies. És com si et donés dret a participar en dos sortejos. Però, igual que nosaltres, la majoria de turistes que pugen fins aquí dalt s'ho juguen tot a una carta. Dormen una nit a Honningsvag i l'endemà marxen, perquè tampoc hi ha gaire res més a fer, en aquest poble, que esperar que siguin les dotze de la nit.

Ara ha deixat de ploure, però s'ha instal·lat, a davant nostre, una boira espessa que, amb prou feines, ens deixa veure res. Entrem amb el cotxe i, a poc a poc, descobrim que l'aparcament del Cap Nord està literalment ocupat per un centenar d'autocaravanes. A veure si, amb la boira, ens hem confós i hem anat a parar al Saló del Caravàning de Barcelona! Continuem avançant i trobem el sector dels autobusos. En compto més de cinquanta, amb matrícules de tots els països d'Europa. La fi del món no serà tan solitària com em pensava.

Els turistes es protegeixen del fred que fa, avui, al Cap Nord, a l'interior d'un edifici que ofereix tot tipus de serveis: bar, restaurant, botiga, sala de projeccions i, fins i tot, una capella, on descobreixo els més desesperats resant, de genolls, suposo que en un últim intent perquè canviï el temps abans de mitjanit.

Als que formen part d'un viatge organitzat, se'ls reconeix perquè porten a les mans una ampolla de cava *benjamín* Freixenet

Cordón Negro. Els l'han donat per celebrar una hipotètica sortida del sol. També els han obsequiat amb un certificat, que no acredita que hagin vist el sol de mitjanit, sinó que «la persona x, de viatge per la terra del sol de mitjanit, ha estat al Cap Nord». És la manera de no dir cap mentida.

Al Cap Nord, com a tants altres llocs, no és tan important serhi, com que se sàpiga que hi has estat. La gent s'hi emporta els mòbils per fer la crònica en directe als familiars, i les càmeres de fotos i de vídeo, pels que prefereixin el reportatge en diferit, un diumenge a la tarda d'hivern. També hi ha cua per enviar una postal amb el matasegells únic del Cap Nord i per comprar unes targetes telefòniques especials, que et permeten trucar des de les cabines de l'edifici.

Cinc minuts i seran les dotze. Ara sí, tothom surt a fora i es dirigeix al punt oficial de concentració per veure el sol de mitjanit. Es tracta d'una gran esplanada, plena de roques i desnivells, que acaba amb un penyasegat, que cau, de manera abrupta, sobre el mar. Fa la sensació que aquí s'acaba el món. És com si la barana protectora fos la línia divisòria entre la civilització, al darrere nostre, i el no-res, al davant. Més enllà d'aquesta barana, només hi ha el mar. Però ara ni tan sols el veiem per culpa de la boira.

A les dotze en punt de la nit, creix l'expectació. Avui, en aquest racó de món, devem ser 3.000 persones, que hem fet un llarg viatge amb l'esperança que, en aquesta hora, el sol s'aixecaria per l'horitzó i il·luminaria un paisatge excepcional. Però les cares que veig són pessimistes. Alguns, com una família hindú, ni tan sols estan pendents del que passa al seu davant. El pare només està obsessionat per fotografiar el seu fill petit, enfilat al globus de ferro que presideix l'esplanada i que marca la latitud del Cap Nord: 71° 10' 21". Acaba aconseguint la foto (i els plors del nen).

Al final, salta la sorpresa. Quan passen dos minuts de la mitjanit, un sol excepcionalment taronja s'aixeca i es deixa veure a mitges, per culpa de la maleïda boira. Al Cap Nord, es produeix un esclat d'eufòria col·lectiva de tal magnitud que, a mi, em recorda quan els nens de San Ildefonso canten la grossa de Nadal.

Els afortunats, igual que a la loteria, ho celebren destapant ampolles de cava, abraçant-se i trucant, als seus familiars, per comunicar-los la bona nova. També hi ha moltes càmeres de vídeo i de fotos. A les imatges, la gent no hi surt amb la participació premiada a les mans, sinó amb el sol de mitjanit al darrere. Igual que el 22 de desembre, tothom posa cara de fred.

Si el sol de mitjanit és una loteria, posem que, a nosaltres, tal com l'hem hagut de veure avui (entelat per la boira), ens ha tocat un premi d'aquells de consolació. Un duro per pesseta.

Borratxos a casa de Santa Claus

«Dos homes grans seuen a fora d'una cabana del Cercle Polar Àrtic. És primera hora de la tarda i estan bevent junts, en un silenci total. Al cap de tres hores, continuen bevent, però cap dels dos ha pronunciat una sola paraula. Al final, quan el sol comença a caure, un dels dos es gira i diu: "No em diguis que no és bonica aquesta posta de sol". L'altre home, enfadat, deixa el vas i contesta: "Escolta'm un moment: què hem vingut a fer, a beure o a parlar?".»

Anònim finlandès

Primer canvi d'horari. A l'entrada de Finlàndia, hem d'avançar una hora el rellotge. Si he de ser sincer, encara no noto els efectes del *jet lag*. Suposo que aquestes coses volen temps.

El 70 % de la superfície de Finlàndia és bosc i un altre 10 % l'ocupen els llacs. Decidim (espero que amb bon criteri) moure'ns pel 20 % que queda. Tot el que vam pujar per la banda de Suècia, en direcció al Cap Nord, ara ho baixarem pel costat finlandès, fins a arribar a la capital, Hèlsinki, a l'extrem sud del país.

A la Lapònia finlandesa, els rens continuen fent de les seves al mig de la carretera. He llegit que n'hi ha 250.000, tants com persones hi viuen. De fet, no sé de què m'estranyo; a Catalunya, els porcs també són sis milions. La diferència és que no tenen la mania de posar-se't a davant del cotxe.

Finlàndia és el país amb la densitat de població més baixa de tota la Unió Europea. Només hi viuen 16 persones per quilòmetre quadrat (2,2 a Lapònia). Els seus habitants estan tan lluny un de l'altre, que han de buscar vies de comunicació alternatives al contacte personal. Suposo que això explica que els finlandesos es connectin a Internet cinc vegades més que la resta d'europeus, i que tinguin més telèfons mòbils que ningú: 63 per cada 100 habitants. L'isolament també ajuda a entendre que Finlàndia tingui una de les taxes de suïcidis més altes de tot el continent. En moments de nervis, no sempre els deu resultar fàcil sortir al carrer i trobar possibles víctimes.

Arribem a Rovaniemi, la capital de Lapònia, després d'haver fet més de 600 quilòmetres des del Cap Nord. És una ciutat sense cap gràcia. A la Segona Guerra Mundial, la van arrasar i ara no hi ha, pràcticament, cap edifici que tingui més de cinquanta anys d'antiguitat. L'únic que m'agrada de la ciutat és el nom. Em sorprenc repetint-lo a cada instant, síl·laba per síl·laba: «Ro-va-nie-mi, Ro-va-nie-mi...». Ja passa, a vegades, que els noms són molt més macos que l'objecte que designen.

El termòmetre exterior marca 19 graus, però és impossible que sigui cert. Tant la Núria com jo ens estem pelant de fred. Per mi que, a Lapònia, algú els manipula la temperatura per fer-los creure que, després d'un hivern tan llarg i tan cru, també tenen una mica d'estiu.

Un clima de borratxera col·lectiva s'apodera del centre de la ciutat, a quarts de nou del vespre d'un divendres. Els carrers de Rovaniemi semblen una discoteca a les cinc de la matinada, quan s'acaba la música, s'encenen els llums i ningú vol marxar a casa. En un banc, una parella es morreja amb gust de cervesa; a terra, una catifa d'ampolles buides i vidres trencats; i, a cada cantonada, grups de nois i noies que beuen, canten i van de tort. Demà al matí, a l'Oficina de Turisme trauran importància a aquest espectacle etíl·lic: «emborratxar-se és una tradició finlandesa».

Al restaurant Rosso, l'ambient no és gaire diferent al del carrer. En una taula sopen quatre nois, que van vestits com els Blues Brothers, i que, quan s'aixequen, mostren dificultats evidents per accedir al bufet d'amanides. La fesomia dels finlandesos (almenys dels que hem vist fins ara) fa que tots em semblin fills de mare sueca i pare rus. Aquest últim hi aporta unes faccions més marcades i una expressió de cara més adusta. El país també té una història semblant; va pertànyer al regne de Suècia, durant més de 600 anys i, després, al segle XIX, va formar part de l'Imperi rus.

La carta me la porten en finlandès. És una llàstima que no sàpiga estonià, perquè es veu que les dues llengües s'assemblen molt. Ara mateix, em seria de gran utilitat per triar el menú. No sé si començar amb un *Puutarhurin sienikeitto* o anar, directament, al *Kalkkunaa ja mustaherukkastiketta.* Tots dos em sonen molt bé, la veritat. La Núria, que ha agafat una carta en anglès, me'ls tradueix. El primer és una sopa de xampinyons i l'altre, un gall dindi amb salsa. Ja m'ho semblava.

Quatre dies i Nadal

Rovaniemi, dissabte al matí. Hem decidit quedar-nos un dia més aquí per recuperar-nos de la pallissa de cotxe de l'última setmana. Avui, l'aspecte dels carrers ha canviat. El centre de la ciutat ja no és una discoteca; ara sembla un Pryca gegant. Només fem que veure homes amb xandall. Afortunadament, això no és cap tradició finlandesa. És el campionat nacional de voleibol, que aquest cap de setmana concentra a Rovaniemi esportistes de tot el país.

Ja fa quatre dies que som per sobre del Cercle Polar Àrtic i em sembla que ens estem acostumant a viure sense nit. Continua sense fer-se fosc ni un sol minut, però avui ja no hem tingut problemes per dormir. Sembla com si anar-nos-en al llit amb claror de dia hagués deixat de ser motiu de comentari, entre nosaltres. Ja ni en parlem.

Ara mateix, la nostra màxima preocupació és una altra. Busquem algú que conegui on va rodar el director Julio Medem la surrealista història d'amor *Los amantes del círculo polar*. L'acció de la pel·lícula passava a Rovaniemi, però, fins ara, ningú d'aquesta ciutat no ens en sap dir res.

A l'oficina de turisme, tampoc n'han sentit a parlar mai. Les treballadores s'ho demanen les unes a les altres i veig que totes van fent que no amb el cap. Al final, s'ofereixen a trucar a un crític local de cinema. Quan pengen el telèfon, ve la desil·lusió: Medem només va rodar a Rovaniemi una escena. La major part de la pel·lícula es va filmar a Lohja, un poblet al costat de Hèlsinki, a centenars i centenars de quilòmetres del Cercle Polar Àrtic i de la terra del sol de mitjanit. El cinema ja les té, aquestes coses. Durant els anys de la guerra freda, els americans utilitzaven escenaris naturals finlandesos per a les pel·lícules que volien fer veure que estaven ambientades a Rússia.

La noia de l'oficina de turisme ens veu desconcertats i ens ofereix un pla alternatiu per passar el dissabte a Rovaniemi: visitar el poble de Santa Claus, que és als afores de la ciutat. Abans, ens posa en antecedents. Els anys vint, Markus Rautio, un locutor de ràdio molt popular a Finlàndia, va convèncer els nens que el Pare Noël vivia a la muntanya de l'Orella, traducció literal del poble de Korvatanturi. Des de la muntanya de l'Orella, Santa Claus podia sentir, perfectament, tot el que li demanaven els més petits.

Ara, Korvatanturi és en territori rus. Per això, quan els anys vuitanta, el govern finlandès va decidir explotar el filó d'aquest personatge, va resituar el poble del Pare Noël al mapa i el va col·locar al punt més accessible de la *seva* Lapònia, a una dotzena escassa de quilòmetres de Rovaniemi. Una trampa amb coartada nadalenca.

L'entrada al recinte de Santa Claus no pot ser més desalentadora. No sé per què li hem fet cas, a la noia de Turisme. Em fa mal a les orelles sentir música nadalenca un 3 de juliol. També és un atemptat ètic (i estètic) veure els empleats, vestits de Pare Noël, amb jaqueta, pantaló i gorro de vellut vermell, com si tot l'any fos 25 de desembre. «D'aquí a quatre dies, Nadal», sembla que es diguin, entre ells, tots els turistes que baixen, a grapats, dels autobusos que van o vénen del Cap Nord. El poble de Santa Claus és parada obligatòria.

Les instal·lacions inclouen un parc temàtic per als més menuts (amb trineus tirats per rens), botigues (on venen pells de ren), un supermercat (amb embotits de ren), restaurants (on pots menjar ren), i l'oficina de Santa Claus (que tampoc no val *re* de *re*).

En una pissarra del despatx del Pare Noël, llegeixo que, l'any 1998, va rebre 603.000 cartes de nens i nenes de tot el món. Les té classificades per països en un moble, que ocupa tot un pany de paret. Em quedo més tranquil quan veig que les d'Espanya ocupen un lloc preferent; són a sota les de Namíbia.

Fora del moble, en una safata, hi ha un centenar de cartes de mostra, perquè la gent vegi quines coses li demanen, a Santa Claus. Trobo la d'en Ryoichi Ito, un nen de set anys, que vol una *Monstergame* de butxaca. En Nicholas té un any, és anglès i ja demana un Teletubbie, en Tinky Winky. La carta de la Laura, una nena anglesa de vuit anys, m'agrada per la confiança que demostra tenir amb el Pare Noël. «Estimat Santa: ja no puc esperar més per veure't la nit de Nadal. Suposo que aquests dies estàs molt enfeinat. Jo també ho estic al col·legi i preparant el Nadal. Petons!»

La més tendra de totes és la de Dominiane Curfs, una nena de Maastricht (Holanda), que no diu quants anys té, però que se la veu preocupada. «Els 24 nens de la meva classe no es creuen que existeixes. Es pensen que els estic explicant un conte. Si us plau, ajuda'm a convèncer-los. Jo no sé com fer-ho. A tu, segur que se t'acut alguna cosa, que per això ets Santa Claus.»

A la sala del costat, el mite del Pare Noël em cau a trossos. El tenen assegut en una butaca de fusta, somrient, donant mans i firmant autògrafs. De manera impròpia per a un home del seu càrrec, escriu amb un boli Bic, de color verd, que es treu de la butxaca dels pantalons.

Prou! Només tinc ganes de tornar a l'oficina de turisme de Rovaniemi i donar les gràcies a la noia que ens ha recomanat el poble de Santa Claus. Ha aconseguit una cosa inaudita: que, a principis de juliol, una persona ja pugui estar farta del Nadal.

Llacs plens d'aigua amb gas

> *«Comprendí que por dejar a Ana me había quedado sin destino. Así que solo tuve que inventarme uno: ¡Finlandia!»*
>
> JULIO MEDEM,
> *Los amantes del Círculo Polar*

De baixada cap a Hèlsinki, em distrec fixant-me en els noms dels pobles. L'idioma finlandès continua meravellant-me. La gastronomia sembla que hagi tingut una influència molt important a l'hora de batejar els municipis. Alguns tenen noms de menjar japonès, com Susimäki o Neulamäki; altres es decanten per productes més llatins, com és el cas de Salahmi, i, després de tot aquest empatx, tampoc no em sorprèn trobar un poble que es diu Eno (com la sal de fruites) i, fins i tot, un hotel restaurant Kagöne.

Llegir tots els rètols que trobo per la carretera és una manera de matar el temps. Tot el dia hem circulat amb una lentitud exasperant, per culpa dels camions que transporten centenars de troncs, en remolcs llarguíssims. Surten, cada dos per tres, de qualsevol racó de bosc. En alguna cosa s'ha de notar que la indústria del paper i de la fusta és un dels pilars econòmics de Finlàndia.

Fins i tot, tenen pa fet amb fusta. Ho descobreixo al Lusto, el museu del bosc que hi ha al sud-est de Finlàndia, a la regió dels llacs. La senyora del bar m'explica que és un producte que va néixer durant la Segona Guerra Mundial, quan no hi havia prou farina i se les havien d'enginyar per barrejar-hi fusta en l'elaboració. El resultat és un pa extremament sec, pla, rodó i amb un forat al mig. Per entendre'ns: és com si estigués mastegant el tronc d'un pi. Per un moment, arribo a enyorar les baguets congelades dels forns de Barcelona.

Aquesta nit, dormirem a pocs quilòmetres del museu Lusto, a Punkaharhu, en una cabana al mig d'un bosc i al costat d'un llac. És la manera que passen les vacances molts finlandesos. Els que no disposen d'una segona residència de propietat, la lloguen per uns dies o agafen la caravana i fan nit a diferents llacs del país. En tenen fins a 200.000 per triar. És impressionant; els toca un llac per cada 25 finlandesos. És com si només a Barcelona hi hagués 60.000 llacs, repartits per la ciutat. No m'imagino els turistes arribant en góndola a la Sagrada Família, ni els taxistes remant per la Diagonal amb un barret de palla al cap.

La nostra cabana de fusta té un porxo amb vistes al llac. Són gairebé les dotze de la nit i dues nenes aprofiten la claror per continuar-se banyant, indiferents als 15 graus de temperatura (per elles, deu ser una calor sahariana) i als crits dels seus pares, que les reclamen des de l'autocaravana. Suposo que no és fàcil no tenir nit i fer entendre, a les teves filles, que aquestes ja no són hores de jugar. Que ara toca dormir.

Jo aprofito aquesta mateixa claror de mitjanit per sortir al porxo i passar, a l'ordinador portàtil, les notes del dia. És part del ritual de cada vespre: escriure i mirar la ruta que farem l'endemà. Mentrestant, la Núria ajunta tots els tiquets del dia, els tradueix a pessetes i calcula quant ens hem gastat. És bon senyal que encara ens acceptin la targeta Visa.

Abans d'anar a dormir, obro la nevera de la cabana i només hi veig una solitària ampolla d'aigua amb gas. Ditxoses bombolletes! Mai hauria dit que fos tan difícil comprar, a Europa, aigua sense gas embotellada. Estic fart que, des d'Àustria, cada vegada que demani aigua en un restaurant me la portin amb gas. O tèrbola de l'aixeta, que és l'única alternativa.

Trobar aigua sense gas embotellada se m'ha convertit en una autèntica obsessió. Segons a quins bars la demano, em miren amb la mateixa cara que a Barcelona faria un cambrer, si li ordenés un suc de maracuià, mango i fruites de la passió, barrejat. Als supermercats, la situació encara és més grotesca. Com que no entenc què diu a les etiquetes, em dedico a sacsejar totes les aigües, per veure quines fan bombolles i quines no. Les caixeres no deuen entendre res. Qualsevol dia d'aquests trucaran a la policia perquè detinguin l'home que remena les ampolles dels supermercats de mitja Europa.

Ni Moscou ni Estocolm: París

A Hèlsinki, tots els nens porten telèfon mòbil. No sé a qui poden trucar. A la seva mare? A la cangur? A la iaia? A la secretària? No tenen ni dotze anys i van pel carrer amb el Nokia finlandès enganxat a l'orella, com si fossin executius en miniatura. Llegeixo al diari gratuït *Metro* l'explicació que un expert fa d'aquest fenomen: «Amb el mòbil, els joves s'atreveixen a dir coses que, cara a cara, segurament, no dirien». És la curiosa manera que tenen els finlandesos de desinhibir-se: el telèfon, en una mà, i en l'altra, una cervesa Lapin Kulta.

Quina diferència amb nosaltres! Avui estem exultants, perquè hem trobat aigua sense gas Evian, a la braseria de l'hotel Kämp. Aigua i oli d'oliva! Per mi, que ens han vist la cara de llatins. D'aperitiu, no ens han donat l'habitual pa amb mantega, sinó un platet amb oli i sal grossa. Ens hi hem banyat, literalment. Des de l'últim sopar a Venècia, portàvem tres llargues setmanes d'abstinència.

Segons la guia, Hèlsinki és més soviètica, que no pas escandinava, però, en ple juliol, si aquesta ciutat (o almenys el centre) s'assembla a alguna altra és a París. A Esplanadi, l'avinguda principal de la ciutat, hi ha les mateixes botigues de luxe i les mateixes terrasses, plenes de gent conversant i prenent el sol. Segurament és el temps el que canvia la cara a la ciutat. Imagino que, a l'hivern, els seus habitants no deuen tenir la *joie de vivre*, que demostren ara, llançant-se al carrer amb poca roba. És una tendència que es repetirà, al llarg del viatge: les grans ciutats s'assemblen més entre si, que no pas al país del qual formen part.

Aquests dies, els carrers de Hèlsinki estan plens de cartells i banderes que recorden que Finlàndia ostenta la presidència europea durant tot el segon semestre del 1999. Són bons temps per a la capital finlandesa. La seva àrea metropolitana és la que creix més ràpid de tota la Unió Europea. A l'última dècada, s'hi han traslladat a viure més de 100.000 persones, procedents de zones rurals. Finlàndia continua sent un país de llacs i boscos, però els seus habitants es concentren, cada vegada més, a les zones urbanes.

La nostra estada a Hèlsinki no coincideix amb una reunió dels caps d'estat i de govern de la Unió, sinó amb una trobada internacional més pintoresca: la secció femenina del Rotary Club, una poderosa organització de gent influent de tot el món, que ningú sap ben bé què fan. Dues mil senyores de casa bona es passegen per la ciutat, amb una maleteta a la mà, un cartellet al pit, amb el seu nom, i un bon raig de laca als cabells.

Algunes d'aquestes dones han tingut la mateixa idea que jo: entrar en una llibreria del centre de Hèlsinki a buscar premsa estrangera. Fa molts dies que no llegeixo cap notícia de casa. Durant tot el periple de pujada i baixada del Cap Nord, no he trobat cap diari de Barcelona o de Madrid, i ni tan sols he tingut temps de xafardejar-los per Internet.

El primer que trobo en castellà és el número de juliol de la revista *Elle*. A la portada, dues exclusives d'impacte demostren que, en només un mes de viatge, ja no reconeixeria les dones espanyoles. Primera notícia: «*Bye, bye, silicona, vuelven las planas*» i segona notícia: «*¿Te atreves? Teñir, cortar y alisar el pubis*».

Sense pits i calba. Així serà la dona del 2000. Segons la revista *Elle*, és clar.

Homes despullats que suen

«Havia estat temptat de dir-los que ell havia nascut en una sauna, igual que molts finlandesos. I per què no? Quina lògica, quan hi penses! La part més calenta de la casa, la més neta, la més tranquil·la.»

JAMES CLAVELL,
Whirlwind

«No suelen decirse cosas demasiado inteligentes cuando te despelotas en grupo.»

MAGDA BANDERA,
El síndrome de mi Estocolmo

Avui ens toca sauna. I la Núria, sense depilar. «Com vols que vingui amb aquests pèls?», la sento que crida des de la dutxa.

Diuen que a Finlàndia hi ha més saunes que cotxes. Cap a dos milions d'unitats per a una població que supera, per poc, els cinc milions d'habitants. A moltes cases, és una part més del bany, però també els blocs d'apartaments i els hotels en tenen de comunitàries. En la tradició finlandesa, la sauna és un lloc sagrat, de propietats autènticament curatives i purificadores. Fins al segle passat, les dones parien allà dins. Actualment, els finlandesos la utilitzen per banyar-se i per la seva higiene personal.

Els dies punta són el divendres i el dissabte. El creixement es nota tant en l'assistència a les saunes públiques com en el consum d'electricitat a les cases particulars. Avui és dimarts i, per tant, no ha de ser un dia de grans aglomeracions a la sauna Kotijarhu, de Hèlsinki. He llegit que l'acaben de reformar i que continua sent la més autèntica de la ciutat. Mentre que totes les particulars i les d'hotels són elèctriques, aquesta encara funciona amb llenya. A la recepció de l'hotel Sokos, han insistit molt perquè no anéssim a aquesta sauna. Diuen que no és un lloc recomanable per a turistes i que el barri sembla el Bronx. No en faig ni cas: «Què deuen saber-ne ells, de saunes!», li dic a la Núria.

Quan el taxi ens deixa al número 1 del carrer Harjutorinkatu, no veiem cap rètol identificatiu. Però, a davant de la porta, hi ha quatre o cinc homes asseguts, al mig del carrer, amb una cervesa a la mà, i completament molls i despullats. Només porten una petita tovallola que, amb prou feines, els arriba per lligar-se-la a la cintura. Comencem bé!

L'entrada és rònega. A dins d'una finestreta, hi ha un home d'uns setanta anys, que no parla ni una paraula d'anglès. Al cap d'una estona, ve una dona, si fa o no fa de la mateixa edat, amb bata blanca i fumant. Intenta ajudar-nos, però tampoc no domina l'anglès. Potser sí que tenien raó, a l'hotel. Devem ser els primers turistes que trepitgem aquesta sauna en molt temps.

Al final, ha d'intervenir un dels homes que estava assegut a fora. Ens explica que podem agafar una sauna privada, només per a nosaltres dos, o anar a la pública, però, en aquest últim cas, ens haurem de separar; n'hi ha una per a homes i una altra per a dones. Evidentment, triem la pública, que per això hem vingut fins aquí, desafiant el criteri de tota una plantilla de recepcionistes. Paguem i ens donen una tovallola completament desfilada, d'aquelles que, a casa, ja no servirien ni per a draps de cuina. A la Núria, se l'emporta, cap a dalt, la dona de la bata blanca i, a mi, em fan entrar en una sala de la planta baixa.

Només d'obrir la porta, em trobo una habitació plena d'homes (el més jove deu tenir cinquanta anys) jugant a escacs, llegint el diari o bevent cervesa. Alguns seuen als bancs de fusta i d'altres, ho fan a sobre les taules. Només els uneix una cosa: tots van despullats. Molls i despullats. No porten ni una trista tovallola. Per no ser menys, jo també em despullo, deixo la roba en un armariet que trobo lliure i em col·loco, a la cintura, el drap de cuina que m'han donat. Encara no hi ha prou confiança.

Amb el cap, un dels homes m'indica que obri una altra porta i passi a una segona sala. És la de les dutxes. D'entrada, només veig més senyors despullats. Després, em fixo en tot l'escenari, més propi d'un internat o d'un hospital de la postguerra. Les rajoles de la paret són blanques i el terra és de ciment, i està absolutament xop. Em fa molt fàstic caminar per allà, especialment perquè ho he de fer descalç. No podia ser més oportú: m'he deixat les xancletes a l'hotel.

A un costat de la sala, hi veig una llitera (també molla), coberta per una espècie d'hule de flors de plàstic. A sota, unes quantes galledes d'alumini, apilades una a sobre l'altra. No tinc ni la més remota idea de per a què serveixen, ni la llitera ni les galledes.

Em trec la tovallola, ara sí, i em dutxo intentant trepitjar el terra el mínim possible. Només em queda entrar a la tercera i definitiva habitació: la sauna. Més homes despullats. Mai n'havia vist tants de junts. Amb molta discreció (i la tovallola encara a la cintura), m'assec a dalt de tot, que és on he llegit que hi fa més calor. Els del meu costat em parlen en finlandès. Jo els intento correspondre amb una rialla, també en finlandès.

La sala és tota de ciment, excepte el sostre i l'últim dels quatre nivells, que estan coberts amb làmines de fusta. Deu tenir capacitat per a unes vint-i-cinc persones, però ara tan sols en compto onze. Així que entres, a mà esquerra, hi trobes una llar de foc encesa que escalfa unes pedres. Al costat, hi ha una palanca que, si l'acciones, tira aigua a les pedres i provoca que, amb l'evaporació, augmenti la temperatura de la sala.

Precisament, aquesta palanca és la joguina favorita dels homes que entren o surten de la sauna. Tots els que passen per allà repeteixen la mateixa acció: es miren els seus companys, els diuen alguna cosa en finlandès (que jo interpreto: «què, li foto una mica de canya, nois?»), i fan un parell de manxades a la palanca. Al cap d'uns segons, la calor és absolutament insuportable. El termòmetre segueix, a marxes forçades, el camí dels 90 cap als 100 graus. A mi, des de dalt de tot, sembla que se'm rosteixin les orelles i he de tancar els ulls, perquè noto que, d'un moment a l'altre, se m'encendran.

No ho aguanto més. Surto a fora a dutxar-me amb aigua freda i descobreixo la utilitat de la llitera amb l'hule de flors. La dona que fuma i porta bata blanca hi renta homes despullats de pèl a pèl. Ara mateix, n'hi té un amb barba blanca, i molt escanyolit. El mulla per les dues bandes, l'ensabona amb un guant de crin i, posteriorment, el torna a dutxar per esclarir-lo. Quan el té ben net, tant pel davant com pel darrere, el fa seure en una cadira i li renta el cap. La imatge és tètrica.

Abans que la dona de bata blanca m'agafi i m'estiri en aquell hule, decideixo tornar a entrar a la sauna. Prefereixo passar calor que posar-me a les seves mans. A dins, per fi, hi trobo una persona que parla anglès. De fet, si he de jutjar per les primeres paraules que intercanviem, té més facilitat per les llengües que no pas per la geografia:

–*Where are you from?*

–*Barcelona.*

–*Ah, Barcelona!* –l'home fa uns segons de silenci, abans de continuar parlant–. *Portuguese, difficult lenguage* –torna a quedar callat uns segons més–. *Brazil speaks portuguese* –ara ja sense pausa, està embalat–. *Brazil, big country.*

Ja he trencat el gel amb els meus companys de sauna. Ni que sigui amb aquesta conversa tan surrealista. Hi ha homes que se m'acosten, em diuen el nom i em donen la mà. Noto que la tenen suada. Que no sigui de la sauna, penso.

N'hi ha d'altres que tenen unes galledes d'alumini plenes d'aigua freda. De tant en tant, hi suquen un ram de fulles de bosc i, quan ja està ben xop, es fustiguen per tot el cos. Es veu que no és cap pràctica masoquista finlandesa, sinó que ho fan per refrescar-se. Segur! El del meu davant em veu tan interessat en el tema que s'aixeca i em comença a pegar, amb el seu ram. Hi ha un detall que fa l'escena encara més incòmoda: va despullat de pèl a pèl, però s'ha deixat la perruca posada.

Em torno a girar cap al meu amic que parla anglès. Potser encara em pot ser útil. Li explico que preparo un llibre sobre Europa i que, per això, ara sóc a Finlàndia. Al principi, es limita a fer un gest d'aprovació amb el cap, però, més tard, reacciona i intenta col·laborar en el projecte, aportant una dada que ell considera molt significativa sobre el seu país:

–Aquí, encara pots trobar herois de guerra. N'hi deu haver uns 20.000.

L'home tradueix la conversa als seus companys de sauna, la qual cosa provoca un debat molt viu sobre el nombre de supervivents finlandesos de la Segona Guerra Mundial. Alguns discrepen obertament i diuen que són 60.000. M'és igual, francament! Tant si són 20.000 com si són 60.000, no penso anar-los a trobar, un per un.

Torno a sortir a fora per dutxar-me per segona vegada. Els finlandesos, quan van a la sauna, es passen tota la tarda entrant i sortint. S'hi poden estar, tranquil·lament, més de tres hores. Ara es dutxen, ara juguen a escacs, ara beuen una cervesa, ara surten al carrer amb la tovalloleta a la cintura o ara es fan ensabonar per la dona de la bata blanca. Pobra senyora, no dóna l'abast! En aquests moments, ja té un altre home estirat a la llitera, esperant que comenci la sessió. M'hi acosto per darrere, molt discretament, i li demano quant fa que hi treballa. Deu anys, em contesta. Mentre em dutxo, faig uns ràpids càlculs mentals: a 25 homes per dia, aquesta dona, com a mínim, ja ha rentat 7.500 finlandesos. Ningú ha fet tant com ella per la higiene d'un país.

Entro a la sauna per tercera i última vegada. Abans de separar-nos, hem quedat amb la Núria que ens trobaríem al cap d'una hora i estic segur que ja la deu fer. Després de l'última dutxa, em toca eixugar-me al natural. La tovallola està tan xopa que, si volgués fer-la servir, el primer que hauria de fer és escórrer-la. Als vestidors, continua havent-hi homes despullats jugant a escacs, llegint el diari o bevent una cervesa. N'hi ha un que fa por. Està just a davant d'on jo m'estic canviant, assegut a sobre una taula i amb els peus al banc de fusta. Deu tenir uns setanta anys, la pell extremament blanca i una cabellera rossa, llarga i prima, que es recull en una cua. L'home destaca, sobretot, perquè porta les ungles de les mans pintades de vermell.

Quan ja estic a punt de marxar, noto que algú em crida. És, justament, ell, que m'ofereix jugar a escacs, assenyalant-me un tauler que té a les mans. Li dic que no, que m'esperen a fora. Però l'home no desisteix. Ara ho prova amb una cervesa Lapin Kulta de mig litre, com a reclam. La treu de l'armariet, me l'obre i me la dóna. Em desempellego d'ell com puc i me'n recordo dels recepcionistes de l'hotel. Es fotrien un fart de riure, si em veiessin ara, amb cara d'acollonit, davant d'un vell despullat i amb les ungles vermelles!

Asseguts a les cadires de fora el carrer, la Núria m'explica la seva experiència, que és molt semblant a la meva, però amb dones: «i jo que patia perquè no m'havia depilat...». Per la cara que fa, em sembla que, durant tota aquesta hora, s'ha recordat més d'una vegada de mi, del llibre, d'Europa i de tota la meva família.

Mentre ens acabem la cervesa, continuen sortint homes amb la tovallola lligada a la cintura. N'hi ha un, al costat nostre, que es comença a tallar les ungles del peu, aprofitant que la sauna les hi ha estovat. Decidim marxar cap al metro, abans que la trajectòria que descriuen les ungles, quan surten de les tisores, ens impacti de ple. Ja ens ha quedat prou clar com era una sauna tradicional finlandesa.

Copenhaguen, per fi la calor

«A l'estiu, la capital danesa recorda una camisa que queda bé, de bon gust i tacte agradable.»

MAGNEA MATHÍAS

Aquesta nit, he tingut un somni. Podia canviar de ciutat i de país, amb la mateixa facilitat i rapidesa amb què circula un correu electrònic per Internet. Només prement un botó, el meu cos es desintegrava a Hèlsinki i es tornava a integrar, a l'instant, i partícula a partícula, a Copenhaguen, la pròxima parada. Potser algun dia, tots els viatges seran així. Avui, encara no. Tenim vint-i-sis hores de camí, fins a la capital de Dinamarca.

El *Mariella* marxa de Hèlsinki, a les sis de la tarda. És un dels ferris de la companyia Viking Line que fa el trajecte fins a Estocolm. Les 2.000 persones que hi viatgen sembla que només tinguin una preocupació: comprar alcohol lliure d'impostos al supermercat *duty free*. Em fa la sensació com si estigués passejant per Andorra. Veig famílies senceres carregant caixes i caixes de cervesa als cotxes que tenen aparcats als soterranis del barco. Comprar en aigües internacionals és la manera d'acumular existències barates al rebost de casa i evitar els altíssims impostos que, a tot Escandinàvia, graven les begudes alcohòliques.

Alguns dels passatgers, però, no tenen tanta paciència i ja enceten les llaunes, en festes improvisades, als passadissos o als camarots del *Mariella*. A les prestatgeries del supermercat, es fa especialment perceptible el moviment del barco. Les ampolles de cervesa, vodka o altres licors piquen unes contra les altres i produeixen un soroll irritant. La febre alcohòlica que noto a cada racó li treu, al meu primer viatge llarg en ferri, qualsevol deliri de grandesa que se m'hagués pogut passar pel cap. Ni el *Mariella* és el *Pacific Princess*, ni nosaltres som en cap episodi de *Vacaciones en el mar*.

Tenim, això sí, tota una nit per descansar. Per primera vegada des que vam sortir de Barcelona, no ens hem de preocupar de res: ni de conduir, ni de mirar mapes ni de trobar hotel. Dormirem, plàcidament, al camarot 4.508, amb dues llitcres, una dutxa i una finestra amb vistes espectaculars al mar.

Suècia ens va rebre, fa dues setmanes, amb els pits d'Assumpta Serna a la televisió. Avui, Dinamarca també ens dóna la benvinguda a la seva manera, amb un parell de mostres de l'antieuropeisme que l'han fet famosa. A l'oficina de canvi de moneda del barco, em tracten com si fos un estafador. Acabo de demanar que em canviïn els euros que porto per corones daneses. La senyora es mira el xec de viatge d'American Express per sobre les ulleres i me'l torna d'una revolada, com si li fes angúnia tocar-lo: «No en volem saber res, aquí, dels euros». Li demano que m'expliqui el perquè, però ja no em torna a dirigir la paraula. Es limita a fer que no amb el cap i a assenyalar-me la cua que estic formant, a darrere meu.

Pocs minuts més tard, quan ja estem al cotxe esperant per sortir del ferri, em fixo en la furgoneta que tinc a davant. Sembla d'una família que torni de vacances, perquè va carregada de nens i de trastos, fins al capdamunt. Al costat de la matrícula, hi porta dos adhesius enganxats: un amb les lletres DK de Dinamarca i l'altre, de lluny, sembla l'identificatiu de la Unió Europea. Quan m'hi acosto, veig que, efectivament, sobre un fons blau, apareixen, en forma de cercle, les estrelles daurades que representen els països europeus. Però la inscripció no és ben bé l'original; diu textualment: «Fuck EU». O el que és el mateix: «A prendre pel cul, la Unió Europea». No puc evitar imaginar-me el mateix adhesiu amb la cara de la bruixa que no m'ha volgut canviar els euros.

Demà, quan li comenti aquests episodis a la Kirsten, una noia danesa que coneixeré a Copenhaguen, intentarà justificar-los: «Europa ens fa por, perquè és molt gran, i Dinamarca, molt petita».

Molta roba, poc sabó i tan neta que la volen

Algú ens hauria de veure tal com arribem als hotels. Semblem arbres de Nadal, carregats amb paquetets per totes bandes: la bossa de mà de la Núria, amb tota la documentació del viatge; la maleta de l'ordinador portàtil; dues motxilles petites; la càmera de vídeo; una bossa d'esport, que ja no es pot ni tancar; i els dos necessers (o el que en queda, després d'atropellar-los amb el cotxe, camí del Cap Nord).

Avui, a Copenhaguen, també portem una bossa de plàstic, plena de roba interior bruta. Hem decidit que la rentarem tota nosaltres mateixos, a mà, a la pica del lavabo. No volem que ens torni a passar com a l'hotel de Berlín, que ens van cobrar 500 pessetes per cada un dels calçotets que vam enviar a la bugaderia. Per aquest preu, em surt més a compte estrenar-ne uns de nous, cada dia.

Un cop a dalt, gastem totes les provisions de gel de bany de l'habitació (i tota la nostra paciència) per rentar els calçotets, les calcetes i els sostenidors acumulats les dues últimes setmanes. En total, són vint-i-nou peces de roba interior. Ara toca estendre-les, una per una, aprofitant unes barres metàl·liques que hi ha al bany, i que serveixen per eixugar les tovalloles. La imatge final, amb tanta barreja de colors, formes i textures, em recorda la roba estesa dels carrers de Venècia. Però la nostra obra d'art només la podran admirar les senyores de la neteja. Em pregunto què pensaran de mi quan vegin, en primer terme, els calçotets blau elèctrics de Viena.

A Copenhaguen, enganxem el cap de setmana més calorós de tot l'any. Per més que els danesos siguin els escandinaus amb un clima més benigne, la ciutat no està preparada per a temperatures que s'acosten als 30 graus. La Núria es fon com una pastilla de mantega. Avui se li ha acudit posar-se una faldilla llarga fins als peus. No cal que li pregunti per què. Encara no s'ha depilat.

A la terrassa del bar Europa, a la cantonada de Hejbro Plads amb l'Stroget, només trobem taules lliures a l'ombra. Fantàstic! Els danesos es barallen per seure al sol i torrar-se com pebrots. Deu ser la il·lusió de la novetat. El mateix que passa a Barcelona quan neva, que tothom vol sortir a fer guerres de neu i a construir ninots grassonets, abrigats amb una bufanda de llana de l'avi.

Copenhaguen m'agrada perquè al centre de la ciutat no manen els cotxes. Els danesos presumeixen de tenir el carrer de vianants més llarg del món, l'Stroget. Per mi, són com tres carrers en un: les Rambles, Pelai i el passeig de Gràcia. A l'Stroget, s'hi acaba barrejant tothom: des d'una senyora que busca un vestit de Chanel de mig milió de pessetes, fins a un turista que vol comprar una postal de la Sirenita o un grup d'homes que juguen al *backgammon* al mig del carrer.

Al final de l'Stroget (que té una llargada d'encara no dos quilòmetres), apareix el canal Nyhavn, un altre dels punts neuràlgics de la ciutat. Sembla un tros de ciutat arrancat d'Amsterdam i implantat a Copenhaguen. Per aquí, tampoc no hi circulen els cotxes. Centenars de tavernes i restaurants alegren els baixos de les cases estretes del segle XVIII. Les terrasses són plenes de gent que menja l'*smørrebrød*, un plat típic danès d'una senzillesa només comparable al pa amb tomàquet. És pa negre amb mantega, guarnit de centenars de maneres diferents, amb peix, carn, formatge o embotits pel damunt.

Els danesos sembla que s'hagin posat d'acord per demostrar-nos, l'endemà de la nostra arribada, que són els escandinaus amb un sentit menys tràgic de la vida. Amb el sol que fa avui, tots els habitants de Copenhaguen han sortit al carrer. No deu quedar ningú treballant o tancat a casa. Per a això, ja tenen tot l'hivern.

Acabem el dia al Tívoli, el parc d'atraccions més antic d'Europa. És el Port Aventura del segle XIX. Té atraccions espectaculars, jardins, bars de nit, restaurants i concerts a l'aire lliure, però tot amb una atmosfera decimonònica, que li dóna un encant especial.

Sopem a la terrassa d'un restaurant, que hi ha just a l'entrada del parc. La majoria de nois i noies que arriben aquesta nit al Tívoli són alts, guapos, vesteixen amb una certa elegància i avui tenen un bon color de cara, gràcies al sol de tot el dia. Em fixo que, quan se saluden, no es fan petons. Tampoc no es donen la mà. La fórmula és just a mig camí entre una cosa i l'altra: s'abracen, passant una sola mà per l'esquena de l'altra persona, i s'acosten les galtes, però sense que s'arribin a tocar. No fos cas...

Els danesos serien un poble amb estil, si no fos per l'idioma. Perden tot el seu atractiu quan obren la boca i comencen a parlar. El so més semblant que recordo és el d'algú fent gàrgares, a la pica d'un lavabo.

La gran família

«Si uno ha nacido en un Estado, éste tiene que hacerse cargo de él si el individuo no quiere ganarse la vida como el Capital manda.»

JUAN BONILLA,
Academia Zaratrusta

En el conjunt de la Unió Europea, és difícil trobar dues societats que estiguin més als antípodes que l'espanyola i la danesa. Una respon al model més tradicional d'organització familiar i l'altra és, precisament, la més avançada. Els espanyols són els europeus que més es casen; menys viuen sols o en parella de fet; menys es divorcien; i menys fills tenen a fora del matrimoni. També són els reis de les hipoteques. Ningú com els espanyols té tanta preocupació per comprar-se un pis.

A Dinamarca, en canvi, un 72 % de les parelles de menys de trenta anys conviuen sense cap tipus de papers, al voltant d'un 50 % tenen fills sense haver-se casat i també un 50 % de matrimonis acaba amb divorci. Això és el que diuen, anualment, tots els informes sobre estil de vida que publica l'Oficina Estadística de la Unió Europea, l'Eurostat.

Però una cosa són les xifres i l'altra com es perceben totes aquestes diferències, als carrers de Copenhaguen, aquests dies de juliol del 1999.

AVIS I NÉTS. «Aquí, les famílies estem molt desunides. Tinc la meva àvia a només 90 quilòmetres de Copenhaguen. Doncs, l'altre dia, la vaig veure per primera vegada en dotze anys.» Martin Orsted Pedersen és un danès de vint-i-sis anys, que ens serveix l'esmorzar a l'hotel Mayfair. Quan ens ha sentit parlar català, li ha canviat l'expressió de la cara. Als set anys, la seva mare li va portar una samarreta d'Allan Simonsen, el danès que jugava al Barça. Allò va donar un gir radical a la seva vida. Ara, al cap de dues dècades, té un fill amb una mallorquina, el seu millor amic és català i, cada dia, llegeix l'*Sport* i el *Mundo Deportivo* per saber com va el seu equip favorit.

Parlem a mig matí, quan els turistes s'han llançat, una altra vegada, als carrers de Copenhaguen, i ell ja ha acabat de desparar totes les taules. En Martin s'acosta força al perfil de ciutadà danès que dibuixen les estadístiques: fa sis anys que viu amb Cristina Oteiza, ja tenen un fill junts i, d'aquí a un parell de mesos, es casaran. «No sé si és bo o dolent, però, a Dinamarca, els fills no s'ocupen dels pares. Ja se n'encarrega l'Estat. Quan la gent es fa gran, se'n va a viure en uns apartaments, on hi ha infermeres que en tenen cura, dia i nit.»

En Martin es queixa del fred de Dinamarca («tenim dos hiverns, un de blanc i un de verd»), del caràcter dels seus habitants («cadascú va a la seva») i del sistema fiscal danès («Hisenda es pot endur fins al 62 % del sou»). Aquestes tres raons el fan estar nerviós per obrir, a Barcelona, un negoci de restauració, amb el seu amic Evili Herrando. «Penso que, si tens una bona feina, a Catalunya, la vida s'ha de viure més intensament que aquí».

En canvi, en Martin esmenta dues coses molt positives del seu país, en comparació amb Espanya. La primera és que els danesos no han sentit a parlar mai de corrupció: «Aquí, no cal conèixer ningú perquè et vagin bé les coses. Si estàs en una llista d'espera perquè et donin un apartament, per exemple, tens la seguretat que ningú et passarà a davant, perquè tinguis influències». Un estudi de l'associació Transparency International, que situa Dinamarca com a país menys corrupte de tot el món, avala les seves paraules.

Encara hi ha un segon element positiu: la cobertura social que ofereix l'Estat als més de cinc milions de danesos: «Pots estar tota la vida sense treballar i sempre cobraràs de l'atur. És un sistema més just per a tothom. Perquè vegis fins on arriba la protecció estatal, als que tenen problemes d'alcoholisme, els donen la paga un cop la setmana o, fins i tot, diàriament, perquè no s'ho gastin tot en un dia». Igual que faria un pare, penso. Per això, les famílies deuen haver dimitit de les seves responsabilitats, perquè tot Dinamarca ja ho és, com una gran família.

A pesar de tantes diferències, en Martin s'esforça a veure nexes d'unió entre les dues societats. «Danesos i catalans tenim una cosa en comú: som els petits. I això vol dir que hem de lluitar per qualsevol cosa que vulguem.» Ara mateix, aquest danès lluita per deixar Copenhaguen i trobar un pis a Barcelona. Fins i tot ja té una zona preferida: «M'agradaria viure a les Corts, al costat de la *catedral* [el Camp Nou] i, al mateix barri, on hi havia hagut l'antic camp del Barça».

Noto que en Martin, que parla perfectament castellà, té més ganes de demostrar-me el seu barcelonisme que no pas de continuar parlant de Dinamarca. Diu que el primer partit que té gravat a la memòria és el 3-0 de la Copa d'Europa contra el Goteborg, al 1986, i que el 5-0 al Madrid el va viure en directe, a l'estadi. Tres o quatre vegades l'any, s'escapa a Barcelona a veure un partit de futbol: «Tinc un petit avantatge: la meva dona treballa a Ibèria i els bitllets em surten a 5.000 pessetes».

Això sí que és una gran diferència: a Copenhaguen, per aquest preu, amb prou feines et donen esmorzar.

PARES I FILLS. La delegació de la Generalitat de Catalunya a Copenhaguen és al pati d'un edifici d'oficines, a prop del Tívoli. M'hi presento sense avisar, a tres quarts d'una del migdia. Pel que veig, deu ser l'hora de dinar. El despatx és buit. Cap client, cap trucada, cap moviment, només dues noies, en un racó, mengen una amanida amb oli d'oliva (quina enveja!) i comparteixen un suc de poma.

La Kirsten i la Susanna, les dues empleades del Consorci de Promoció Exterior de Catalunya, semblava que m'estiguessin esperant. De seguida, aparten les restes del dinar, em fan un lloc a taula i comencen a parlar-me de Dinamarca. Una, la Kirsten, és menuda, va descalça i seu amb els peus despullats a sobre la cadira. Amb la pau interior que transmet, me la puc imaginar fent ioga, cada matí, aquí a l'oficina. Tot i ser danesa, parla un castellà perfecte, gràcies als anys que va passar a Espanya estudiant.

La Susanna, que seu de manera més convencional i té uns ulls molt grans, que a penes parpelleja, és filla de mare catalana i pare danès. El seu cas és una mica atípic a Dinamarca, perquè no va marxar de casa fins als vint anys, se'n va anar a viure amb la seva parella actual i, als vint-i-cinc, es va casar pel ritus catòlic. Ella i el seu marit formen part dels 35.000 seguidors d'aquesta religió que hi ha en tot el país. L'Església majoritària a Dinamarca és la luterana, però la Susanna reconeix que pràcticament ningú va a missa: «Jo diria que hi van quatre vegades a la vida, i encara dues no en són conscients: el bateig, la confirmació, el casament i els funerals».

Gràcies a la doble nacionalitat dels seus pares, la Susanna ha conegut dos estils de vida oposats. Per ella, el pitjor de Dinamarca és la poca relació que tenen les famílies: «Encara que visquis al costat, et veus molt poc. Sembla com si aquí tothom anés a la seva i no es preocupés dels altres». En canvi, el millor dels danesos, segons l'opinió de la Susanna, és «la independència dels joves, molta més de la que poden tenir els catalans».

A Dinamarca, el més habitual és que els fills marxin de casa entre els disset i els divuit anys, quan han acabat l'ensenyament secundari. Als que continuen estudiant, l'Estat els paga un sou (superior al subsidi d'atur), que els permet pagar el lloguer d'un pis compartit, o d'una habitació en una residència. A més, els joves també es poden beneficiar de préstecs a uns interessos molt baixos, que tornaran quan es posin a treballar.

No puc evitar que se m'escapi el riure quan la Kirsten i la Susanna em comenten que, a Dinamarca, els nois i noies que tenen més de vint anys i encara viuen amb els pares, són vistos com una cosa estranya. Què pensarien els danesos si fessin una immersió a la societat catalana i descobrissin tots els ganàpies que en tenen trenta i encara no han marxat de casa?

Però és que la maniobra de l'Estat danès és molt hàbil: dóna cèntims als joves i residències als jubilats. D'aquesta manera, també aconsegueixen un objectiu doble: *a*) els fills poden anar-se'n quan vulguin, perquè no necessiten els diners dels seus pares, i *b*) els pares no tenen per què suportar eternament els fills amb l'esperança que algú s'ocupi d'ells quan es facin grans. La gran família ja vetllarà per tots.

Els danesos poden canviar de cognoms, com aquell qui canvia de pis, de cotxe o, fins i tot, de roba. La Kirsten encara no arriba als quaranta anys i ja va pel seu tercer nom. «Vaig néixer com a Kirsten Moller Hansen; després, per solidaritat femenina, vaig adoptar el de la meva mare, Kirsten Boutrup; i ara he agafat el del meu marit, Kirsten Thiele.» En Martin, el cambrer de l'hotel, també m'ha explicat que ja han alterat els cognoms al fill. S'havia de dir Jonathan Pedersen Pedersen i li han posat Jonathan Orsted-Oteiza Pedersen.

A Dinamarca, acaba sent pràcticament impossible saber qui és parent de qui, cosa que em fa sospitar que Jordi Pujol ho hauria tingut enormement difícil per guanyar unes eleccions en aquest país. No hauria pogut anar, poble per poble, fent allò que tant agrada a moltes persones: recitar-los, de memòria, tot el seu arbre genealògic.

El desconcert és absolut quan torno a l'hotel, agafo la guia telefònica de la capital danesa i la repasso, pàgina per pàgina. Com és possible que, si es poden canviar els cognoms amb tanta impunitat, només a Copenhaguen, hi hagi 25.520 Jensen? Tan poc originals són?

ELS PRIMERS OKUPES. Deu ser l'única família que viu al marge de la gran família danesa. El 1969, un grup de joves alternatius van apoderar-se d'unes casernes militars abandonades, al centre de Copenhaguen, i es van convertir en els primers *okupes* europeus. Aquell experiment anarquista i d'autogovern ja fa trenta anys que dura. Molts dels que van iniciar-lo ja no hi són, però a l'estat lliure de Christiania, un dels últims reductes *hippies* del continent, hi viu un miler de persones que es regeixen, exclusivament, per les seves pròpies normes. Per exemple: els cotxes estan prohibits. Només s'hi pot circular a peu o amb bici.

Avui és dissabte i, com a molts altres llocs d'Europa, a Christiania també és dia de mercat. El d'aquí, però, té una *petita* singularitat: només s'hi ven droga. És un gran mercat d'haixix i de marihuana. Una trentena de parades exposen la mercaderia en safates de cartró, com les que es fan servir a les pastisseries per posar-hi quatre pastes seques. Al costat de la droga, sempre se n'especifica el preu i la procedència.

Les transaccions resulten molt més netes que les que es produeixen, diàriament, a qualsevol bar o cantonada de Barcelona. Els clients trien i remenen entre les pedres de xocolata i les fulles de maria, amb la mateixa naturalitat que si busquessin mig quilo de pastanagues o un parell de mitjons. Alguns comerciants també ofereixen la possibilitat de comprar els porros ja fets. Els més barats els veig marcats a 20 corones daneses, unes 500 pessetes. Això sí; fins que no els proves, no saps si el venedor ha sigut generós amb la barreja.

Hi ha parades que presten molta atenció als complements del món de la droga; des de paper de fumar fins a pipes de totes classes, passant per caixetes per guardar-hi les *pedres*. L'únic producte alimentari que veig en tot el mercat són unes galetes, que no tenen res a veure amb aquelles daneses, plenes de mantega, que es venen a Andorra. Aquestes estan fetes amb marihuana, per als que prefereixin ingerir substàncies al·lucinògenes abans que fumar-se-les. Que no siguin –se m'acut– les autèntiques galetes *María*, que tornen bojos nens i nenes de totes les edats i de tants països.

El mercat de la droga és el primer que et trobes quan entres a Christiania. Moltes persones no passen d'aquí, però si continues caminant, descobreixes altres realitats més amagades. Passejant per un dels múltiples camins polsosos d'aquest microestat *hippy*, només fem que trobar gent que aprofita el dissabte al matí per dedicar-se al bricolatge. Un serra fusta, l'altre pinta la caseta i el de més enllà l'envernissa. Exactament igual que a qualsevol altre punt d'Europa. Potser l'única diferència és el color de la samarreta amb què aquest últim home s'embolica el cap per protegir-se del sol. És rosa, un vestigi de l'època *hippy*, de finals dels seixanta.

Amb el pas dels anys, al costat dels vells edificis militars *okupats* el 1969, hi han anat apareixent moltes casetes d'autoconstrucció. Actualment, es calcula que, aquí, en una superfície que jo diria que és tan gran com el parc de la Ciutadella, hi viuen unes mil persones, envoltades de vegetació, arbres i, fins i tot, un llac on poden banyar-se despullats.

La majoria no estan relacionats amb el negoci dels estupefaents. N'hi ha que tenen parades de roba i bijuteria *hippy*, i també n'hi ha que són artesans i es guanyen la vida comercialitzant les seves pròpies creacions, amb ferro, fusta o mobles antics. Però, sens dubte, un dels negocis més lucratius de Christiania són les bicicletes. Aquí se'n va patentar un model, que jo no havia vist mai a la meva vida, però que resulta que triomfa a molts països.

Es tracta d'una bici convencional, amb un complement revolucionari: una caixa de fusta rectangular, enganxada al manillar. Sembla un tricicle, però al revés. És un invent tan senzill com pràctic, perquè, a la caixa, els ciclistes hi poden portar de tot: nens, gossos o la compra de la setmana. Tot Copenhaguen és ple d'aquestes bicis.

A Christiania, aquest dissabte de juliol, s'hi barregen molts tipus de visitants. El grup més nombrós el formen joves alternatius –*okupes*, *punkies*, *hippies*, *rastes* o *grunges*– que arriben des de tot el món, tal com els musulmans peregrinen a la Meca. Volen comprovar, ni que sigui una sola vegada a la seva vida, com funciona l'experiment de viure al marge de la societat, sense que la policia et faci fora a cops de porra, al cap de cinc minuts. També hi ha veïns de Copenhaguen que vénen amb taxi fins a la porta de Christiania, entren, compren la droga i tornen a marxar amb el mateix taxi. Finalment, trobem molts turistes (com nosaltres) que passegen sense cap altre propòsit que el de xafardejar vides que ells mai no viuran.

Veig que alguns s'animen, compren un porro ja fet i es queden a fumar-se'l. Són les dotze del migdia i, amb la calor que torna a fer avui a Copenhaguen, és increïble la quantitat de gent que seu, a ple sol, a la terrassa d'un dels bars de Christiania. Potser hi ha un centenar de persones. Alguns estan sols, escrivint o dibuixant; altres juguen al *backgammon*, a cartes o són a mig dinar. N'hi ha que beuen cervesa, aigua o coca-cola. Però tots, del primer a l'últim, o tenen un porro a la mà o ja es miren de reüll el seu company, perquè els el passi d'una punyetera vegada.

D'una taula, veig com s'aixeca un home oriental, d'uns seixanta anys. No té ulls; només, dues ratlletes horitzontals. No sé si atribuir-ho al seu origen xinès o a tot el que deu haver fumat aquest matí. Porta una cervesa a la mà, una *trompeta* de dimensions espectaculars a la boca i s'acosta cap a nosaltres. Pels gestos que fa, dedueixo que necessita un encenedor. També és mala sort, pobre home! Amb la gentada que hi ha a Christiania, i ha anat a parar a les dues úniques persones que no tenen ni foc.

Ens haurem d'acostumar a agafar les capsetes de mistos que els hotels deixen a la tauleta de nit. Sempre ens poden treure de compromisos com aquest. I més a partir de dilluns, que entrarem a Holanda, l'únic país de tot Europa on es pot comprar i consumir haixix i marihuana, amb la mateixa impunitat i legalitat que en aquest minúscul territori *hippy* de Copenhaguen.

Un hotel per a nosaltres sols

«Viure en hotels és concebre la vida com una novel·la.»

BERTOLD BRECHT

Si no fos perquè ja fa dos dies que vam deixar Christiania, juraria que ara mateix acabo de tenir una al·lucinació. Som a l'A-7, camí de Groningen, al nord d'Holanda, i he vist com, just a davant nostre, un barco travessava els sis carrils de l'autopista.

Primer, s'han abaixat unes barreres, iguals que les d'un pas a nivell convencional, i tots els cotxes hem hagut de parar. Els altres conductors, com que ja hi estan acostumats, no han fet ni cas al que ha passat després. De cop, la carretera s'ha partit per la meitat i s'ha aixecat en dos trossos, com si fossin peces d'un escalèxtric. Llavors és quan, pel mig de les dues peces, ha passat una embarcació de vela, una altra i encara una altra. Tot plegat, tres barcos que navegaven pel canal que hi ha just a sota de l'autopista. Quan han acabat de travessar, la carretera ha tornat al seu lloc, s'han alçat les barreres i els cotxes hem pogut reprendre la marxa.

Mai m'hauria pensat que a Holanda em farien parar a mitja autopista per donar pas a un veler. Això demostra l'artificialitat d'un país que té més d'un 50 % del seu terreny guanyat al mar, a base de dics, *polders* i canals. La feina dels holandesos es veu que és tan meritòria que nou de cada deu reportatges periodístics sobre aquest país comencen amb la mateixa frase feta: «Déu va crear el món i els holandesos, Holanda». El desè reportatge no comença amb aquesta citació. Hi acaba.

Holanda encara és més plana que Dinamarca. Hi ha un detall que ho demostra: aquí, les vaques es retallen a l'horitzó. Des de la mateixa autopista, veig un ramat de frisones que pasturen i, darrere seu, quilòmetres i quilòmetres de planúria, fins que, al fons, em tornen a aparèixer les mateixes vaques dibuixades contra el cel. Ni una sola muntanya, ni un sol turonet, ni la més mínima elevació del terreny per fer companyia als animals.

Avui dormirem a Eenrum, un poble a 26 quilòmetres de Groningen, on hi ha l'hotel més petit del món. Surt al Llibre *Guiness* dels rècords, perquè només té una habitació. Quan vaig trucar-hi per saber si la tenien lliure, em va semblar que em prenien el pèl. L'home em va dir que m'esperés un moment, que havia de mirar el llibre d'entrades i sortides. Sort que, al final, la resposta va ser afirmativa: «Ha estat de sort. Demà no tenim client». Així, en singular, m'ho va dir.

Que hi ha algú?

I, a quarts de set de la tarda, som al mig del carrer, esperant que algú descobreixi que ja hem arribat. La porta de *het kleinste hotel ter weereld*, l'hotel més petit del món, està tancada. A dins, no s'hi veu ningú i, a fora, pràcticament tampoc. Eenrum és un poblet petit i silenciós, ple de carrers endreçats i casetes amb jardí. Continuem inspeccionant i acabem trobant un molí i un restaurant, que resulta que és dels mateixos amos. El gerent, un noi d'uns trenta anys que es diu Aljo Buitek, ens saluda i ens dóna la clau. No és la de la nostra habitació, sinó la de tot l'hotel. Encara no m'acabo de creure que avui tinguem un hotel per a nosaltres a sols.

Quan obrim la porta, quedem impressionats. És una caseta de fusta d'uns 50 metres quadrats, pintada de colors i decorada a l'estil *art decó*. No li falta de res. A l'entrada, hi ha una recepció, amb un llibre de registres i un sol ganxo a la paret per penjar-hi la clau de l'única habitació. Una porta amb un número 1 pintat ens permet accedir a la resta de l'hotel. Primer de tot, trobem una saleta amb llar de foc, sofà, dues butaques i un moble de despatx, on s'amaga el minibar.

Obrim totes les portes que anem trobant; la primera és un vestidor; la segona, un vàter petit, i la tercera ens condueix a la sala de l'esmorzar –amb una cuina antiga preciosa–, i a un bany de marbre. Mai havia vist una banyera tan gran com aquesta. Sembla una de les embarcacions que fa una estona travessaven l'autopista.

L'únic que no hem sabut trobar és l'habitació. Quan tornem a la sala de la llar de foc, la Núria descobreix la trampa. Obre el que semblen les portes d'un armari i, a dins, apareix un llit empotrat i aixecat gairebé un metre de terra, gràcies a una base de fusta. Es veu que així és tal com dormien, antigament, a moltes cases pairals del nord d'Holanda; a l'hivern, amb l'armari tancat, per protegir-se del fred, i a l'estiu, amb tot obert.

Havent sopat, el gerent ve a seure a la nostra taula. Li demano com van tenir la idea d'obrir aquest hotel tan peculiar: «La culpa la té el nom del poble. *Eenrum*, en holandès, vol dir "una habitació"». És una llàstima que a Catalunya no s'hagi respectat, tan escrupolosament, els noms dels municipis. Penso en Setcases, al Ripollès, per exemple.

Però Aljo Buitek no vol sentir a parlar dels catalans. Ell, la seva dona, Marion Trip, i els seus dos fills, un de tres anys i l'altre d'onze mesos, acaben de passar unes vacances a Salou, «a l'hotel més sorollós del món». Així és com ens el defineix amb ironia: «El més petit, el posàvem a dormir a les set de la tarda i, a la terrassa, hi havia música fins a les dotze de la nit. Ens van canviar d'habitació, però encara va ser pitjor. Llavors ens arribava el soroll del Jimmy's Bar i no podíem dormir fins a les dues de la matinada». Ara, la seva dona li ha fet prometre que mai més tornaran a la Costa Daurada.

Abans d'anar a dormir, sortim a passejar pel poble. Veient la tranquil·litat que es respira a Eenrum, no m'estranya que aquesta família s'atabalés, al mes de juliol, a Salou. Moltes cases semblen tancades. El gerent ja ens ha advertit que en aquesta època tothom és de vacances. Em puc imaginar la majoria de veïns torrant-se al sol de la Costa Daurada i queixant-se dels sorolls nocturns. Que no es preocupin si durant una setmana no dormen les vuit hores. Per viure enmig del més absolut dels silencis, ja tenen les altres cinquanta-una setmanes de l'any.

Tota l'animació que hi ha al carrer som nosaltres i una parella que ja ens hem trobat dos cops. La primera vegada ens diuen adéu en holandès: «*daag*». Per no ser menys, jo també els saludo en holandès, cosa que deixa la Núria absolutament bocabadada. Només puc treure pit cinc minuts, fins que ens els trobem un segon cop. La parella ens torna a saludar, però ara ja ho fa en anglès: «*bye, bye*». No sé què poden haver notat d'estrany, en el meu accent! Pel que pugui ser, anem al llit abans no hagi de passar per la humiliació pública de ser saludat una tercera vegada, ara ja en català.

Ens espera l'hotel més petit del món. Aquí no haurem de suportar les brometes de cap recepcionista simpàtic (com el de Munic), ni haurem de fer cua perquè baixi l'ascensor del pis dissetè. Tampoc no sentirem el televisor dels veïns de l'altra habitació i, el que és més important, demà al matí, quan ens haguem dutxat, no ens haurem de barallar amb ningú per un absurd tros de mortadel·la. Tot l'hotel és per a nosaltres. Després d'haver dormit en 23 habitacions diferents en només 32 dies, ens il·lusiona aquest petit luxe. Bona nit!

Meitat persones, meitat bicicletes

«Quin altre lloc de la resta del món podria escollir-se on totes les comoditats de la vida i totes les curiositats que es puguin desitjar fossin tan fàcils de trobar com en aquest?»

RENÉ DESCARTES

A Holanda la gent no té dues cames. Té dues rodes. De cintura cap amunt, són persones, i de cintura cap avall, bicicletes. Aquests cossos estranys –meitat home, meitat màquina– m'ataquen pertot arreu. Em fa por caminar per segons quins carrers d'Amsterdam. Menys del cel, apareixen bicicletes humanes dels llocs més inesperats. Són més perilloses que les motos de Barcelona: no es paren als semàfors, no respecten els passos zebra, les direccions prohibides ni cap altre senyal de trànsit. Això sí, són molt educades; fan sonar un timbre molt bonic cada vegada que estan a punt d'atropellar-me.

A última hora de la tarda, es posa a ploure. Sento com una pluja densa cau sobre els carrers empedrats i els canals d'Amsterdam. L'aigua posa música al silenci. Una dona torna a casa amb un ram de gira-sols acabats de comprar. Un home pedala amb el paraigua obert, perquè no se li mulli la cartera de pell. Ara que es fa fosc, s'encenen uns fanals que pintaran la ciutat de color taronja. A la nit és impossible no enamorar-se d'Amsterdam.

Passegem enmig de la penombra dels canals del Jordaan, el barri de moda. Al costat d'apartaments acollidors, galeries d'art i petites botiguetes, també hi ha cafès preciosos. Tots conserven un aire antic, com si no estiguessin restaurats. Els terres són de fusta envellida i les cadires semblen les d'un bar de tota la vida. Cada taula té la seva espelma i els plats del dia els escriuen, amb guixos de colors, en pissarretes repartides per tot el local.

Els edificis que donen als canals semblen tallats pel mateix patró. Són estrets, de quatre pisos, amb bicicletes aparcades a la porta i grans finestrals a la façana. Els apartaments no tenen persianes ni cortines per protegir-se d'un parell de xafarders com nosaltres. Si això passés a Catalunya, m'imagino les finestres de les cases com aparadors de botigues, amb grups de gent reunits per veure els veïns amb pijama i sabatilles.

Aquí som nosaltres dos els únics que espiem la vida quotidiana d'Amsterdam, a través dels vidres. Els holandesos prefereixen fer-ho per la televisió. S'han inventat un programa, *Big brother* (venut després a cadenes de tot el món, entre les quals hi ha Tele 5), que filma les peripècies de nou persones tancades en una casa, durant cent dies. Als vespres, els espectadors veuen un resum de mitja hora, amb les imatges més destacades del dia. Què vols que et digui! Trobo que té més gràcia que no t'ho donin fet, que siguem nosaltres els que puguem triar quines vides volem xafardejar.

Com, per exemple, aquella parella que mira la tele estirada al sofà del menjador. O aquell home sol, que llegeix el diari, assegut en una butaca al costat de la finestra, i amb les cames estirades a sobre d'un puf. De tant en tant, aixeca la vista, es treu les ulleres i mira cap a fora, com si volgués saber qui són aquests dos que el contemplen sota la pluja.

Mai havia vist unes cases tan ben il·luminades com les holandeses, amb llums de colors càlids i, sobretot, espelmes, moltes espelmes a tot arreu. Ara mateix, podria quedar-me a viure aquí. Des de fora, em fa la sensació que no em trobaria estrany a cap d'aquestes sales d'estar. A Holanda, tota la vida és a les cases. A fora el carrer, no hi queden ni les putes.

Un aparador, una noia

Són les onze de la nit i, a aquesta hora, els turistes entren al barri Roig d'Amsterdam, de cinquanta en cinquanta. Vénen a veure com més d'un centenar de prostitutes s'exhibeixen, en roba interior, en uns aparadors individuals, il·luminats amb llums de neó vermell. Acabo de sentir com un guia adverteix un grup d'italians que no poden fer fotos ni filmacions amb vídeo. Es veu que s'empiparien aquests homes que ara estan recolzats a les baranes dels ponts, fent veure que parlen, mentre les dones dels aparadors treballen per ells.

Comencem a caminar pels carrers del barri i descobreixo que estic fent exactament el mateix que, abans, al Jordaan: xafardejar què passa a dins de les cases. Però aquí, d'una finestra a l'altra, l'escena no canvia. A cada aparador, hi ha una noia, amb sostenidors i calcetes de conjunt, que seu en un tamboret i mira descaradament a fora el carrer. Darrere d'elles, puc veure la sala on tanquen els negocis. Hi ha el material imprescindible: un llit, una pica i un mirall. Entremig, una cortina vermella, que corren cada vegada que hi entra un home.

El barri és segur, les cases són netes i algunes, fins i tot, semblen acollidores. Suposo que si fos client d'aquest servei, vindria abans aquí que a les Rambles o al camp del Barça. I, si fos puta, llavors sí que no tindria cap dubte: triaria Amsterdam, per més que això sigui la prostitució en estat *pur*. El que a Catalunya sempre s'amaga a peu de carretera, amb llums vermells, negocis tèrbols i rètols eufemístics de *whiskeria*, aquí s'ofereix de manera descarnada. De tan clar, fa mal als ulls: aquestes noies, com qualsevol altre *producte* que s'exposa en un aparador, seran de la primera persona que travessi la porta i s'avingui a pagar el preu estipulat.

Per això, hi ha algunes estratègies de seducció que em semblen desconcertants. Una de les noies es menja una poma, a queixalades. No sé si és que encara no ha sopat o és que l'acció té alguna connotació sexual, que, ara mateix, se m'escapa. La del vidre del costat acaba d'engegar un radiocasset i ha decidit insinuar-se ballant música del Ricky Martin. Uns metres més enllà, en veig una altra que truca pel mòbil, amb la mateixa tranquil·litat que si estigués escarxofada al sofà de casa. Que no sigui una línia eròtica, penso, i estigui parlant amb un d'aquells nens de Hèlsinki que no es treien el Nokia de l'orella.

Totes són molt joves i n'hi ha poques que semblin holandeses. Són majoria les orientals i les de l'Europa de l'Est. De fet, el 1998, el dèficit de putes autòctones era tan alarmant que empresaris del sector van viatjar fins a Barcelona per trobar noies disposades a exercir l'ofici lluny de casa. Aquelles gestions no devien acabar bé, perquè encara no he sentit cap noia amb accent de la Garrotxa o de l'Empordà. Clar que tampoc he parlat amb elles...

Quan passa una parella o un grup mixt de turistes, observo que les noies fan cara de desmenjades i/o de fàstic. En canvi, quan veuen un home sol, o una colla exclusivament masculina, és quan despleguen tots els seus dots de persuasió. Ho fan per aquest ordre: *a*) piquen l'ullet; *b*) passegen la llengua pel llavi de dalt; i *c*) inviten el client a entrar, arronsant dues vegades el dit índex. Algunes, fins i tot, ja tenen la porta mig oberta per vèncer possibles casos de timidesa compulsiva entre la clientela. És una estratègia comercial que em recorda la dels cafès italians que, els últims anys, han triomfat a Barcelona. No n'hi ha ni un que tingui portes.

Entre aparador i aparador, el barri Roig és ple de *sex-shops*. Aquí no estan envoltats del secretisme i els vidres opacs de Catalunya. Igual com si fossin fruiteries (amb perdó per la comparació), permeten veure, des del carrer, fantasies de totes mides, formes i colors. També hi ha sales de *peep-show*, on els clients poden entrar i tancar-se en una cabina a veure una pel·lícula o un espectacle en directe.

Només s'ha de vigilar de no acabar com un turista madrileny, de quaranta-quatre anys, que, una nit de març del 1999, es va posar tantes vegades la mateixa pel·lícula, que, quan va sortir de la seva cabina, ja es va trobar el local tancat. La policia holandesa no el va treure d'allà fins l'endemà al matí, quan els veïns van sentir uns crits, lleugerament diferents als habituals a la sala.

El barri Roig s'ha convertit en una atracció turística més de la ciutat. La prova és que la majoria de rètols estan escrits únicament en anglès. Fins i tot, hi ha un local que anuncia un espectacle pornogràfic en cinc idiomes, i cap és l'holandès: l'anglès («*real fucking live show*»), el francès («*baiser sur escène*»), l'italià («*chiavare veramente*») i el xinès i el japonès, que ja no em vaig veure en cor de transcriure a la llibreta.

Abans de marxar, em crida l'atenció una sala de porno en directe que es diu Banana Bar. Em puc imaginar quin és el número estrella del local.

El preu del gram de marihuana

Holanda és diferent. Sembla que ningú es posi en la vida de ningú. Si ets homosexual, pots casar-te pel civil amb la teva parella i, fins i tot, adoptar fills. Si pateixes una malaltia terminal, pots sol·licitar al metge una mort digna. I si ets consumidor de marihuana o de haixix, pots entrar en un bar i comprar-ne.

Els *coffee-shops* es reconeixen d'una hora lluny pels seus colors estridents i la seva estètica *hortera*. Alguns d'aquests bars semblen temples *rastes*, consagrats a la figura de Bob Marley, amb banderes jamaicanes, pòsters i música del Déu de la marihuana. N'hi ha d'altres que han diversificat el negoci i s'han convertit en *Internet coffee-shops*, perquè, a més de *volar*, també puguis navegar.

Hem decidit acabar el dia en un dels *coffee-shops* més populars de la ciutat. A la terrassa que dóna a Leidseplein, veig molts clients preparant els porros i fumant-se'ls amb la mateixa tranquil·litat que a Catalunya et prens una cervesa al bar de la cantonada. El local es diu Bulldog, suposo que per la cara de mala llet que fan els porters. En això sí que és igual que siguis a Amsterdam o a Barcelona: tots els guàrdies de seguretat et perdonen la vida quan passes pel seu costat.

«I com es fa per comprar la droga?», li pregunto a la Núria, ara que ja som a dins. No sé si m'he d'acostar a la barra o tenen algú que passa, taula per taula, amb marihuana i haixix, com qui ven bosses de pipes o de cacauets. «Ha d'anar a la planta baixa», m'indica el cambrer, amb la mateixa pulcritud que un empleat d'El Corte Inglés.

–Ah, ja ho veig, gràcies.

Podria ser el taulell del guarda-roba, però no ho és. Un dependent espera que uns clients indecisos repassin un menú, on apareixen totes les varietats de haixix i marihuana, i els preus. Al Bulldog la droga no està a la vista, com a Christiania, sinó que la guarden al calaix, en bossetes. Em poso a la cua (sense demanar qui és l'últim), i intento espiar les tarifes. Més que fumar-me un porro, ara mateix em menjaria un entrecot. Això de sopar a dos quarts de vuit del vespre, com els holandesos, no pot ser bo de cap manera. Cada dia me'n vaig al llit amb una perforació d'estómac.

Una bosseta de xocolata o de maria costa 25 florins, unes 1.900 pessetes. Com més bona és la droga, menys quantitat te n'emportes. En una entrevista recent al diari holandès *Parool*, li demanaven a l'alcalde d'Amsterdam si sabia a quant anava el gram de marihuana. No m'imagino *La Vanguardia* fent aquesta mateixa pregunta a l'alcalde de Barcelona, i sobretot no m'imagino aquest contestant-la correctament. A Catalunya, per saber si un polític sintonitza amb el poble, es demana el preu d'un bitllet de metro; a Holanda, han de conèixer el preu del gram de marihuana. Una sensible diferència.

Ara em sembla que ja em toca a mi. Als de davant meu, que tenien ganes de marxar carregats, els han hagut d'advertir que cinc grams és la quantitat màxima que en pot comprar cada persona. Amb mi, no tenen aquest mateix problema. Per set florins holandesos (poc més de 500 pessetes), m'emporto un porro de xocolata ja fet i pujo a trobar la Núria.

Tornem a estar sense foc. Igual que a Christiania. Igual que sempre. El cambrer/empleat d'El Corte Inglés, un noi alt i moreno, ens deixa l'encenedor i ens comença a donar conversa, mentre encenem el porro. Tota l'estona repeteix el mateix i, cada vegada, li fa més gràcia sentir-ho.

–Sóc grec i el meu nom és Anus Annali. Sóc grec i el meu nom és Annus Annali. Sóc grec i...

No li ho tindrem en compte. Treballar vuit hores cada dia, en un ambient tan carregat, t'acaba afectant, encara que no vulguis. És el problema dels fumadors passius.

El cotxe que no compleix els criteris de Maastricht

> *«Todo está tan bien organizado y tan bien puesto que hasta los vagabundos (52, ni uno más ni uno menos) están encuadrados como funcionarios: se les proporciona albergue, baño, cama y desayuno al precio de cinco florines diarios (unas 900 pesetas) descontados de su subsidio.»*
>
> ENRIC GONZÁLEZ

A Europa ja no es troben empleats que et serveixin el gasoil, et netegin els vidres i t'ofereixin un pot de Winn's. Ara només hi ha un noi, a l'interior d'una gran botiga, que es dedica a passar targetes de crèdit per la ranura d'una màquina. Va vestit amb un mono, amb la marca de carburants estampada al pit, i, a les nits, sol parlar a través d'un micro.

Cada vegada que repostem, la Núria té la constància d'apuntar els quilòmetres que hem recorregut amb aquell dipòsit, els litres de gasoil i el preu que n'hem pagat. Ara fa gràcia saber que, si no ens hem descomptat, ja hem fet 10.728 quilòmetres de viatge, amb 631,7 litres de gasoil consumits i 75.094 pessetes gastades. Això vol dir que cada quilòmetre que fem ens surt a set pessetes. O sigui que, d'aquí a vint duros, ja haurem arribat a Maastricht.

Ahir, a Amsterdam, ens vam treure un pes de sobre. La Núria ja està depilada. «Ja veuràs, toca, toca», van ser les seves primeres paraules sortint del saló de bellesa. «I no m'han fet gens de mal.» Veus que bé! Ara ja tenim excusa per tornar a Amsterdam el dia que ens enyorem d'aquesta ciutat.

Només entrar a Maastricht, mato tres pardals d'un tret a l'Oficina de Turisme: ens troben hotel, concerto una cita amb el relacions públiques de l'Ajuntament, per demà al migdia, i em donen l'adreça del concessionari Audi. He de fer la primera revisió al cotxe i no hi ha cap lloc millor que aquesta ciutat. Sempre aniré més tranquil si condueixo un vehicle que sé que compleix els criteris de Maastricht.

Al taller, un home molt comprensiu obre l'agenda i em busca un forat a les vuit del matí... d'aquí a dotze dies!!! Deu ser una broma. O potser és que no entén el meu anglès. Li torno a dir que és un cas urgent, que estem fent un viatge itinerant per Europa i que d'aquí a dotze dies, qui sap a quin país serem. Com si sentís ploure. Ara ja ni parla. Només m'ensenya l'agenda i m'acompanya a la porta del concessionari. Qui deia que al nord d'Europa eren més treballadors? Uns cap quadrats, això és el que són!

També és mala sort. Ara que la Núria ja està depilada, posa't a patir pel cotxe.

Una intoxicació de maionesa

Em sorprèn no veure als aparadors de les botigues de *souvenirs* de Maastricht cap tipus de marxandatge relacionat amb Europa. És com si a Barcelona no haguessin fet adhesius del Cobi. Tampoc no hi ha cap plaça ni cap carrer que porti el nom del Tractat o de la Unió Europea. Sembla que la ciutat no vulgui explotar l'acord que els socis comunitaris van signar-hi, el 1991. Només a l'Oficina de Turisme he trobat, aquest matí, un *pin*, que ajunta les banderes de Maastricht i d'Europa.

«Abans érem la capital d'una de les dotze províncies d'un país petit; ara som una de les grans ciutats europees, a l'altura de Brussel·les, Roma o Londres.» Qui parla amb aquesta eufòria, i situa, sense dir-ho, Maastricht per sobre de Barcelona, és Wim

Gloudemans, relacions públiques de la ciutat. És l'encarregat d'atendre els centenars de periodistes de tot el món que, vuit anys després de la signatura del tractat, encara continuen arribant a Maastricht, per conèixer què s'amaga darrere d'un nom, tan criticat per uns i tan venerat pels altres.

Les guies parlen de Maastricht com la ciutat més antiga, més mediterrània, més assolellada i amb més qualitat de vida de tot Holanda. Des d'ahir a la tarda, hi he trobat tantes bicicletes com a Amsterdam, menys *coffee-shops*, més casetes residencials i un mecànic sorrut que m'ha fet fora del taller, a cops d'agenda.

Fora d'Holanda, ningú hauria sentit a parlar de Maastricht si no fos per una maionesa en mal estat. El 1981, una cimera europea va acabar amb una intoxicació col·lectiva de polítics, funcionaris i periodistes. Deu anys més tard, Maastricht es va treure el mal gust de boca, organitzant la cimera que va veure néixer l'euro. «Per nosaltres, allò va ser com un regal del cel.»

Wim Gloudemans comença a repassar, punt per punt, els beneficis que els ha suposat el Tractat de Maastricht. Es nota que aquesta llista se la sap de memòria, de tant explicar-la als periodistes que seuen a la mateixa cadira on sóc jo ara: «Hem doblat les places hoteleres, quaranta institucions europees tenen la seu a Maastricht; moltes multinacionals es reuneixen aquí per signar els seus propis tractats de Maastricht; hem vist actuacions en directe de Prince, Tina Turner o els Rolling Stones; vam acollir els Mundials de ciclisme del 1998; i moltes firmes internacionals ens continuen demanant terrenys per obrir una seu a Maastricht». De mecànics, trobo que encara van fluixos.

És clar que sempre podem continuar el viatge amb bici. Pedalant ben poca estona, arribaríem a Bèlgica i a Alemanya. Quan Bèlgica i Holanda es van separar, el 1839, Maastricht va quedar unida a aquest últim país, contra la voluntat de molts dels seus habitants. «Els amics, no els tenim a Holanda; els tenim a Flandes», sentencia Gloudemans. La religió és un altre factor que els allunya del nord protestant; aquí són catòlics, igual que a la majoria de Bèlgica. Segons Gloudemans, per a un holandès, anar a Maastricht «és com viatjar a l'estranger, sense sortir de casa».

Maastricht és en una zona on es mesclen fins a cinc cultures diferents, en molt pocs quilòmetres de distància: l'holandesa de la província de Limburg; la flamenca de la província belga de Limburg; la francesa de Valònia, a Bèlgica; la germànica de Bèlgica, i l'alemanya de la regió d'Aquisgrà i Colònia. «Tot això, l'únic que demostra», segons Gloudemans, «és que les fronteres són, cada vegada, més artificials i ridícules».

Ridícules o no, demà n'haurem de travessar unes quantes. Tres setmanes després, el viatge ens torna a portar a Alemanya. Volem passar el cap de setmana a la regió del Rin, al costat del riu, i enmig de vinyes i castells fantàstics. Depilada, ja no hi ha perill que ningú confongui la Núria amb una alemanya.

Un Kennedy mort al Rin

«A través de les seves aigües clares, aquest magnífic riu permet als ulls del poeta percebre el passat i el futur d'Europa.»

VICTOR HUGO

«El vi és el veritable or del Rin.»

GIOVANNI MARIOTTI,
Bell'Europa

M'agrada això de llevar-me al matí i no saber on dormirem al vespre. Avui, per exemple, tenim tele al vàter. Hem trobat una habitació lliure –l'última– a l'hotel Landsnekcht, un establiment familiar amb vistes espectaculars al Rin. El bany és un luxe: dutxa, banyera rodona i un televisor, al costat de la tassa. Ni diaris ni llibres; avui toca zàping, des del vàter. Per primera vegada en trenta-tres anys, em sembla.

La CNN és l'únic canal en anglès, i encara es veu amb moltes interferències. De seguida, m'adono que ha passat alguna cosa greu. La parella de presentadors veterans fan cara de compungits i no paren d'ensenyar imatges d'un tros de mar on, suposadament, ha caigut una avioneta. Crido la Núria. S'ha mort John John Kennedy, l'únic fill de John Fitzgerald Kennedy.

No som conscients del que ens espera, les pròximes setmanes. Aquest accident es convertirà en la notícia de l'estiu (el 1997 ho va ser el de Lady Di) i quedarà lligat, per sempre més, al nostre viatge per Europa. A partir d'ara, des de qualsevol hotel, de qualsevol ciutat, de qualsevol país, posarem la tele i veurem reportatges, en tots els idiomes possibles, sobre la desgràcia i l'infortuni que persegueix la família Kennedy.

Quina casualitat que aquest migdia hagi tingut a davant meu la portada del dia que van assassinar John Fitzgerald Kennedy! Fa unes hores la notícia de la mort del pare i ara, la del fill. Era el *Herald Tribune* del 23 de novembre del 1963. L'he vist, de camí cap al Rin, al Museu dels Diaris d'Aquisgrà, un edifici tronat que reuneix 150.000 capçaleres de tot el món.

L'ambient al Zeitungsmuseum és d'hospital de postguerra sense reformar. Només hi ha dues sales d'exposició, mal conservades i pitjor il·luminades. En un despatx annex, hi trobo una noia jove, que sembla que estigui arxivant, i un home de cabells i bigoti blancs, que es presenta com a director del museu. M'escriu el seu nom en un paper, amb el *Doktor* a davant: Doktor Christof Spuler. No falla. Els alemanys, sempre amb el títol a la boca.

Li demano, al Doktor Spuler, si tenen diaris espanyols i em treu uns catàlegs atapeïts que semblen del 1931, l'any que es va inaugurar el museu. O pitjor encara, del segle VIII, quan Aquisgrà es va convertir en la seu de l'imperi de Carlemany. Són papers esgrogueïts pel pas del temps, escrits a màquina (amb alguna anotació en bolígraf), amb dos forats al marge esquerre i arxivats, un a sobre l'altre.

Armat de paciència, acabo descobrint més de 500 entrades de diaris editats a Espanya, als segles XIX i XX. El criteri de selecció és impossible d'entendre. Hi falten capçaleres molt importants i, en canvi, n'hi ha algunes que no m'explico com han anat a parar en aquest museu tan atrotinat.

És el cas del setmanari *El Cadí*, de la Seu d'Urgell, del 17 de juny del 1883. Potser és que als alemanys els va cridar l'atenció aquesta notícia: «*tenemos entendido que, dentro de poco tiempo, vendrá a nuestra ciudad la maestra en corte Doña Rafaela Lacambra, que en la actualidad se encuentra en Sort, habiendo dejado gratos recuerdos en Tremp y Pobla de Segur por la sencillez de su método de aprender el corte*».

El Zeitungsmuseum d'Aquisgrà conserva la primera edició d'alguns diaris catalans, com el *Claro,* que, dirigit per Ferran Monegal, va ser un fracàs absolut i va durar només quatre dies. O l'*Avui*, que va sortir al mercat el 23 d'abril del 1976, amb un anunci que prometia que entrarien gratis al concert de La Trinca, al teatre Romea, tots els que en portessin un exemplar. Francament, no devien comptar de vendre gaires diaris, si eren capaços de fer aquesta oferta als lectors, en un teatre on només hi caben mil persones.

També fullejo al museu dos diaris de l'antiga cadena del Movimiento: *La Mañana*, de Lleida (o *La Manana*, que és tal com l'han arxivat) i *Los Sitios*, de Girona, del 25 de gener del 1966. Aleshores, el diari valia dues pessetes i encara portava el jou i les fletxes a primera pàgina. La notícia del dia era que el ministre Fraga Iribarne havia inaugurat el Parador d'Aiguablava. En l'apartat de successos, el diari es feia ressò d'un trist robatori al barri de Sant Narcís; havia desaparegut la dinamo del Seat 600 de Pilar Asensio. Perquè llavors diguin que, a l'època de Franco, no passava mai res.

Abans de marxar cap al Rin, el director del Museu dels Diaris d'Aquisgrà em fa cridar per la seva secretària. Vol saber si he trobat el que buscava i, sobretot, el preocupa com coi he anat a parar a les instal·lacions que ell dirigeix. No em deixa ni que el contesti. Ell ja té la seva pròpia teoria: «Vostè deu haver vingut a Aquisgrà perquè la nostra ciutat està agermanada amb Toledo. M'equivoco?»

El veig tan il·lusionat que li dic que no, que no s'equivoca.

El Rin i l'aigua de Colònia

M'atabala el moviment que trobem a la vall central del Rin. A davant meu, i d'esquerra a dreta, tinc: la via del tren, la carretera, el riu, un carril bici, un altre cop la carretera, el tren i, una mica més enllà, l'autopista E-31. Sí, sí, set vies de comunicació que travessen, una al costat de l'altra, el cor d'Alemanya! Amb raó, aquest riu és el més llarg d'Europa, amb 1.298 quilòmetres, i un dels principals eixos comercials de tot el món.

Hem parat a dinar a Colònia, una de les capitals industrials de la conca del Rin. L'activitat empresarial es nota en el color marronós i tèrbol de l'aigua del riu. Tot i així, aquest dissabte de juliol hi ha força gent que s'hi banya sense problemes i que, a falta d'una alternativa millor (no tothom pot anar a Salou), utilitza el parc del costat del Rin com a platja improvisada.

Nosaltres hem trobat una ombra per menjar, a la terrassa de l'hotel Dom, just a davant de la catedral. Aquest edifici, que fa 157 metres, tenia l'honor de ser el més alt d'Europa, fins que es va aixecar la torre Eiffel. La construcció de la catedral es va fer a consciència: va començar el 1248 i no es va acabar fins el 1880, al cap de 632 anys. Estic temptat de trucar en Josep Maria Subirachs, a la Sagrada Família, i animar-lo. Abans no atrapi els de la catedral de Colònia, encara té quatre o cinc-cents anys de marge.

Deixo la ciutat havent descobert en una perfumeria que l'aigua de colònia... és de Colònia. No se m'havia acudit mai. Només espero que no la treguin del riu.

Uns quilòmetres més enllà, se'ns apareix un dels paisatges més fantàstics de tot Alemanya. Hi ha barcos navegant pel riu, poblets amb casetes de color blanc al costat de l'aigua, trens que es fan sentir quan passen, vinyes que creixen aprofitant el pendent de les muntanyes, i castells, enfilats a banda i banda de riu. Sembla un joc infantil; com si algú s'hagués entretingut a col·locar tots els elements necessaris per enlluernar els més petits.

Els habitants de la vall central del Rin viuen, principalment, del turisme. A l'estiu, el riu s'omple de creuers i, per les carreteres del costat, hi circulen molts alemanys amb Mercedes i BMW descapotables, que vénen aquí a passar les vacances.

El vi és l'altre negoci important del Mittle Rhein. Entre Bonn i Bingen (separades per encara no 200 quilòmetres), hi ha més de 220 explotacions familiars que es dediquen al conreu de la vinya. Mai no havia vist una disposició dels ceps tan original. No estan en un terreny pla, sinó que s'enfilen cap a la muntanya i, formant fileres perfectament endreçades, la tenyeixen de verd. De lluny, fa la sensació com si hagués passat un jardiner i hagués segat uns trossos sí i els altres no.

A casa de la reina del vi d'Alemanya

Les casualitats s'han d'aprofitar. La filla dels propietaris del nostre hotel va ser reina del vi, primer del Mittle Rhein i, l'any següent, de tot Alemanya. Parlo amb ella, a la terrassa, quan són les deu del matí i acaben de marxar els últims clients de l'esmorzar. M'admira la simbiosi entre aquesta noia i l'hotel dels seus pares. L'entrada és plena de fotos i de retalls de premsa de la *coronació* de Martina Nikenig. A canvi, la filla porta un vestit fet amb el mateix estampat de flors (i juraria que també amb la mateixa roba) que els tovallons del restaurant.

La seva profunda identificació amb el negoci familiar també es nota en els horaris que fa. Ahir a la nit, la vaig veure desparant taules fins a última hora i, aquest matí de diumenge, ha començat a treballar a les set en punt. Martina Nikenig (trenta-cinc anys, ulleres i cabells curts) sembla, a primera vista, una noia molt formal, d'aquelles que fan vida de casa i que tant agraden a les mares. Però té mal geni; l'he sentida, més d'una vegada, entrar a la cuina cridant. És una barreja estranya: té l'aspecte de la Heidi i el caràcter de la Señorita Rotenmeier.

L'aigua del Rin ens queda a només un parell o tres de metres, com si fos una gran piscina de color marró. Durant la conversa, no deixen de passar creuers turístics i embarcacions comercials, que transporten, riu amunt i riu avall, carbó i altres matèries. Les dimensions del Rin, en aquesta zona, fa que els barcos siguin exageradament estrets i allargats. Tots porten un cotxe particular carregat a dalt: «Són negocis familiars, de gent que viu els dotze mesos de l'any a dins de l'embarcació: el pare, la mare, la iaia i qui faci falta. Tot el que tenen, ho han de dur aquí dins». Igual que nosaltres que, per tres mesos de viatge, portem mitja casa al cotxe.

Als habitants d'aquesta vall, tenir el riu tan a prop els suposa alguns inconvenients. Les cases se'ls inunden al final de l'hivern, quan es desglaça la neu que ha caigut a Suïssa i es desborda el cabal del Rin. Però de la boca d'aquesta noia, només surten paraules d'agraïment: «No tenim dret a queixar-nos. Si som alguna cosa, és gràcies al Rin».

I ella, si és alguna cosa és gràcies al fet que, el 1994, un jurat d'experts la va elegir reina del vi del Mittle Rhein. D'això és del que vol parlar amb mi, Martina Nikenig, i no del negoci familiar, del riu o de les embarcacions. Fa una estona que noto que la conversa la incomoda. Ha mirat el rellotge un parell de cops i, per sobre la taula, mou els dits de la mà dreta, com si toqués el piano, cada vegada amb més insistència. Al final, m'ho demana (o més aviat diria que m'ho exigeix) amb contundència alemanya: «Li sembla que parlem del vi?» Sí, Señorita Rotenmeier.

Ella sola comença el monòleg. Sense cap pregunta. «Era una feina dura, però també un gran honor. Segurament, el millor que m'ha passat mai a la vida.» No m'estranya. No devia haver sortit mai de casa i, de cop, va començar a viatjar per tot el món, promocionant el vi alemany. L'únic que no li agradava del càrrec era inaugurar festivals de vi: «Com volien que parlés a davant de dues mil persones que estaven borratxes? Preferia enviar-hi una de les meves princeses.» Ui, sí, les seves princeses! Quins deliris de grandesa té la gent, quan la fan reina!

Fa una pausa per ensenyar-me dues fotos d'aquella època, on se la veu (sense ulleres i amb els cabells llargs) aguantant una copa de vi blanc a les mans. «És un Riesling», em precisa, just abans d'agafar aire i començar un segon monòleg sobre el vi d'aquesta vall del Rin. Una dada («un 80 % de la producció és Riesling i un 15 %, Pinot Noir»), una definició («són vins frescos, afruitats i amb molt temperament, com jo mateixa») i una advertència («Vostès, els estrangers, cometen molt sovint l'error d'identificar Alemanya amb Baviera, i amb la cervesa. Però aquest és un país amb una gran tradició de vi, també.»)

Ho diu amb tanta autoritat que sembla com si m'estigués renyant. Però en el fons sé que li ha agradat que, cinc anys després, algú li fes recordar l'època que ella era reina d'alguna cosa. Demà, abans que marxem cap a Luxemburg, m'ho agrairà amb una ampolla de Riesling, dues fotos seves (què en fem, Núria, les llancem?) i perdonant-me la factura del telèfon de l'habitació.

Hi tenim trucades a Taradell i a la Seu d'Urgell, i unes quantes hores de connexió a Internet. A aquesta altura del viatge, el correu electrònic ja s'ha convertit en la millor alternativa a les postals, que mai no he arribat a enviar. Té múltiples avantatges: no has de comprar segells, no has de llepar-los, reben els missatges a l'acte i, sobretot, te'ls poden contestar. No hi ha res millor que arribar a l'hotel, connectar-nos a la xarxa, obrir el programa de correu electrònic i veure allò de: «*Tiene 3 mensajes nuevos*». Vol dir que, després de trenta-nou dies fora de casa, encara hi ha algú que es recorda de nosaltres.

El país dels ascensors i les corbates

«Per a la majoria de turistes americans, Luxemburg és un lloc on es para a dinar entre Bèlgica i Alemanya.»

MEL STUART,
Si avui és dimarts, això és Bèlgica

Entre les dues grans potències europees, Alemanya (el país més poblat) i França (el més extens), hi ha un territori tan minúscul que pateix la humiliació de veure com el seu nom no surt mai als mapes del continent. Perquè hi càpiga, han d'abreviar-lo, i llavors ja no sembla un estat més de la Unió Europea (Luxemburg), sinó una simple marca de sabó de mans (Lux).

«Luxemburg és una monarquia constitucional tan petita que no dóna ni per tenir un rei; s'han de conformar amb un gran duc», escrivia Ramón de España al seu llibre *Europa, mon amour*. El país només disposa de disset pantalles de cinema. Això vol dir que, en tot Luxemburg, hi ha set pantalles menys que en un sol multicine de Terrassa. L'exèrcit el formen tan sols set-cents homes, una xifra ridícula comparada amb la dels soldats que veiem que es mobilitzen dia i nit per recuperar el cadàver de John John Kennedy.

Aquest matí de dilluns estem a punt d'arribar (amb un cotxe que necessita, urgentment, una revisió) a un país petit, de només 400.000 habitants, 82 quilòmetres de llarg i 57 d'ample. Però Luxemburg també és un territori privilegiat, que disposa del nivell de vida més alt de tot el continent i d'una situació geogràfica envejable, a molt poca distància de grans capitals europees, com ara Colònia, París, Amsterdam i Brussel·les.

La primera nit a Luxemburg ha sigut una delícia. El fred no ens deixa dormir més d'una hora seguida. Fins a altes hores de la matinada, ens barallem per parar l'aire condicionat de l'habitació. Quan sembla que ho hem aconseguit i ja estem a punt d'agafar el son, l'aparell es torna a activar misteriosament i ens tortura, un altre cop, amb el seu aire gèlid i el sorollet persistent del motor. Ara sí que em puc imaginar què és dormir en un hotel de gel com el de Lapònia. Més d'una vegada, estem temptats d'agafar el llit, carregar-nos-el a l'esquena i treure'l al mig del carrer. Segur que la temperatura a la intempèrie deu ser més agradable, i el silenci, si fa o no fa, el mateix.

Això ens passa per haver triat un hotel tan nou com el Domus. Tot està mecanitzat; fins i tot per accedir al pàrquing amb cotxe s'ha d'agafar un ascensor. M'ho han hagut d'explicar, pas per pas: «Vostè pari's a la porta del garatge; introdueixi la mateixa targeta de l'habitació en una màquina i automàticament vindrà l'ascensor. Quan s'obrin les portes, posi el cotxe a dins, tanqui el motor, baixi la finestra i premi el pis –1. Al cap d'uns segons, ja haurà arribat a la destinació. Es tornaran a obrir les portes, engegui el motor i surti». He seguit aquesta última instrucció amb un pànic terrible. M'imaginava que l'ascensor (tal com passa sempre) se'm tancava a mig sortir i, aquesta vegada, no podia ni treure un peu per impedir que el cotxe, pressionat des de cada lateral, quedés reduït a les mides d'una bicicleta d'Amsterdam.

A partir d'ara, associaré la capital de Luxemburg amb els ascensors. Aquest matí, n'he agafat un altre per desplaçar-me per la ciutat. Ni tramvies, ni metros, ni bicicletes, ni autobusos; el millor sistema per accedir al barri de Grund, a la part baixa de la capital, és l'elevador que surt de la plaça del Sant Esperit.

Són les peculiaritats d'una ciutat que està construïda espectacularment a sobre d'un turó. Això, i el seu caràcter de fortalesa militar (després que hagi sigut envaïda més de vint vegades al llarg de la seva història), li han valgut el desafortunat apel·latiu de *Gibraltar del Nord*. Així com Amsterdam o Bruges es promocionen en com la *Venècia del Nord*, Luxemburg s'ha de conformar sent l'equivalent de Gibraltar, a la part alta d'Europa. Un premi ben poc atractiu, la veritat.

D'una capital amb aquesta targeta de presentació, me n'esperava ben poca cosa i, en canvi, m'ha sorprès agradablement. És cert que és plena de bancs i d'homes amb americana i corbata. També és veritat que als afores té un barri europeu fantasmagòric, amb edificis horrorosos, com ara el Tribunal de Justícia o el Tribunal de Comptes. Però, al costat de tot això, hi ha una ciutat antiga, emmurallada i afrancesada, que és Patrimoni Mundial de la Humanitat. Per nosaltres, Luxemburg representa el primer acostament, ni que sigui tímid, cap al món llatí, després d'un mes llarg per terres germàniques i escandinaves.

Sentim francès al carrer, a les botigues i en algun dels bons restaurants del costat de la plaça de les Armes. Feia temps que no menjava tan bé com, ahir a la nit, a La Fourchette à Drôite, (La Forquilla a la Dreta). De primer, una amanida de sardines i tomàquet (amb oli d'oliva!); de segon, un deliciós *carré d'agneau*, unes costelletes d'un xai tendríssim. I, a l'hora de la factura, el gust de comprovar la singularitat d'aquest racó d'Europa: podíem pagar amb francs francesos, marcs alemanys, francs belgues o amb la moneda local, francs luxemburguesos. Davant del dubte, vaig optar per donar-los la Visa i que fossin ells mateixos els que triessin.

Luxemburg, de fet, és la ciutat més cosmopolita de tot Europa. Al voltant d'un 50 % dels prop de 100.000 habitants de la capital són estrangers. Però aquí no veus ni negres ni àrabs. Tots són de la mateixa ètnia: blancs i europeus. Hi ha una immigració de luxe (eurofuncionaris i empleats de banca), i n'hi ha una altra, de segona classe, formada per treballadors que supleixen el dèficit de mà d'obra local. Encara queden italians, que van venir a principis de segle, a treballar a les potents empreses siderúrgiques del país, i, sobretot, hi ha molts, moltíssims portuguesos, arribats els anys seixanta, fugint de la dictadura de Salazar. Es calcula que dels 400.000 luxemburguesos, uns 70.000 (gairebé un 20 %) són originaris de Portugal.

És el cas del Luis, un taxista que em porta a la redacció del diari *Luxemburguer Wort*, i que m'explica el conflicte lingüístic que han hagut de viure els seus dos fills, de dotze i deu anys. A casa, parlen en portuguès; quan van començar a anar a col·legi, van aprendre el luxemburguès (un dialecte de l'alemany); als sis anys, van començar a rebre educació en alemany, i als set, en francès. «Espero que, a la llarga, tota aquesta barreja els vagi bé, però, a casa, els continuem parlant en portuguès. No volem que perdin les arrels.»

Per això, al taxi, en Luis aprofita els semàfors per llegir el diari esportiu *A Bola* i escolta Radio Latina, una emissora per a la comunitat portuguesa de Luxemburg. Un fado de l'Amalia Rodrigues m'acaba de transportar a Lisboa, cinc setmanes abans del previst. Encara no toca. Ens queda massa viatge per pensar en el final.

Una vaga de fam a Luxemburg?

Al *Luxemburger Wort* (*La Veu de Luxemburg*, en català), es respira una tranquil·litat inusual per ser un diari. Són les sis de la tarda i ja han tancat l'accés del públic per la porta principal. Truco un timbre, que trobo a fora de l'aparcament, m'identifico i una veu masculina m'avisa que ara em vindran a buscar.

Al cap d'un parell de minuts, apareix una senyora d'uns cinquanta anys, d'aparença discreta i amb una cara tan inexpressiva que se m'esborrarà tan bon punt deixi de veure-la. M'ha dit que la segueixi, que m'acompanyarà fins al despatx del redactor en cap del diari. Aprofito per tafanejar les sales i els despatxos que em trobo, a banda i banda del passadís. Les taules estan buides, els ordinadors, apagats, i les cadires, ben endreçades. Sembla com si, a mitja tarda, ja tinguessin l'edició de demà feta.

He concertat l'entrevista aquest migdia, després de fullejar el diari, a La Table du Pain, el forn on hem dinat unes *baguettes* amb pernil de les Ardenes. El *Luxemburger Wort* és un d'aquells llençols, llargs i amples, que has de llegir plegat en quatre parts, si no vols molestar els que seuen al teu costat. En vint pàgines de diari, hi ha fins a trenta-nou fotos de grup. Es tracta de luxemburguesos que han participat en festes, exposicions de manualitats, cursets de música o d'Internet. He comptat, un per un, tots els que apareixien a les imatges, i m'han sortit 1.082 persones. Entenc que a la premsa local això pugui ser una estratègia de venda, però m'imagino l'avorriment dels fotògrafs que treballen en aquest diari: tota la seva feina és ajuntar com més gent millor i disparar. Igual que si la vida fos un gran casament.

Marcel Keiffer, el redactor en cap del *Luxemburger Wort* (el diari líder de vendes, amb 90.000 exemplars i 150 anys d'història) és un home afable, de mitjana edat i una mica rodanxó. Només d'entrar al seu despatx, m'encaixa la mà i em dóna la seva targeta professional. Li torno la salutació, però, es queda sense cap targeta meva. He badat. Me n'hauria d'haver imprès unes que diguessin: «Albert Om. L'home que ha conegut la reina del vi d'Alemanya». Hi ha amistats que t'obren moltes portes.

Com que no ho he fet, aquest senyor s'haurà de creure el que li he explicat per telèfon i ara li torno a repetir en directe: m'interessa saber com s'espavila el diari més venut de Luxemburg, en una situació idiomàtica tan complicada com la d'aquest país trilingüe. «Doncs, apostant cada vegada més pel francès», em contesta, de seguida. «La generació que ara té entre vint i trenta anys es decanta per aquest idioma. Està com de moda.» Per això, l'empresa de Keiffer prepara alguns canvis que trenquin el predomini històric de l'alemany.

Fa una setmana que el *Luxemburger Wort* publica unes pàgines exclusivament en francès, on resumeix tota l'actualitat de la jornada. «Volem arribar a editar un diari en aquesta llengua, abans de dos anys. Creiem que hi ha mercat per mantenir-ne un de bilingüe i crear-ne un de nou, només en francès.» Pels diners, no deuen haver de patir. El diari és propietat de l'Arquebisbat i aquesta gent, per als capellans potser no deuen tenir diners, però per als grans projectes comunicatius sempre troben recursos.

El *Luxemburger Wort* és, ara mateix, un diari bilingüe. Un 70 % de les informacions estan escrites en alemany i un 30 %, en francès. En canvi, no té ni una sola ratlla en luxemburguès, l'idioma propi d'aquest país. Marcel Keiffer no ho troba gens estrany: «Aquí, la identitat no és tan important, com pot ser-ho a Catalunya. Sempre hem estat a favor d'una Europa unida. Si volguéssim anar sols, petits com som, ningú ens faria cas, tothom se'ns saltaria». És curiós. L'argument de Keiffer és just el contrari del que vaig sentir fa unes setmanes a Dinamarca. La Kirsten, aquella noia menuda de l'oficina de la Generalitat a Copenhaguen, que seia amb els peus sobre la cadira, apel·lava a les reduïdes dimensions del seu país per justificar l'oposició de molts danesos a la Unió Europea. En què quedem: junts o separats?

La singularitat de Luxemburg encara s'observa més clarament en un altre aspecte d'aquest diari. En una època en què, a tot el món, es potencia la informació local, el *Luxemburger Wort* té una norma sagrada: no posa mai cap notícia de Luxemburg a la portada. «Nosaltres creiem que al món cada dia passen coses més importants que en aquest país tan petit.» Només se salten aquesta norma en tres o quatre ocasions, al llarg de tot l'any. Keiffer m'ensenya, precisament, l'última vegada que ho han fet, per les eleccions generals de Luxemburg. No es pot dir que s'hagin passat de generosos; de les sis o set notícies que hi deu haver a la portada, només una fa referència al seu país.

La placidesa de la conversa l'acaba de trencar un redactor que pica a la porta del despatx i entra, després que Keiffer l'autoritzi. Per la cara que fan tots dos, sembla com si alguna cosa hagués destorbat, aquesta tarda de juliol, la tradicional calma dels cinquanta periodistes del *Luxemburger Wort*. Qui sap si deu ser una notícia local que es mereix honors de portada?

Quan se'n va el noi, Marcel Keiffer m'explica què passa, amb un somriure sorneguer i foteta. Es veu que un grupet de militants del partit polític ADR ha començat una vaga de fam de quaranta-vuit hores, a davant de les instal·lacions del diari, per protestar pels articles que el mateix Keiffer va dedicar a la seva formació, durant les últimes eleccions generals, fa poc més d'una setmana. «Els vaig criticar per ser de dretes, i per tenir una visió massa nacionalista del que ha de ser Luxemburg. És el que dèiem fa una estona, que no es pot ser tan tancat.»

Sortim del seu despatx i topem amb mitja dotzena de redactors –tots homes entre trenta i quaranta anys– que segueixen els preparatius de l'acció de protesta contra el diari, des de darrere d'uns vidres fumats. De tant en tant, algun d'ells fa un comentari i tots els altres (menys jo, és clar) riuen.

Em fa gràcia haver-me trobat una vaga de fam a Luxemburg. És l'última cosa que esperava. Fins i tot, les accions reivindicatives tenen un altre aire, en aquest país. Els set o vuit manifestants no ocupen el mig del carrer, sinó que s'han col·locat a la vorera, per no destorbar ningú. Porten taules i cadires de jardí, i dos para-sols de grans dimensions, suposo que per prevenir la pell dels possibles efectes nocius del tímid sol que llueix a Luxemburg.

També han abandonat la indumentària habitual en aquests casos (xandall i sabatilles d'esport) i l'han canviat per americana, corbata i mocasins. No m'estranyaria que, a Luxemburg, hi hagués gent que, fins i tot, dormís vestida d'aquesta manera. El pijama els deu semblar una vulgaritat.

Un dia tancats a l'hotel

«El millor que es pot dir de Brussel·les
és que és a només tres hores de París.»

BILL BRYSON,
Neither here nor there

No ho puc evitar. Amb les ciutats, em passa igual que amb les persones. N'hi ha que, abans de conèixer-les, ja no em cauen bé. Brussel·les n'és una. Me n'han parlat tan malament, que no tinc ganes ni de sortir de l'hotel. Tant me fa que tinguin 400 tipus de cervesa, el Tintin o la xocolata més bona del món; Bèlgica em fa mandra.

A més, hi hem arribat el 21 de juliol, el dia de la Festa Nacional. Les botigues i els museus estan tancats i pels carrers de Brussel·les no es veu ni una ànima. El dia és gris. Fa un fred que pela. La meteorologia també contribueix a l'apatia general del país. Després d'un *annus horribilis*, el dia de la Festa Nacional no podia lluir el sol. Per força havia de ser gris (amb perdó, pel gris).

He baixat del cotxe amb sandàlies i, per un moment, m'ha passat pel cap la idea de posar-me uns mitjonets als peus. Després de tants dies de viatge pel nord d'Europa, ja començo a perdre el criteri. On vull anar amb sandàlies i mitjons? Semblaré en Claudio, el Compadre de Berlín.

Les notícies del diari *Le Soir* tampoc no són gaire més optimistes. El govern belga ha ordenat el tancament de 233 granges porcines, després de trobar-hi dosis de dioxines molt superiors a les permeses. Quin país! No es pot beure Coca-Cola, no es pot menjar pollastre i ara tampoc no es pot ni olorar el porc.

–Es pot saber què hi hem vingut a fer? –demana la Núria.

–I si ens quedem a l'hotel? –contesto–. Si no traiem el cap per la finestra, ni sabrem que som a Brussel·les.

Truquem al servei d'habitacions perquè ens pugin alguna cosa per dinar. Com deu ser la Festa Nacional belga, des d'una habitació d'hotel de Brussel·les?

Zàping des del llit

Sembla com si, a Bèlgica, la tele es fes en doble versió. Només canvia l'idioma. Els belgues disposen de dos canals públics en flamenc i dos, en francès. Salto d'una cadena a l'altra, i em trobo els mateixos ciclistes que es disputen una etapa del Tour de França, o militars de cares idèntiques, que es preparen per començar, a la Rue Royale, la seva exhibició de cada 21 de juliol.

Els belgues celebren la seva Festa Nacional amb una desfilada militar pels carrers de Brussel·les. Quina sort que Catalunya no tingui exèrcit! Prefereixo un Onze de Setembre a la platja que no pas que la gent surti de casa per veure tot un arsenal de tancs, carros de combat, cetmes i metralladores (amb la bandera catalana, això sí), desfilant pel passeig de Gràcia.

Al canal francès (que és l'únic que entenc una mica), el locutor saluda els teleespectadors, destaca el gran nombre de belgues que han sortit al carrer (tots amb paraigua i cara de fred, com si la Festa Nacional fos el 12 d'octubre i no el 21 de juliol) i presenta un coronel, que farà els comentaris tècnics de la desfilada. L'alt comandament militar parla de la gran novetat de l'any: per primera vegada, també desfilaran tropes de tots els països de l'OTAN. L'única excepció és Islàndia, que no té exèrcit propi, i ha decidit enviar la seva bandera, per si algun soldat belga la pot passejar.

A la llotja de presidència, hi ha el rei Albert II, germà i successor de Balduí, i la seva dona, Paula. Quan han arribat a la Rue

Royale, tant el rei com la reina han encaixat la mà d'alguns ciutadans. La tele hi ha desplaçat un reporter, per saber què sentien aquests compatriotes que havien tingut el privilegi de *tocar* els seus monarques, ni que fos d'una manera tan fugaç. Als dos primers entrevistats (un matrimoni d'uns seixanta anys) ni els sortien les paraules. No sé si per culpa dels nervis d'haver saludat un rei, o de l'emoció de sortir per la tele.

També a la llotja, però en un lloc més discret, la televisió enfoca la reina Fabiola, la vídua de Balduí. Durant molts anys, com a germana de Jaime de Mora y Aragón i única reina autènticament espanyola (el príncep Joan Carles s'havia casat amb Sofia de Grècia), Fabiola va omplir moltes pàgines de les revistes del cor. Personalment, sempre m'havia interessat més el rei Balduí. Quin home! Tenia tan clar el seu paper de figura decorativa, que va arribar a abdicar durant unes hores, perquè s'aprovés la llei de l'avortament i ell no l'hagués de sancionar.

La seva vídua aplaudeix, de manera discreta, la primera companyia que desfila. Són els excombatents belgues a la Segona Guerra Mundial i a la Guerra de Corea. Un d'aquests soldats veterans està tan emocionat que, mentre fa anar un braç al ritme de la marxa militar, amb l'altre filma tota la desfilada, gràcies a una videocàmera que ha portat de casa. Pobres néts! Em temo que l'avi els farà veure aquestes imatges després de cada dinar familiar.

El locutor i el coronel comentarista continuen presentant cadascuna de les unitats que desfilen, sota la pluja i el vent. Canvien els vehicles, els uniformes, les medalles i les gorres, però les cares són invariables. No hi ha res que s'assembli més a un militar que un altre militar. Sembla com si ja naixessin amb bigoti, ulleres de sol de color verd, el pit enfora i el coll estirat.

La desfilada se'm fa interminable. Tinc una certa curiositat per veure la representació que hi ha enviat Espanya, però ja fa una estona que no puc dominar els meus actes. Se'm tanquen els ulls, la imatge se'm torna, cada vegada, més borrosa i em sembla com si la banda militar hagués deixat de tocar les tradicionals marxes intimidatòries. M'adormo profundament.

«Si avui és dimecres, això què és?»

Obro els ulls. Tres quarts de vuit del vespre. 21 de juliol. Dimecres. Per un dia no puc dir allò de: «Si avui és dimarts, això és Bèlgica». Hi he pensat més d'una vegada, en aquesta pel·lícula dels anys seixanta que narra les peripècies d'un grup de turistes americans que visiten nou països europeus en divuit dies. «No és viatjar; és una estúpida cursa de bojos amb un grup d'americans ximples», diu el guia que els acompanya.

Al seu costat, nosaltres sembla que ens ho haguem pres amb una calma exagerada: en 41 dies, *només* hem estat a 8 països diferents, hem recorregut cap a 11.000 quilòmetres i hem dormit a 29 hotels. Ara m'acabo de despertar de la migdiada a l'habitació número 30 del viatge. La de Brussel·les.

A la tele s'ha acabat la desfilada. Toca el discurs del rei. Albert II deu tenir el do de la ubiqüitat. El puc veure en dos canals diferents, amb la mateixa americana blava i en el mateix despatx de fusta fosca: a TV1 parla en flamenc (li critiquen que el seu accent no és prou bo) i a l'RTBF1, en francès.

Bèlgica és un país partit en dues comunitats antagòniques: Flandes, al nord, i Valònia, al sud. Els flamencs lideren l'economia nacional; els francòfons pateixen un important endarreriment econòmic. Brussel·les exerceix de contrapès bilingüe. Geogràficament, està situada a Flandes, però pel seu caràcter de capital europea, el francès hi té cada vegada més importància. El complicat perfil de Bèlgica es completa amb un últim apèndix: els 60.000 germanòfons de la zona de Lieja, que tenen l'alemany com a idioma oficial. Amb tantes divisions, no m'estranya que Lluís Bassets comparés aquest país amb una versió europea del Líban: «sense armes, amb diàleg i capacitat d'arribar al consens».

En un altre canal, veig la Grand Place de Brussel·les –una de les places més monumentals de tot Europa– tal com era el 1969. Milers de ciutadans l'omplien (en blanc i negre) per celebrar la primera victòria del ciclista Eddy Merckx, al Tour de França del 1969. Era un 21 de juliol, també. «El mateix dia que l'home arribava a la Lluna, un extraterrestre guanyava el Tour.» Així, amb aquesta frase tan impactant, comença *Le champion du siècle*, el reportatge que explica la carrera del millor esportista de la història de Bèlgica.

Veig imatges en blanc i negre que em fan reviure noms mítics del ciclisme, noms que devia llegir, per primera i última vegada, a *El Mundo Deportivo* que tenia el meu pare a casa, a principis dels anys setanta: Gandarias, Agostinho, Thevenet, Poulidor, Zoetemelk, Ocaña, López Carril, Aja i Van Impe. Però el nom que em crida més l'atenció, mai l'havia sentit aplicat al ciclisme: Faemino no és només el 50 % del millor duet humorístic d'Espanya (Faemino y Cansado); també és l'equip italià on corria Eddie Merckx.

A la mateixa hora, la cadena francesa France 3 se suma a les celebracions del 21 de juliol, amb un reportatge sobre el cantant Jacques Brel, un belga que tothom confon amb francès. De fet, aquesta és una de les desgràcies de Bèlgica: quan tenen algú que triomfa a escala internacional (Brel, l'inspector Poirot, el pintor Georges Magritte o el mateix Tintin), el prenen per francès. És clar que, algunes vegades, ja els va bé que no se sàpiga que segons qui és belga. Estic pensant en el seu actor més internacional: Jean Claude Van Damme.

La Núria encara dorm. S'ha tapat la cara amb els llençols perquè no l'enlluerni la tele. Des de la finestra, veig com es fa fosc a Brussel·les. Continua plovisquejant i bufa el mateix aire desagradable d'aquest migdia quan hem arribat. Tampoc no hi ha ningú enlloc. Brussel·les sembla una ciutat deserta.

Em temo que avui ja no sortirem. Anar a sopar a fora no és cap estímul, després de tants dies de viatge. Entre esmorzars, dinars i sopars, hem fet més de 120 àpats consecutius en bars i restaurants. Estic cansat de tanta formalitat. Em ve de gust menjar amb les mans, estirat al llit i sense estar pendent de l'humor del cambrer o dels crits dels nens de la taula del costat. És tan senzill com agafar el telèfon i tornar a marcar el número 124:

–Servei d'habitacions, digui'm?

La capital de la burocràcia europea

«*Vader nostro / nel sky volante / teine name sancto esse / teine will noman discusse / up el sky und in der mundo / nostro bread give nos allesdag / nostros debts forgive nos tambien / comme nos forgivons nostros debitors / ne pushe nos in tentazion / aber libera nos des mal / Amen.*»

El *Parenostre* en europanto, un idioma creat per DIEGO MARANI, eurofuncionari a Brussel·les, a partir de la fusió de cinc llengües

–També parles flamenc?

–No. Jo, el flamenc, només el ballo.

No és un acudit dolent sobre belgues. És la resposta espontània (o no) d'en Miguel, un cambrer de Granada que ens serveix el dinar, al restaurant Aux Armes de Bruxelles (Rue Bouchers, 13). Avui, segon dia a la capital belga, ja ens hem atrevit a sortir al carrer. No és que faci sol, però almenys ha deixat de ploure i les botigues han obert.

Passejant per avingudes que ahir vèiem a la tele plenes de militars, hem anat a parar en un d'aquells restaurants que inspiren confiança. A les taules del costat, hi mengen matrimonis grans que sembla que faci trenta anys que vinguin a dinar aquí. Els empleats ja coneixen les manies dels seus clients més veterans i, entre plat i plat, els demanen com es troben, avui.

L'Aux Armes de Bruxelles, fundat el 1927, no té res a veure amb els altres locals turístics de la Rue Bouchers i del voltant de la Grand Place. La zona em recorda el Port Olímpic, de Barcelona, amb cambrers que s'aprofiten de l'estretor dels carrers per agafar-nos del braç i arrossegar-nos fins a la primera taula que troben lliure.

La majoria d'establiments exposen, com a reclam, les fotos d'unes paelles que em regiren l'estómac. Pel que pugui ser, anoto l'arròs a la llista de productes que m'he autoprohibit a Bèlgica, al costat del pollastre, el porc i la Coca-Cola. No m'estranyaria gens que demà em llevés i llegís, al diari, que un d'aquests arrossos ha provocat una intoxicació massiva.

A l'Aux Armes, no hi ha fotos penjades a l'exterior, ni cambrers que ens empenyin cap a dins. Hi entrem lliurement, després de consultar una carta molt extensa i de ser incapaços de dir si els plats són cars o barats. Amb tants canvis de moneda en pocs dies, endevinar el significat d'un 700 al costat d'un plat de llenguado resulta una operació matemàtica complicadíssima.

En Miguel ens recomana que mengem el mateix que veiem a les taules del costat: musclos amb patates fregides, el plat nacional belga. Trobo que és una combinació tan estranya que no m'hauria atrevit mai a demanar-la en cap restaurant. Encara menys hauria gosat menjar-m'ho sense coberts. Segons la tradició local, s'ha d'utilitzar la closca d'un musclo, com si fossin unes pinces, per agafar les patates fregides i els altres musclos.

Ens els serveixen, deliciosament ofegats en vi blanc, en la mateixa cassola que els han cuinat. Al costat, una muntanya de patates fregides, que fan honor a la fama de ser les millors del món; són extraordinàriament grans, estan al punt just de cocció i, sobretot, no tenen gust d'oli rescalfat, sinó de patata autèntica.

El cambrer granadí, cada vegada que la feina li deixa un moment lliure, s'acosta a la nostra taula, fa veure que ens omple les copes de vi o que ens retira un plat, i comença a practicar el seu castellà, amb accent andalús: «*Bruzela é una ciudá abierta, agradable y commopolita*». Tot el contrari que jo, que me la imagino trista, avorrida i absolutament prescindible.

El que he vist fins ara, tampoc no m'ha ajudat a canviar d'opinió. No diu gaire a favor de Brussel·les que el símbol màxim de la ciutat sigui el Manneken Pis, un nen que està fent un pipí, en una cantonada a prop de la Grand Place. L'escultura és ridículament petita. Me l'hauria passat de llarg, si no fos per les cues de turistes que, inexplicablement, volen fotografiar-se al seu costat.

Segons la llegenda, el Manneken Pis és el fill d'un burgès que es va perdre i, quan el van trobar, al cap de cinc dies, estava fent un riu on ara hi ha l'escultura. Una segona llegenda assegura que el nen, amb les seves miccions, va contribuir a apagar un foc que amenaçava de cremar la ciutat. La tercera me la invento jo: devia ser un nen que no li agradava Brussel·les. Els nens ja ho tenen, això; si no els agrada alguna cosa, s'hi fan un pipí.

He acabat avorrint la figura del *pixaner*. Apareix en tota classe de *souvenirs*: postals, samarretes, objectes de decoració, obridors de begudes i jocs de cartes, on el nen va guarnit amb centenars de vestits diferents. A l'aparador d'una botiga, l'he arribat a veure, primer, amb els colors del Barça i, uns metres més enllà, disfressat de catalanet, amb barretina, espardenyes de set betes i la tita enlaire. Ja només faltaria que tornéssim a Barcelona i a la Generalitat se li hagués acudit agermanar el pixaner amb el caganer del pessebre.

Les mateixes botigues que venen figuretes del Manneken Pis exploten la febre europeista que es viu a Brussel·les. Com que Bèlgica està en crisi, s'agafen a Europa, que és l'únic que els queda. Comerços i institucions fan onejar banderes europees en llocs ben visibles; alguns bars porten per nom Euro o Europa, i una campanya oficial popularitza, a cada cantonada, eslògans com «El cor d'Europa» o «Brussel·les, capital d'Europa». Han d'escriure el que ningú no es creu: Brusel·les no és la capital d'Europa. En tot cas, deu ser la capital de la burocràcia europea.

Diàriament, al Barri Europeu, milers i milers de funcionaris entren i surten de les seus de la Comissió Europea, el Parlament o el Consell de Ministres. Però avui no és el millor dia per comprovar-ho. Polítics, periodistes i funcionaris s'han desplaçat en bloc a Estrasburg, per inaugurar una altra de les seus de l'Europarlament. Aquí, no hi queda ningú. Només un taxista, que mira el rellotge i comença a perdre la paciència, i jo, que acabo de saber que m'he de quedar un dia més a Brussel·les. M'ho podia imaginar. En Jaume Masdéu també és a Estrasburg, fins a aquesta mateixa nit.

Jaume Masdéu, TV3, Brussel·les

És el corresponsal de TV3 a Brussel·les, des del 1990, i un dels 800 periodistes de tot el món que viuen i treballen a la capital belga. Només Washington supera aquesta ciutat en nombre de corresponsals. La delegació de la televisió catalana és al carrer John Waterloo Wilson, a prop de la seu de la Comissió Europea. Hi arribo a l'hora pactada, a dos quarts de deu del matí. Com si fos una contrasenya secreta, m'ha dit que trobaré un timbre que posa «Alice».

En Jaume Masdéu m'obre la porta, vestit amb una americana blau marí, pantalons grisos i mocasins granats, com si, ara mateix, hagués de gravar una crònica. Només li falta la corbata. M'imagino que la deu tenir guardada al primer calaix de l'escriptori, amb el nus ja fet, a punt per agafar-la i col·locar-se-la, a davant de la càmera, en el moment que convingui.

Esmorzem en un bar de la cantonada, asseguts a la finestra que dóna al carrer. En Jaume sembla un home popular. No para de saludar gent que passa pel carrer. Diu que la majoria són periodistes, col·legues seus des d'aquell novembre del 1990, en què va acceptar la corresponsalia a Brussel·les. «A la tele, em volien fer un contracte per dos anys, però, a mi, em semblava una barbaritat. I mira, ja en fa nou.»

Ell, que coneix perfectament Brussel·les i el conjunt de la societat belga, tampoc sembla que en tingui una opinió gaire millor que la meva. Contesta les preguntes amb frases agudes, que són com petits titulars periodístics.

La capital. «Els meus amics no entenen com puc viure en una ciutat tan avorrida. I tenen raó. A Brussel·les no hi ha gaires al·licients, però, professionalment, m'ha servit per veure com anava canviant Europa.»

El temps. «Aquí, és pitjor que a Londres. Et pots passar dies i dies sense veure el sol. Quan estava a Catalunya, mai hauria dit que el pogués trobar a faltar tant.»

La societat. «És un país petit i acomplexat. Els francesos es riuen dels valons i els holandesos, dels flamencs.»

«Bèlgica està construïda artificialment. Hi ha molt poques coses que la uneixin. La selecció de futbol, segur, i el rei, potser una mica.»

La crisi de les dioxines. «És l'escàndol que ha acabat d'ensorrar Bèlgica. Però el país ja feia temps que no funcionava, amb una Administració Pública on s'havia instal·lat l'amiguisme i la corrupció.»

«He llançat tota la carn que tenia a la nevera i he començat a menjar més verdura i amanides. Però, em sembla que, a fora, es deu haver exagerat una mica. La meva mare em va trucar pensant-se que, aquí, tots ens moríem de gana.»

El conflicte lingüístic. «Tot s'ho miren amb lupa. Fins i tot, he sentit a explicar –no sé si és veritat– que, quan la Universitat de Lovaina es va dividir en dues, també es van repartir les enciclopèdies. Uns es van quedar els toms 1, 3, 5, 7 i els altres, els 2, 4, 6, 8, de manera que ningú hi va sortir perdent, però tampoc ningú podia atendre les consultes dels estudiants.»

Un dia normal. «En aquesta feina, no n'hi ha gaires, de dies normals. Mai havia treballat tant com aquest últim mig any. Era de bojos. Un dia eres al súper fent una informació sobre la crisi de les dioxines, et trucaven i et deien: deixa els pollastres i vés-te'n, immediatament, a l'OTAN a veure el Solana, que ha esclatat la guerra de Kosovo.»

El cotxe. «Què t'hi passa, al cotxe, que has de fer la revisió? No en tinc ni idea, la veritat. Em sap greu no poder-te ajudar.»

El futur professional. «Quan vaig arribar a Bèlgica, la Unió Europea (aleshores, Comunitat Europea) tot just preparava la cimera de Maastricht, que havia de donar a llum l'euro. Després de molts entrebancs, el gener del 2002, la moneda única europea entrarà en funcionament. Però, si t'he de ser sincer, no crec que aquell dia jo encara estigui aquí, a Brussel·les. Tinc la sensació que estic acabant una etapa de la meva vida.»

Ho comprenc. Un home que ha sigut capaç de viure nou anys a Bèlgica, es mereix tot el meu respecte i admiració. Jo fa tres dies que hi sóc i ja somio en el moment d'entrar a l'Eurotúnel i travessar el canal de la Mànega, a 115 metres per sota del nivell del mar. Anglaterra ens espera, demà, 24 de juliol. *God save the queen!*

Amb cotxe, a 115 metres sota l'aigua

«Llavors, Anglaterra m'arriba a mi, i què li dic? Li dic: "Escolta, carinyo, els fets de cara. Estem en el tercer mil·leni i els teus pits estan caiguts. La solució no és un sostenidor que te'ls aixequi".»

JULIAN BARNES,
Anglaterra, Anglaterra

Què volen, ara, aquests? Dos agents de seguretat britànics m'ordenen que baixi del cotxe. No falla. Quan fa uns quants dies que no m'afaito, tinc problemes amb la policia. Només els demano, si us plau, que no em facin desfer l'equipatge. Després de tantes setmanes de viatge, hem aconseguit un desordre tan endreçat, que ja sabem, exactament, on hem d'anar a buscar cada peça de roba.

Mentre un policia m'obre el portaequipatge, l'altre em reclama els passaports. Quan veu que a la portada hi ha «España», es calma i diu al seu company que deixi de rastrejar. Ara ja estan tranquils; si sóc europeu, he de ser bona persona, a la força.

També els deu haver fet sospitar el seient de darrere del cotxe. Està tan atapeït de paquets que sembla el d'un d'aquells cotxes magrebins que, a l'agost, trobes a les àrees de descans de l'autopista, de camí cap al seu país d'origen. He fracassat, rotundament, en el meu objectiu de no portar res a la vista, a dins del cotxe. Només ho vam aconseguir el primer dia, em sembla. A partir d'aleshores, a cada parada de viatge, ens hem anat carregant d'objectes, entre els quals, el més voluminós, un pòster gegant que vam comprar al pavelló de Bèlgica de la Biennal d'Art de

Venècia, per només 80 pessetes. La fotografia fa 120 centímetres d'alt i 170 d'amplada, i s'hi veu una nena preciosa, sola al costat d'una carretera i amb la boca oberta, com si cridés de desesperació. És clar que, sent belga, tampoc no m'estranya que cridi.

Som a la cua per pujar a Le Shuttle, el tren que travessa vehicles per l'Eurotúnel, des de Calais (França) a Dover (Anglaterra). Els cotxes anem entrant, un després de l'altre. Un cop a dins del vagó, vénen un parell d'empleats i ens recol·loquen; el primer, que té pinta de francès, ens obliga a tirar uns metres marxa enrere; el segon, que sembla anglès, repeteix la mateixa operació, però en sentit invers, cap endavant. Sembla com si tothom ja escombrés cap a casa.

Finalment, tanquen les portes i quedem cinc cotxes a cada compartiment, 180 en el total del tren. La megafonia i uns rètols digitals recomanen que fem el viatge des de l'interior dels vehicles. Ningú en fa cas. Quan el tren engega, tots baixem a mirar per les finestres, com si allò s'hagués de convertir en l'Aquàrium, i, a través del vidre, veiéssim aparèixer peixos de colors, mentre el vagó avança, a ritme de submarí, pel mig de l'aigua salada.

A l'hora de la veritat, res de tot això. El tren circula un parell de quilòmetres per la superfície i, de cop, entra en un túnel i ens deixa, a tots els que mirem cap a fora, en la foscor més absoluta. Ni me'n recordo que tinc litres i litres d'aigua per sobre meu i que, ara mateix, estic passant a 115 metres per sota del nivell del mar. De tota manera, pel que pugui ser, em tapo el nas; no fos cas que m'hi entrés aigua.

Passo la mitja horeta de viatge llegint un reportatge del diari anglès *The Times*, que està penjat a la paret del tren. Aquest és el túnel més llarg del món a sota l'aigua, amb 49,64 quilòmetres, i ha costat 10 bilions de lliures esterlines, 2.500 bilions de pessetes. Per mi, és una xifra que no vol dir res. A partir d'una certa quantitat, quedo tan superat pels zeros que tot em sona igual.

En la construcció del túnel, hi van participar un total de 15.000 treballadors, dels quals deu van morir. Aquesta és una dada que sempre apareix en totes les obres faraòniques; sembla que, com més persones hi hagin perdut la vida, més transcendent sigui el projecte. Des d'aquest punt de vista, l'Eurotúnel no seria el pont sobre el riu Kwai, però ja comença a fer una mica de respecte. El reportatge s'acaba amb una nota d'aquell euroescepticisme tan anglès: «Després d'aquesta obra, per bé o per mal, Gran Bretanya ja és, vertaderament, una part d'Europa.»

Abans no me n'adono, ja torna a entrar claror per les finestres. Vol dir que estem arribant a Dover. El tren s'atura. La megafonia ens dóna les gràcies, ens diu que ens espera aviat i, automàticament, veig com s'obren les portes, primer les del compartiment i després les del vagó.

És com una espècie de part. Ens expulsen del tren i ens deixen en una autopista d'Anglaterra. No tinc ni temps de preguntar: «aquí es conduïa per l'esquerra, oi?»

Al revés del món

La millor definició dels anglesos l'he sentit en boca de Matthew Tree, un escriptor londinenc que viu a Catalunya, des del 1984: «Ho fan tot al revés que la resta del món, però, en canvi, es pensen que els diferents són els altres. El seu raonament és: podent conduir per l'esquerra, com és que vosaltres aneu per la dreta?» És veritat: per què hi devem anar, per la dreta?

Aviat hi trobo la gràcia, a això de circular per l'esquerra. Almenys a l'autopista. Puc fer exactament el mateix que molta gent a Catalunya (és a dir, conduir pel carril de més a l'esquerra i avançar els altres cotxes per la dreta), però amb un gran avantatge: aquí és legal. Ningú em fa llums, ni em toca el clàxon, ni em diu el nom del porc. Quan passo pel costat dels altres conductors, ni tan sols em miren, tot i que, per la col·locació diferent dels volants, la meva cara i la seva queden a un sol pam de distància. «Ei, hola, com va? *Good morning*!»

La cosa es complica quan arribo a un d'aquests *roundabouts*, que, a Anglaterra, et trobes a cada cent metres. La primera temptació que tinc és fer-hi la volta per allà on estic acostumat, és a dir, per la dreta. Sort que freno a l'últim moment, quan ja veig que em vénen 37 cotxes de cara. «Passeu, passeu.»

Quan ja em començo a acostumar als *roundabouts*, toquen les cruïlles. Veig un *stop*, freno, però no sé mai cap a quin costat mirar. O més ben dit, sí que ho sé: sempre miro al que no toca i només veig el cul dels cotxes quan ja han passat per davant meu. No m'aniria malament trobar a totes les cruïlles del país la mateixa *xuleta* que als passos zebra dels carrers més turístics de Londres. Allà, per evitar atropellaments, els vianants poden llegir a terra una pintada que els diu que mirin a l'esquerra («*look left*») o a la dreta («*look right*»).

Al cap d'un parell d'hores de viatge accidentat, arribem a Londres. Aquí ens espera la sorpresa final: deixar el cotxe en un pàrquing cèntric, a Tottenham Court Road, val 25 lliures i mitja, 6.500 pessetes. Potser no m'ha entès. Li dic, al vigilant, que no ens quedarem tot un mes, que només és per tres dies. Llavors multiplica la xifra inicial per tres i m'ensenya el resultat final a la calculadora: 19.500 pessetes. Fantàstic! Ens en queden 500 per trobar un hotelet que estigui bé.

Londres, per a menors de setze anys

«Londres és ple de dones fidels al seu marit. Se les reconeix d'una hora lluny. Són tan infelices.»

OSCAR WILDE

Últim cap de setmana de juliol del 1999. A Londres, no hi queda ni un llit. Sort que tenim una reserva feta al St. Gilles Hotel, un monstre de 700 habitacions, situat a Bedford Avenue, a mig camí entre el Soho i el Museu Britànic. A la recepció, trobem una cua per registrar-nos semblant a la que hi ha, per aquestes mateixes dates, a qualsevol mostrador d'Ibèria de l'aeroport del Prat. L'hotel està absolutament col·lapsat. Un rètol gegant demana als clients que, per evitar aglomeracions, demà baixem a esmorzar abans de les vuit del matí. Potser sí que es pensen que ens llevarem a les sis per un suc de taronja de tetrabrik i un panet amb formatge Cheddar! Si volen alguna cosa, ja saben on som: habitació 512.

Deixem l'equipatge i cometem l'error de sortir a caminar pel West End. Dissabte a la tarda és tanta la saturació turística de Londres, que veig que han hagut de fer els autobusos de dos pisos i els taxis de sis places. És una mesura enginyosa, però insuficient. Només de posar un peu al carrer, som engolits per una immensa marea humana, que ens empeny, de manera descontrolada, per la zona compresa entre Oxford Street, Piccadilly Circus, Leicester Square i Trafalgar Square.

Avui fa molta calor. Ho noto en la suor del meu cos i, sobretot, en la dels altres cossos que em freguen, quan passen pel meu costat. No es veuen londinencs per aquí. Aquests carrers semblen, més aviat, com discoteques de Barcelona, a les sessions de tarda: estan plens de nens i nenes menors de setze anys, que els seus pares han enviat a Londres a fer un curset d'estiu d'anglès. Ara mateix, veig com uns quants han deixat, per una estona, els verbs irregulars i el genitiu saxó, i es banyen, en calçotets, a la font de Trafalgar Square. Per la seva arquitectura, pels coloms que es caguen a tot arreu i pel trànsit eixordador, aquesta plaça podria encapçalar un rànquing de les més horroroses de tot Europa.

El centre de Londres és com el camp del Barça al final d'un partit; milers de persones caminen en direccions oposades i uns quants espavilats intenten travessar en diagonal pel mig de la gernació. Els carrers estan exageradament bruts; plens de papers, de llaunes de beguda i de restes de menjar ràpid. Hi ha tanta merda acumulada que les voreres ja han adquirit una espècie de crosta negra, de la qual, difícilment, es podran desprendre mai més.

Per això, em fa tanta angúnia veure desenes de *homeless* (gent sense casa), asseguts o estirats a qualsevol cantonada, demanant unes monedes, («*spare change*»). Els *homeless* són, sens dubte, un dels elements identificatius del paisatge urbà del centre de la capital anglesa. Enlloc com a Londres havia vist tanta gent dormint al carrer, tan joves i, sobretot, tan *acabats*.

A última hora de la tarda, anem al Soho, un dels barris on es concentra l'oferta nocturna de la ciutat, especialment la d'ambient gai. Miro les pintes de tots els que passegen per Old Compton Street o dels que seuen a les terrasses dels bars, i després miro la meva. Em sento la persona més vulgar del món. Qui s'ha de fixar en algú com jo, que no porta els cabells tenyits, ni el llavi foradat per un *piercing*, ni sabates de plataforma, ni roba de coloraines o de teixits galàctics?

Aprofito aquesta *invisibilitat* per seure, en un discret segon terme, i presenciar la barreja espectacular de colors i ètnies del Soho, la desfilada improvisada de les últimes tendències en moda. M'imagino que si ara, aquí al mig, aterrés un marcià, ningú es giraria ni a mirar-se'l. No cridaria prou l'atenció. Londres, pel seu cosmopolitisme, deu ser la ciutat europea que més s'assembla a Nova York i, paradoxalment, la ciutat anglesa que menys s'assembla a Anglaterra.

Oasis, enmig del caos

Només ha passat una nit i sembla que estiguem en una altra ciutat. Hem pagat una lliura cadascú per estirar-nos en una gandula, de cara al llac del Regent's Park. Aquí no hi ha trànsit, ni sorolls, ni tan sols veig ningú que tingui cap pressa per anar enlloc. Londres, la ciutat més poblada de la Unió Europea, té vuitanta parcs com aquest, que cobreixen un 11 % de la seva superfície. Són com petits oasis de tranquil·litat, enmig del gran caos. Avui, l'herba del Regent's Park està cremada, no té el color verd habitual. Es nota que, a Anglaterra, aquest és un estiu de molt sol i poca pluja.

Durant la setmana, no sé mai quin dia vivim, fins que arriba un matí que em desperto i li dic, a la Núria: «ja torna a ser diumenge». I, aleshores, com avui, m'agrada: a) reviure, un per un, els altres diumenges de la nostra particular volta a Europa, com si donéssim al viatge una èpica que no té; i b) maleir tota la meva família, que deuen estar a punt de menjar-se unes fantàstiques gambes de Palamós, que compra el meu pare i que cuina la meva mare, a la planxa, amb sal grossa, oli, pebre i llimona.

Ara mateix, tombats al Regent's Park mirant amunt, en lloc de veure passar els núvols, veig com passen tots els diumenges del viatge. Recordo el primer com una cosa molt llunyana. Era el dia que arribàvem a Venècia i ens deixàvem gronxar per la góndola d'en Rrroberrto (així, cridant i marcant molt les erres). El segon érem de camí entre el Tirol i Munic, i el tercer diu la Núria que travessàvem Suècia, amb sol (i mosquits) les 24 hores del dia.

Al Regent's Park, mentrestant, se succeeixen les estampes pròpies d'un diumenge al migdia: una parella jove llegeix els suplements del conservador *Sunday Telegraph*; una família sencera dóna menjar als ànecs; uns altres ja preparen el pícnic de l'hora de dinar i els més agosarats (i inexperts) pugen en una barca de rems i comencen a giravoltar sobre si mateixos.

El quart diumenge, igual que avui, també el vam passar a davant d'un llac. Dormíem en una cabana de fusta preciosa a Punkaharhu, al sud-est de Finlàndia. El següent va ser un diumenge molt estrany. Bé, ara en diem estrany; llavors, en vam dir horrorós. Ens vam banyar a la platja de Blåvand, un poblet danès de la península de Jutlàndia, i vam acabar el dia sortint per cames del Legoland, un parc temàtic construït amb milions i milions de peces de plàstic de Lego.

Devíem ser l'única parella sense fills ni néts, en deu quilòmetres a la rodona. Fins i tot, les patates fregides del restaurant tenien forma de peça de Lego. Allò semblava la capital europea de la Fanta de taronja.

Estirats a la gandula, només ens queda per evocar diumenge passat, que érem al Rin, amb la meva amiga la reina del vi. Avui, des de Londres, ens preguntem què faríem si, ara mateix, fóssim a Catalunya. Jo no en tinc cap dubte, me n'aniria a la platja; una mica per les gambes, però, molt, molt, pel sol. S'acaba el juliol i, amb el fred que ens hem trobat per tot Europa, no ens fa la sensació d'haver entrat a l'estiu. El color de la pell ens delata.

L'obsessió nacional pel sexe

Ja torno a entendre els diaris. Després de tantes setmanes a Àustria, Alemanya, Escandinàvia i Holanda, he deixat de viure a la inòpia i he recuperat la sensació de saber què vol dir un titular. Per mi, hi ha dos tipus de països: aquells en què puc llegir la premsa, ni que sigui fent molts esforços, i aquells en què no. Als primers, encara que no vulgui, sempre m'hi sento més vinculat. Com a mínim, em permet imaginar les preocupacions dels seus habitants.

Si he de fer cas al *News of the World* –el tabloide sensacionalista més venut d'Anglaterra–, l'obsessió número u dels anglesos és el sexe. Sobretot, el sexe fora de la parella. La notícia del dia és la relació que mantenen un actor i una actriu de la sèrie televisiva *Liverpool One*, i que ha acabat amb els matrimonis de tots dos. El diari insinua que la noia és sexoaddicta, i ho reforça amb declaracions dels seus exnòvios en què expliquen les especialitats favorites de l'actriu, al llit.

La segona notícia de portada és que la dona de l'entrenador de genets Henry Cecil ha comentat, en confiança, a unes amigues, que va mantenir relacions sexuals a la dutxa amb un dels *jockeys* que prepara el seu marit. Una de les amigues ho ha explicat (també en confiança) al *News of the World*.

No s'acaba aquí la cosa. Per celebrar el retorn a *Eastenders* (*Gent del barri*) de l'actriu Daniella Westbrook (Sam Mitchell, a la sèrie), *News of the World* dedica una extensa entrevista al seu primer nòvio perquè doni detalls de com va ser el dia que van perdre la virginitat. Es veu que a ella li va costar trencar el gel, però llavors hi va anar agafant l'aire i van acabar fent l'amor a qualsevol racó del pis.

–És que no ha passat res més al món? –pregunta la Núria, des de la seva gandula.

–Mira, sí, una enquesta.

Un de cada cinc britànics ha mantingut relacions sexuals a la feina. Entrevisten cinc persones (dues secretàries, un dependent, un mecànic i una ballarina) que reconeixen passar-s'ho bé quan han de follar, ràpid i sense fer soroll, per por que els enganxin. Em temo que la premsa del cor espanyola mai podrà arribar al nivell *genital* d'aquests diaris sensacionalistes anglesos. Sempre es queda un parell de pams més amunt.

L'última informació és una conseqüència lògica de totes les anteriors: a Anglaterra, ja et pots divorciar per Internet. Només cal que et connectis a la xarxa i paguis 79,99 lliures esterlines, unes 20.000 pessetes. Així de senzill. Em fa por que, si ho llegeix la Núria, no comenci els tràmits, immediatament. He hagut de tornar-me a posar els calçotets de color blau elèctric de Viena. Una altra vegada, són els únics que em queden nets.

Amb metro, a la bugaderia

«Omar: "Toda esta pestilente zona está de rodillas suplicando pantalones limpios".
»Johny: "Será la envidia, la mejor lavandería del sur de Londres"».

STEPHEN FREARS,
My beautiful launderette

A Barcelona, si viatges mitja hora amb tren, te'n vas a parar més enllà de Manresa. Londres, en canvi, ha crescut tant en horitzontal, que agafes el metró, t'hi asseus trenta o quaranta minuts i apareixes en un altre barri, que sembla tan cèntric o més que el que acabes d'abandonar. Surts de l'estació i trobes una *high street*, un carrer principal amb els mateixos establiments: agències immobiliàries, restaurants de cuina exòtica, farmàcies on revelen fotos, un supermercat Sainsbury's, un Mcdonald's, un Benetton i franquícies de moltes altres cadenes. Ah, i una bugaderia! Això és el que em fa falta, aquest dilluns al matí, per evitar el primer divorci *on-line*.

A Londres ningú agafaria el metro per rentar-se la roba. Hi ha una bugaderia a cada cantonada. Però nosaltres volem la que ens recomana la guia a Notting Hill, el barri londinenc que aquest estiu està de moda a tot Europa, gràcies a la pel·lícula homònima que protagonitzen Julia Roberts i Hugh Grant.

Hi arribem amb una maleta de rodes, plena de roba bruta. L'encarregada ens mira amb cara de sorpresa. No sap el que li espera. Aviat canviarà aquesta expressió per un posat de resignació cristiana, cada vegada que m'hi acosto. M'haurà de donar canvi (aquí tothom porta les monedes preparades de casa) i repetir-me, fins a tres vegades, les instruccions de funcionament de les rentadores.

És una bugaderia relativament gran. M'imagino totes les peces de roba que es deuen haver desgraciat, en aquestes màquines. M'hi fa pensar una fotocòpia ampliada, que han penjat a la paret, amb l'explicació de tots els signes que apareixen a les etiquetes de roba: les que s'han de rentar a mà, en sec o les que necessiten aigua freda. Són consells que sempre llegeixes quan ja és massa tard.

Hi ha dotze rentadores petites i tres més d'industrials, que funcionen amb 2,90 lliures esterlines (unes 750 pessetes) i que tarden quaranta minuts a completar el programa. Pel volum de roba que portem, en triem una d'aquestes. Tal com m'ha dit la senyora, hi tiro cinc monedes de 50 penics i dues, de 20.

–Una, dues, tres, quatre i cinc; una i dues. Ja està.

–I el sabó? –diu la Núria.

Ja sabia, jo, que em deixava algun detall sense importància. Quan l'encarregada em veu venir, aixeca els ulls i arqueja les celles, com volent dir: «què li passa a aquest, ara?» Intento temperar la reacció de la senyora, acompanyant els *thank you* i els *sorry*, amb petites reverències d'estil japonès. Em deu veure compungit i em deixa agafar detergent a granel, amb un envàs buit de iogurt de cireres.

Entre una cosa i una altra, em sembla que no ens estem caracteritzant per la rapidesa. Acaba d'entrar un noi àrab, d'uns quaranta anys, amb dues bosses d'esport: una per a la roba blanca i una altra per a la de color. En un moment, les ha buidat senceres a les rentadores, ha seleccionat el programa, ha posat les monedes, ha comprovat que funcionava i ha tornat a marxar.

Mentrestant, la Núria i jo posem la nostra roba, peça a peça, a dins de la màquina i estudiem, detingudament, les característiques de cada programa. Quan finalment aconseguim fer-la funcionar, amb sabó, però sense suavitzant (per aquí sí que l'encarregada ja no hi passa), em converteixo en l'única persona del local que es queda encantat, seguint tot el procés de la rentadora.

Primer, veig com s'omple d'aigua el tambor; després, la màquina deixa anar el sabó i la roba comença a girar. Amb ella, també gira, en el mateix sentit, i a la mateixa velocitat, el meu cap. Ara vola una samarreta, ara una tovallola, ara uns pantalons... Quan m'avorreixo de la meva pròpia roba, miro la màquina del costat i em fa l'efecte que penetro en la intimitat d'aquell noi àrab que abans he vist entrar fugaçment. No, no veig que tingui uns calçotets de color blau elèctric. Intueixo que em devia deixar enlluernar per una moda estrictament vienesa.

Les *launderettes*, com a mínim, a Londres, han deixat de ser punts de trobada social, com abans els safarejos públics. La majoria de clients abandonen la roba i se'n van a fer altres encàrrecs. Els pocs que es queden, treuen el mòbil i aprofiten per trucar a tots els seus amics i familiars.

A nosaltres, només ens queda l'assecadora. Aquest és un aparell que no falla mai. En cinc minuts, i un grapat de monedes de 20 penics, ens deixa tota la roba seca (i encongida). L'endrecem, peça per peça, a la maleta, i marxem cap a l'hotel. El metro no funciona. Amb un d'aquells eufemismes tan anglesos, el cap d'estació ha escrit a la pissarra que la culpa dels retards la té «*a person under a train*». Una persona, a sota d'un tren! Quina flegmàtica manera de referir-se a un suïcidi!

La ciutat més cara d'Europa

No ens queda cap més remei que tornar a l'hotel amb taxi. Aquí, els taxistes no escolten la Cope ni el Justo Molinero, però també són molt seus. Volen que, abans de pujar al cotxe, els diguis on vas, a través de la finestra de l'acompanyant. Ell et repassa, s'ho pensa, et torna a repassar i, almenys en el nostre cas, finalment, ens indica, amb un cop de cap afirmatiu, que sí, que accedeix a portar-nos, com si ens fes el favor de la nostra vida. *Thank you, sir!*

I, mentrestant, el nostre cotxe fa tres dies que el tenim tancat. Espero que hagi sabut apreciar el preu d'un cap de setmana llarg, en una plaça de pàrquing, al West End. Li vaig explicar al meu pare que la brometa ens costava 19.500 pessetes i es va escandalitzar; es veu que això és, si fa o no fa, el que va pagar ell per un Seat 600, els anys seixanta.

Però, per a l'economia del nostre viatge, encara queda una notícia pitjor. La descobreixo a l'informatiu de dos quarts de set de la tarda, que presenta Trevor McDonald, a la cadena privada ITV. Avui, hi ha hagut, a Londres, una manifestació de camioners de tot Anglaterra per protestar pel preu del gasoil. Demà, quan hagi d'omplir el dipòsit, per començar a conduir cap al nord del país, hauré de pagar 194 pessetes (75,9 penics) per cada litre de dièsel! A partir d'ara, parar en una gasolinera britànica equivaldrà a deixar-hi unes 10.000 pessetes, més del doble que a Catalunya.

No m'estranya que, amb aquests preus, els camioners protestin. Escolto les declaracions d'un que fa de portaveu, que denuncia la discriminació que pateixen respecte als seus col·legues europeus. Els anglesos –diu aquest home– «som els que tenim els carburants més cars i, a sobre, hem de pagar peatges quan sortim a l'estranger. En canvi, a un camioner francès, el gasoil li resulta molt més barat i, quan ve a Anglaterra, té totes les autopistes gratis, perquè nosaltres paguem els impostos de manteniment de les carreteres».

A pesar de la indignació que exterioritzen tots els professionals del camió, la protesta s'ha fet *a l'anglesa*. Ha començat a les deu del matí, quan ja ha passat l'hora punta de trànsit a Londres, i s'ha acabat a primera hora de la tarda, abans de començar l'altra *rush hour*. No fos cas que haguessin molestat algú...

Diem adéu a la capital anglesa menjant als Harrod's, els mítics grans magatzems de Knightsbridge, propietat del multimilionari egipci Mohamed Al-Fayed. Demanem, en una barra japonesa, dos combinats de *sushi* (peix cru amb arròs), de vuit peces cadascun, i un parell de copetes de *sake* (licor d'arròs japonès). El cambrer ens porta la factura, amb un somriure a la boca. Quan veig el preu, comprenc la seva actitud afable. Li deu haver entrat el riure, quan ha vist que, per aquelles tapetes, ens fan pagar 39 lliures esterlines, més de 10.000 pessetes.

Ens ho agafem com un donatiu desinteressat a la família de Dodi Al-Fayed, per tot el que han hagut de passar des d'aquell fatal accident de l'estiu del 1997. Per compensar, decidim que la primera parada, fora de Londres, la farem a Althorp, a la mansió de la família Spencer, on està enterrada Lady Di.

El club de les vídues

Els Spencer són molt senyors. A casa seva, no t'hi pots presentar sense avisar. No passaries de la porta. Obren dos mesos l'any (juliol i agost) i només admeten 2.500 persones per dia, la meitat al matí, i l'altra meitat, a la tarda. Per això, s'estimen més que truquis abans i que compris les entrades, amb targeta de crèdit.

Tinc el seu telèfon anotat a l'agenda, des del dia que vam dormir a Bruges. El vaig trobar a la revista *Hello*, que és com l'*Hola*, però canviant el Jesulín de Ubrique per l'Elton John. Els truco i, després de demanar-me quan em caducava la Visa (una pregunta impròpia d'una família d'aquest llinatge), m'acaben donant hora per al 27 de juliol, al matí. O sigui, per avui mateix.

Surto de Londres, conduint com els anglesos: a poc a poc, i per l'esquerra. Althorp és a una hora de viatge, molt a prop de Northampton. De fet, no ens podem perdre. La carretera és plena de senyals, que indiquen la ruta a seguir fins a la porta de casa dels Spencer. Aquest és el segon estiu que els anglesos pelegrinen a la tomba de Lady Di, però, veient com tenen planificat fins a l'últim detall, sembla com si ho haguessin fet tota la vida.

A l'arribada, enmig de camps verds i ovelles que pasturen, la família ha habilitat una gran esplanada com a aparcament. Només baixar del cotxe i començar a caminar cap a l'entrada, em trobo una quantitat exagerada d'empleats, que són amables, també de manera exagerada. Em fan les mateixes reverències, a mi, que si hagués arribat el comte Spencer en persona. Intento estar a l'altura de les circumstàncies i saludar-los com m'imagino que ho faria ell: amb un cop de cap discret, i sense ni mirar-los.

La finca fa olor d'herba acabada de segar. Ummm! Eixamplo el nas i tanco els ulls, perquè no se m'escapi l'olor per enlloc. Quan els torno a obrir, veig que estic envoltat de senyores grans angleses, que semblen clòniques de la Reina Mare. Van de bracet, es tapen les espatlles amb un jersei (per si es girés aire) i porten els cabells d'un blanc tan lluent que és com si sortissin totes de la perruqueria. Veient el panorama, no m'estranyaria que aquest matí de dimarts se celebrés, a Althorp, el congrés nacional de vídues d'Anglaterra.

Perquè les seves clientes no es cansin (ni es despentinin), els Spencer tenen un minibús que fa viatges, amunt i avall, recorrent els 800 metres de distància que hi deu haver entre l'aparcament i la casa. També han col·locat, estratègicament, una sèrie de bancs, a tot el recinte, perquè la gent gran, quan baixi de l'autobús, hi pugui seure a descansar, i a comentar detalls de la mansió on s'han criat vint generacions dels Spencer, en els últims cinc-cents anys.

Em fa l'efecte que moltes d'aquestes senyores vénen a Althorp per xafardejar la casa. El record de Lady Di queda en segon terme, davant de l'oportunitat única d'admirar el luxe amb què les famílies d'aristòcrates viuen, a finals del segle XX. Passejant per algunes de les habitacions de la mansió (no totes estan obertes al públic), n'hi ha prou per pensar que qui va batejar Diana de Gal·les com «la princesa del poble» havia de ser un gran cínic.

Les antigues quadres de cavalls de la casa s'han reconvertit en cinc sales, que acullen una exposició sobre la vida de Lady Di: la infància, el casament amb el príncep Carles, la seva feina en organitzacions caritatives, els seus vestits i el funeral. Em crida l'atenció una vitrina d'objectes personals: fotos, agendes, llibres, cartes als seus pares i les notes escolars, de quan Diana tenia vuit anys. Destacava en Lectura i en Història, però tenia una remarca negativa en Escriptura: «ha de vigilar on posa les majúscules». A la senyora del meu costat, quan ho llegeix, se li escapa un somriure tendre.

En una altra habitació, la gent es concentra, a davant de la tele, per seguir els moments més feliços de la vida de Lady Di. El vídeo s'acaba amb la imatge d'ella i el príncep Carles fent-se un petó a la galta. Això de pertànyer a la monarquia deu ser molt avorrit; no pots fer un petó a la boca ni a la teva pròpia dona!

Però tota l'emoció de la visita es concentra a la tomba de Diana Spencer, situada en un extrem de la finca familiar i al costat d'un petit llac, de forma ovalada. Allà trobo la primera persona que plora, a llàgrima viva. És una noia jove, que acaba de deixar un ram de flors als peus del mausoleu de la princesa de Gal·les. Al marbre, hi ha gravada la seva silueta i el nom de DIANA escrit amb majúscules, les mateixes majúscules que ella tenia problemes per utilitzar, quan no es podia ni imaginar (o potser sí) que s'acabaria convertint en una de les icones del segle XX.

La prova és que, dos anys després de la seva mort, encara hi ha milers de persones que vénen fins aquí a recordar-la, i a plorar-la. Obrint Althorp al públic, el comte Spencer ha tornat a demostrar la seva astúcia: ha mantingut viva la llegenda de la seva germana, ha reivindicat l'orgull de la família, davant de la monarquia anglesa, i, de passada, n'ha tret alguna lliura (que no tot va per a organitzacions caritatives).

L'única molèstia és que, durant dos mesos, els Spencer no poden viure a casa seva. Tampoc crec que es puguin queixar. És, pràcticament, el mateix temps que nosaltres som fora de Barcelona, voltant per Europa, sense xofers ni criats que ens facin i desfacin les maletes, cada dia. Aquest vespre, per exemple, dormirem en una casa particular d'Oxford. Encara no sabem quina. Volem començar, en aquella ciutat, la volta a Gran Bretanya, a través dels seus *bed&breakfast*.

Dubto que els Spencer utilitzin aquest sistema d'allotjament. Deuen tenir, com a mínim, 47 residències més per triar on volen passar cada dia d'aquest estiu del 1999, lluny de les senyores que es queden bocabadades amb el luxe d'Althorp i es planyen de la desgràcia que la pobra filla va tenir un 31 d'agost del 1997, al pont de l'Alma, de París.

Pujo al cotxe i engego la ràdio, amb l'esperança que soni *Candle in the wind*, de l'Elton John. Seria el final lògic de la visita a Althorp. Però em temo que no serà possible. Les emissores angleses –igual que les de tot Europa– només tenen dos discos, aquest estiu: *Bailamos*, d'Enrique Iglesias, i *Livin' la vida loca*, de Ricky Martin. Sobretot aquest últim, i molt a pesar nostre, s'està convertint en la banda sonora del viatge. També és mala sort. Un any que ens havíem lliurat del Georgie Dann...

La volta a Gran Bretanya en bed&breakfast

«Encara quedaven vells sentint nostàlgia de l'Imperi Britànic, justament com hi havia altres cagant-se a les calces davant la idea que el Regne Unit s'havia de desfer.»

JULIAN BARNES,
Anglaterra, Anglaterra

1. Àvies okupes a Oxford

Ni fet expressament. A l'Oficina de Turisme d'Oxford, ens han trobat una habitació a casa de la que està considerada millor mestressa de *bed&breakfast* de tot Gran Bretanya. Sally Tompkins acaba de guanyar el títol de *Landlady* de l'any 1998, després de superar les altres 3.500 candidates d'Anglaterra, el País de Gal·les i Escòcia. Fins ara, no he tingut mai el gust de saludar una *Miss Bed&breakfast*. Això sí, conec una reina del vi d'Alemanya, i no tothom pot dir el mateix.

És mitja tarda, i encara haurem d'esperar una estona a veure la senyora Tompkins. Abans d'anar a casa seva, hem decidit passejar pels carrers del centre d'Oxford. Sentim més castellà en mitja hora aquí que en vuit setmanes de viatge per Europa. Són joves que els envien a aprendre anglès, però que es passen el dia parlant i sortint amb els altres espanyols, com si el curset el fessin a Talavera de la Reina.

Molts dels prestigiosos *colleges* d'aquesta ciutat es guanyen la vida amb les classes d'estiu per a estrangers. Potser per això, el curs universitari és tan curt: tres trimestres (per dir-ho d'alguna manera) de només vuit setmanes cadascun. El resultat és que Oxford tot l'any és ple d'estudiants: hi ha 15.000 universitaris en una població total de 115.000 persones.

El centre històric sembla propietat seva. Els edificis dels trenta-nou *colleges* acaparen aquesta zona de la ciutat i desplacen la resta d'habitants cap als afores. Hi ha *pubs* i comerços que només els trepitja la comunitat universitària i d'altres, reservats tàcitament per als veïns d'Oxford. Aquesta mena d'*apartheid* dura des de fa segles, i rep el nom de *town and gown*, «ciutat i capa», que és l'uniforme que tradicionalment ha distingit els estudiants. La separació em fa pensar en la que, a la meva joventut, es vivia, a Taradell, entre la gent del poble i els estiuejants de Barcelona. O estaves en un bàndol o estaves en l'altre.

La majoria de *bed&breakfast* d'Oxford són cars i estan apartats del centre. Una empleada de l'Oficina de Turisme ens ha hagut de dibuixar un plànol a mà, perquè al mapa de la ciutat no apareix la casa de Sally Tompkins. Hi tenim gairebé tres milles (uns cinc quilòmetres), des de l'aparcament subterrani de l'estació d'autobusos.

Quan hi arribem, toquem el timbre de l'entrada. No contesta ningú. Potser la *mestressa de l'any* està atenent algun mitjà de comunicació o començant a cuinar l'esmorzar de demà al matí. Repetim l'acció fins a quatre vegades. Al final, sentim una veu que remuga i, a través del vidre, intuïm que una figura femenina s'acosta cap a nosaltres.

Ens obre la porta i, a davant nostre, apareix una senyora d'uns vuitanta anys que sembla que s'hagi escapat de qualsevol de les excursions de vídues que omplien Althorp. No pot ser que aquesta sigui *Miss Bed&breakfast 1998*. Ens mirem estranyats amb la Núria, però cap dels dos no s'atreveix a preguntar-li-ho.

La dona camina molt feixugament i presenta símptomes alarmants de pèrdua de memòria. En un minut, ens demana tres cops si tenim habitació reservada. Quan finalment assimila que som els que hem trucat des de l'Oficina de Turisme, comença a organitzar-nos la vida: ens prohibeix agafar el cotxe per anar a sopar al centre d'Oxford (segons ella, els preus dels pàrquings són prohibitius) i ens recita els noms dels pobles dels Cotswolds, que haurem de visitar demà al matí, un per un.

Mentre ella parla al rebedor, veig algú que renta plats a la cuina. És una altra dona, si fa o no fa de la mateixa edat, però amb un estat de conservació encara pitjor que la primera. Tampoc no pot ser Sally Tompkins. O ens han pres el pèl a l'Oficina de Turisme o ens hem equivocat de *bed&breakfast*. Una de dues.

La casa respon a algun dels grans tòpics anglesos. És un edifici de tres plantes, amb moqueta a tot arreu, escales molt dretes, que condueixen als dormitoris de la família i dels hostes, i un jardí, a la part posterior, presidit per la inevitable estàtua d'un nan, de pedra artificial. La nostra habitació és a dalt de tot i disposa de vàter i dutxa, cosa que, especialment avui, és molt d'agrair. No crec que fos gaire recomanable, per la salut d'aquestes dues iaies, passejar-nos per davant d'elles amb una tovallola lligada a la cintura.

Remenant els calaixos de la tauleta de nit, trobo una carpeta amb els retalls de premsa de quan Sally Tompkins va ser elegida *Landlady* del 1998. Per les fotografies, veig que és una dona d'uns quaranta anys, que apareix eufòrica pel premi (un cap de setmana a Barcelona), i que no s'assembla a cap de les senyores que hem vist a la planta baixa.

A les entrevistes, Sally Tompkins no parla d'altres familiars que no siguin el seu marit Tony i les seves filles, Lisa i Nicola, de quinze i tretze anys. Descoberta la veritable imatge de la mestressa de la casa, ara només ens queda investigar què fan aquelles dues dones, aquí. Pel seu aspecte i pel seu comportament, no es pot descartar cap possibilitat, per terrible que sembli.

Surto de dubtes l'endemà al matí, a l'hora d'esmorzar. La senyora que ahir ens va obrir la porta ens explica que la seva filla Sally i tota la família han marxat de vacances a Itàlia, durant dues setmanes. Com que els primers dies va veure que sola no se'n sortia, va enredar una amiga perquè l'ajudés a fer els llits i a preparar els esmorzars. La dona interromp la conversa, abruptament, quan veu el fum i la pudor de cremat que comencen a sortir de la cuina. A les altres quatre taules, descobreixo les mateixes mirades d'estupor i desconcert que tenim la Núria i jo. Si aquí hi hagués un inspector, els retira el títol, immediatament.

Decidim esmorzar en una esgarrapada (un pomelo i un parell de torrades amb formatge), i marxar, abans que el fum s'estengui a tota la casa i haguem de lamentar alguna desgràcia més gran. No passa res. Ens queden molts dies per provar un *english breakfast* com Déu mana. Ara mateix, el més urgent és desaparèixer del radi d'acció de les primeres *àvies okupes* de tot Europa.

2. Els Cotswolds, un esmorzar pantagruèlic

Al cor d'Anglaterra, entre Oxford i Gloucester, apareixen els Cotswolds, una de les regions més fascinants de tot el país. Porto escrits en un paper una llista de pobles que la temible senyora del *bed&breakfast* ens ha ordenat visitar: Bourton-on-the-water, Upper and Lower Slaughter, Burford, Bibury, Stanton, Stanway, Stow-on-the-wold i Chipping Camden. El més curiós és que li hem fet cas, i ens passem el dia buscant-los un per un, conduint per carreteres estretes, enmig de les valls i els turons que dibuixen l'agradable perfil dels Cotswolds.

Els pobles, amb les cases de pedra de color de mel, són un element més –potser, el central– del paisatge d'aquesta zona. Entrar a Bourton, per exemple, és retrocedir uns quants segles en el temps, a l'època de màxim esplendor de la regió, amb les ovelles i el comerç de la llana. A pesar de la invasió de turistes que hi trobem a finals de juliol, els pobles dels Cotswolds no semblen museus a l'aire lliure. A tot arreu, fa la sensació que hi ha gent que hi viu i que hi treballa. A Burford, només de baixar del cotxe, he vist una d'aquestes cases de pedra del segle XVI, reconvertida en despatx d'advocats. És només un detall, però suficientment revelador per entendre que els Cotswolds (gràcies a Déu) no tenen res a veure amb el Poble Espanyol, de Barcelona. Per què hauria de voler, un advocat un autocar de japonesos?

Acabem dormint en un *bed&breakfast* de Chipping Camden, una població del nord dels Cotswolds. Segons la guia d'allotjaments que vaig comprar a Londres, és una casa preciosa del segle XVII, amb set habitacions que donen al jardí. Ens obre la porta el propietari, un home alt, d'uns cinquanta anys, que ens dóna la mà i s'identifica com a Nick. Ell mateix ens agafa les maletes, les puja a l'habitació i ens comença a demanar pel viatge: d'on venim, on anem, com és que estem tan temps fora de casa, què és el que ens ha agradat més fins ara... Quan intueix que estem cansats i que, potser, tenim ganes d'estirar-nos al llit, ens deixa sols i ens convida a fer una copeta, al jardí, d'aquí a una estona.

Quina amabilitat i, sobretot, quina diferència amb l'arribada a qualsevol gran hotel! Fins ara, mai ens ha vingut a rebre l'amo, en persona. Tampoc ens hem trobat cap recepcionista que ens donés la mà, ni que ens digués el seu nom, per bé que alguns el porten escrit en una placa daurada, que s'enganxen (torta) a l'americana. Enlloc hem trobat un empleat que s'interessés per nosaltres. Al contrari, així que entrem als hotels, ens exigeixen el DNI per registrar-nos, ens demanen la targeta Visa per cobrir possibles impagaments i una propina en moneda local per al noi que ens puja l'equipatge. Si encara no hem descanviat, que és el que passa habitualment, el viatge en ascensor se'm fa etern. Sé que no podré posar-li cap bitllet al palmell de la mà del noi que, a partir d'aquest moment, ens mirarà amb mala cara, fins al dia que marxem de l'hotel.

Els *bed&breakfast* tenen, sens dubte, l'avantatge del tracte humà. La família et lloga una habitació a dins de casa seva. La d'avui és molt acollidora. Baixem al jardí a fer una copa de vi negre, abans de sopar. Som nosaltres sols, i un parell de nens que juguen amb una pilota de futbol, a prou distància perquè no perillin les copes. En Nick es lamenta que, aquest vespre, no puguem tastar les especialitats culinàries de la casa. El cuiner és el seu fill Julian, que els dimarts fa festa. Ens recomana, com a alternativa, un *pub* de carretera, que tenim a només tres milles, però ens adverteix que ens guardem forces per a l'esmorzar de demà. No tindrà res a veure amb el que estem acostumats.

Si a Anglaterra et demanen si vols un *english breakfast*, és millor que els diguis que sí. Primera, per no fer-los un lleig, i segona, perquè, per experiències anteriors, recordo que les alternatives de què disposen solen ser molt escarransides. Per això, abans d'anar al llit, vam encarregar dos *english breakfast* per a les nou del matí, l'última hora que en Nick serveix esmorzars per als hostes.

Baixem amb els cabells molls i amb cara d'adormits. L'olor de fregit del menjador em desperta de cop i em treu la poca gana que pugui tenir a aquestes hores. El primer plat ens l'hem d'anar a buscar nosaltres mateixos. En una taula comunitària, hi ha mitja dotzena de capses de *cornflakes*, safates amb fruita (pomelo i meló francès) i un parell de gerres de suc de taronja. El tasto i estic a punt d'anar-me'n a la cuina a abraçar en Nick, perquè m'eixugui les llàgrimes que em cauen. Des del primer esmorzar del viatge, a Montecarlo, no havia tingut el privilegi de tornar a assaborir el gust d'una taronja espremuda a casa. Redescobrir un plaer oblidat és una de les millors maneres de començar el dia.

Quan el propietari considera que els entrants ja ens han obert l'estómac, es presenta a taula amb dos plats de grans dimensions, absolutament idèntics. Tant la Núria com jo, hi tenim una salsitxa, dos talls de bacon, un ou ferrat, una dotzena de xampinyons, un tomàquet obert i fregit, i un tros de pa, també fregit. Per amanir-ho, ens deixa la sal, el pebre, un pot de mostassa i un de ketchup. Autèntica dieta mediterrània, vaja!

El que tenim a davant fa tant goig que no ens ho mengem. Decidim filmar-ho en vídeo, primer. La Núria puja a buscar la càmera a l'habitació i grava l'entrada al menjador, com si em sorprengués amb un tros de bacon a la boca. Noto com des de les altres taules ens miren i se'ls escapa el riure. No sé per què els fa tanta gràcia, si són els mateixos anglesos que l'any que ve aniran a Lloret i es faran fotos al costat d'una paella gegant i una gerra de sangria!

Amb la càmera a la taula, ens ho cruspim gairebé tot. Trobem l'esmorzar boníssim. Durant les dues setmanes que encara ens queden a la Gran Bretanya, cap altre *bed&breakfast* el superarà, ni en qualitat ni (afortunadament) en quantitat. Al final, quan ja estem esbufegant i queixant-nos de l'estómac rebotit, arriba la sorpresa. En Nick es presenta amb un altre plat: torrades amb melmelada de taronja amarga.

Marxem lents i feixucs cap al País de Gal·les. Avui no haurem de parar a dinar. Ja ens alimenta prou el record de l'esmorzar i la pudor de fregit que, de tant en tant, un dels dos deixa anar, a l'interior del cotxe, en forma de petits rotets, que intentem dissimular, infructuosament, obrint la finestra i deixant que circuli l'aire.

3. Hay-on-Wye, la capital mundial dels llibres de segona mà

La Núria ja fa uns quants dies que pateix perquè nota que va guanyant quilos. A mi, en canvi, la mateixa tensió del viatge no em deixa engreixar-me. Ara em comença a anguniejar el temps. M'adono que al setembre hauré de tornar a Barcelona i que encara em queden molts països per completar el periple per la Unió Europea. Hem de recórrer Gran Bretanya, anar a Irlanda, saltar a França, tornar a Itàlia i acabar a Grècia i Portugal. Tot, en menys de cinc setmanes.

Avui mateix, en unes altres circumstàncies, ens hauríem quedat un parell de dies més en aquesta caseta dels Cotswolds, llegint un llibre al jardí, fent una llarga migdiada o provant la cuina del fill. Ara no ens ho podem permetre. La ruta per Gran Bretanya la tenim calculada dormint cada nit en un lloc diferent. Si trenquem el ritme quan encara som a baix de tot, ens costarà molt arribar a les Terres Altes escoceses.

Aquesta tarda toca parada i fonda a Hay-on-Wye, un poble de l'est del País de Gal·les, a tocar de la frontera amb Anglaterra. Té només 1.500 habitants, però la seva fama ha traspassat les fronteres, gràcies a un empresari que l'ha convertit en capital mundial del llibre de segona mà. Conec Hay-on-Wye per l'escriptor Màrius Serra, que, abans de marxar de Barcelona, em va enviar un reportatge sobre el poble, que havia publicat a l'*Avui*, l'any 1992.

La primera feina és buscar un lloc per dormir. Passant amb el cotxe, veiem uns quants *bed&breakfast*, amb un rètol a l'entrada: «*no vacancies*». A força de demanar habitació i que tothom ens assenyali el cartellet, deduïm que «*no vacancies*» no vol dir que aquest estiu no facin vacances, sinó que ho tenen tot ple. La primera *vacancy* la trobem en un hotelet a cinc milles de Hay-on-Wye, que es diu Three Cocks (tres galls) i que el regenten dos belgues (un menys que galls). Afortunadament, al jardí, no hi ha cap estàtua del Manneken Pis.

Les trenta llibreries de vell atrauen a Hay-on-Wye dos tipus de clients: el turisme massiu, que arriba amb autocar, i els col·leccionistes que viatgen des d'arreu del món per localitzar aquell volum que no troben enlloc. Fins i tot, hi ha una llibreria que només es dedica a l'ornitologia i la botànica, i una altra que compra i ven, exclusivament, llibres d'apicultura.

Tot va començar el 1961 gràcies a Richard Booth, un empresari americà amb arrels familiars al poble. Primer, va obrir una gran llibreria a Lion Street, amb tones i tones de llibres comprats a tant el quilo als Estats Units. Uns anys més tard, va adquirir el castell de Hay-on-Wye i també el vell i destartalat cinema local, i els va omplir de milions de volums de segona mà. Mentrestant, altres llibreters decidien seguir Booth i obrien establiments semblants.

Hay-on-Wye és ideal per si t'acabes de comprar un pis i vols fer-te una biblioteca, d'una manera ràpida i barata. Trobes llibres a cada carrer i a cada cantonada; en prestatges, estanteries metàl·liques o caixes de fruita, tant és. El preu habitual és de 50 penics (125 pessetes), els de tapa dura, i 30 penics (80 pessetes), els altres. Per tant, pots endur-te 1.000 llibres per només 80.000 pessetes. Això sí: no has de tenir gaires miraments ni amb els títols ni amb l'estat de conservació dels exemplars, que es passen dia i nit a la intempèrie.

La humitat del País de Gal·les ha deixat rosegades les portades, com si s'hi haguessin passejat un exèrcit de rates famèl·liques, i també ha fet estralls a les pàgines interiors. Alguns llibres, de tan molls com estan, no els puc ni arribar a obrir. A fora el castell, fullejo els volums que estan més ben conservats: novel·letes roses, textos de jardineria, d'animals, biografies de Cliff Richard (és la mateixa, però n'hi ha molts exemplars) i la guia dels impostos 1988-89 del Lloyd's Bank, de dubtosa utilitat deu anys després. Però, sobretot, em crida l'atenció un llibre: *The official guide to Montserrat*, escrit per Jordi Molas i Rifà. La guia del santuari de l'espiritualitat catalana la trobo a primera vista, com si algú l'hagués acabat de remenar. No m'estranya. Deuen trobar la foto de portada molt impactant: una mare de Déu de color negre!

En Màrius Serra va trobar, al número 44 de Lion Street, una col·lecció impressionant de llibres catalans de primers de segle. Era el 1992. Ara, set anys després, no en queda ni rastre. Després de més d'una hora de recerca, enmig de caòtiques piles de llibres, el demano a la dependenta. Per la cara que fa, estic segur que és la primera vegada a la seva vida que algú s'acosta al mostrador i li planteja el concepte *catalan books*.

A l'apartat «Spanish», només m'apareixen tres llibres en català: una traducció de Josep Maria de Sagarra de *La tempestat*, de Shakespeare; una obra del servei d'estudis de Banca Catalana, d'un títol tan suggeridor com *Mallorca: una introducció a la seva economia*; i un Charlie Brown, *L'autobús sempre ve tard*. La selecció d'obres és, com a mínim, peculiar.

En castellà, el primer llibre de tota la fila es titula *Discursos y escritos*, i és obra de l'expresident del govern franquista, Luis Carrero Blanco. L'exemplar que tinc a les mans havia format part del fons bibliogràfic de la Universitat Politècnica de Sheffield (Anglaterra). Aquí es ven per cinc lliures, una mica menys de 1.300 pessetes. Al costat de l'obra de Carrero Blanco, hi ha aparegut una altra rampoina feixista de la Politècnica de Sheffield: *Procuradores en Cortes 1943-1976*, amb la biografia de tots els que participaven en la pantomima parlamentària del règim franquista.

Torno a l'hotel, intrigat per descobrir quines estranyes connexions devia mantenir el franquisme amb la universitat d'una ciutat obrera del nord d'Anglaterra. No m'imagino els mateixos treballadors de Sheffield que sortien a la pel·lícula *Full Monty*, concentrant-se a la plaça per aclamar un dictador estranger, amb crits de *Freincou! Freincou! Freincou!*

Arribo a l'habitació amb ganes d'una dutxa per treure'm de sobre la calor enganxosa d'avui, a Hay-on-Wye, i tota la porqueria dels centenars de llibres que he remenat. Quan veig el bany, sospito que tindrem problemes. Al terra, hi ha moqueta, la tapa del vàter és de fusta (els britànics hi tenen molta tirada: tant posen fusta aquí, com a l'interior d'un Jaguar) i, igual que a tantes cases d'aquest país, a la banyera tradicional, hi han afegit un telèfon de dutxa. Però en aquest cas, amb una sensible diferència: el sostre és tan baix, que m'he de dutxar agenollat, en una posició absolutament ridícula. La humiliació ja és total quan engego l'aigua. Baixa un rajolí amb tan poca pressió, que no mulla; només m'esquitxa.

Acabo sortint de la banyera indignat i sec, més sec que qualsevol dels llibres esgrogueïts que he fullejat, fa unes hores, als carrers de Hay-on-Wye.

4. Anglesey, «le da mucho gusto a uno»

Quart dia de la volta a Gran Bretanya en *bed&breakfast*. Avui ens espera un viatge llarg. Ens toca travessar tot el País de Gal·les, de sud a nord, fins a la illa d'Anglesey. No hi ha autopistes, ni autovies; només carreteres estretes que ens eternitzen el trajecte. Segons l'ordinador, tardarem quatre hores i set minuts per recórrer només 264 quilòmetres. Aquesta vegada, la màquina s'equivocarà. Encara no és prou intel·ligent, per detectar la intensitat de trànsit de l'últim divendres del mes de juliol del 1999.

A Anglesey, aquest cap de setmana s'inaugura l'Eisteddfod, el festival anual de la cultura gal·lesa, que atrau desenes de milers de persones a l'illa. Tenim veritables problemes per trobar allotjament. No hi ha ni una habitació enlloc, per a aquesta nit. Sort de la mestressa de l'últim *bed&breakfast* que ens quedava per trucar. També ho té ple, però ens posa en contacte amb una veïna seva, que té una granja i lloga habitacions. Li diem que sí a l'instant, sense fer cap de les preguntes habituals: el vàter és compartit? Té dutxa? El llit és de matrimoni? Ja ens ho trobarem.

Viatjar a l'estiu té el mateix inconvenient que agafar el metro a les vuit del matí: és quan ho fa tothom. Els últims dies es nota que estem a punt d'entrar al fatídic mes d'agost, perquè cada vegada trobem a la carretera més autocars de turistes. Ara mateix, en portem un d'italià al davant, que ens està amargant el matí. Fa mitja hora de rellotge que intento avançar-lo i em sembla que ja em sé de memòria la matrícula, el número de telèfon, el fax i, fins i tot, el correu electrònic, que apareixen impresos a la part posterior del vehicle.

Només em puc imaginar una cosa pitjor que anar darrere d'aquest autocar: anar-hi a dins, en un viatge organitzat. Per a nosaltres, el millor refugi contra les multituds és el cotxe, que aquest estiu s'ha convertit en la nostra casa ambulant (i amb volant, he, he!). És on ens sentim més protegits. Quan hi entrem, ens aïllem completament del món exterior. Només la Núria i jo, escoltant música, imaginant què faríem a Barcelona o pensant títols per al llibre. Avui, precisament, n'he dit un –*Els veïns de dalt*– que ens agrada més que *Tres mesos i un dia*, el que se'ns va ocórrer pujant al Cap Nord. Sona bé, *Els veïns de dalt*.

Mentre a Catalunya cuinem paelles gegants per sortir al *Guiness*, els gal·lesos s'inventen topònims, amb la mateixa finalitat. No tenen vergonya. Hem parat a dinar a Fairboune, un poble costaner del nord-oest del país, que apareix al llibre *Guiness* dels rècords perquè té l'estació de tren amb el nom més llarg del món.

No es van atrevir amb l'estació principal del ferrocarril; van triar una parada del trenet turístic que recorre la costa (antigament un tren de vapor que transportava carbó) i la van rebatejar amb un nom de pronunciació impossible: Gorsafawddachaidraigodanheddogleddollonpenrhynareurdraethceredigion, que en català (com ja deveu haver endevinat) vol dir: «L'estació de Mawddach amb les seves dents de drac, a la carretera del nord de Penrhyn, a la platja daurada de la badia de Cardigan». Ara que ja sé la trampa, trobo que encara es van quedar curts. Podien haver seguit: «L'estació de Mawddach amb les seves dents de drac, a la carretera del nord de Penrhyn, a la platja daurada de la badia de Cardigan, dins de tot el que seria la costa oest del País de Gal·les, però que pertany al Regne Unit de Gran Bretanya i Irlanda del Nord, que és membre de la Unió Europea d'aquella manera, i que forma part d'un món cada vegada més trastocat, on destaca la gent que perd el temps fent noms estúpids, com aquest que ara mateix acabeu de llegir. Gràcies».

L'estació amb el nom més llarg del món no té ni edifici ni empleats. Tampoc hi baixa mai ningú. Només veig que s'hi acosten uns quants turistes (com nosaltres) per fer-se la foto al costat d'un rètol de fusta, clavat amb dos pals a terra, on es poden llegir les 66 lletres, una darrere l'altre. A l'estació principal de Fairboune, sí que hi trobo un vigilant. Està entusiasmat amb les repercussions que l'invent del *Guiness* ha tingut sobre el poble: «fins i tot, un dia va venir la televisió japonesa». On és el mèrit? A tot el món en trobes, de japonesos amb càmera!

Però el millor cartell del poble el descobreixo penjat a la paret del pub on dinem: «Si necessites vasos, no t'emportis els nostres. Truca a Eric Neville; té tot el que estàs buscant». El cartell és doblement enginyós: evita robatoris al pub i promociona el comerç local. Aquest sí que es mereixeria ser al *Guiness*.

I és que la idea de Fairboune d'inventar-se una denominació tan llarga per a l'estació de tren no és ni tan sols original. És un intent de competir amb la fama adquirida per un poble de 1.500 habitants de l'illa d'Anglesey, que es va rebatejar, a finals del segle XIX, amb un nom de 53 lletres: Llanfairpwllgwyngyllgogerychwyrndrobwllllantysiliogogogoch, que en català significa: «l'església de Santa Maria a la fondalada dels avellaners blancs prop d'un remolí ràpid i l'església de Sant Tisil, a la vora de la cova vermella».

Aquí cada any hi arriben mig milió de turistes, amb l'únic reclam de visitar el poble que té el nom més llarg d'Europa (un de Nova Zelanda, li ha pres el títol mundial). Nosaltres hi parem a mitja tarda, amb el temps just d'entrar a l'Oficina de Turisme i parlar amb l'encarregada, una senyora d'uns cinquanta anys.

–Pensi que aquí ningú diu tot aquest nom per referir-se al poble. Tenim una forma abreviada, que és Llanfairpwllgwyngyll.

Em tranquil·litza enormement saber que el diminutiu *només* té onze consonants seguides. El que ja no sé és què pensaria aquesta dona si se li ocorregués demanar-me el cognom.

Segur que si Cervantes hagués situat aquí l'acció d'*El Quixot*, el començament del llibre no hauria canviat gaire: «En un lugar de Gales de cuyo nombre no quiero acordarme...».

La iaia de la núvia roba entrepans

L'esport nacional del País de Gal·les és el rugbi, però, a Anglesey, la proximitat amb el nord d'Anglaterra decanta la balança a favor del futbol. Ho hem comprovat només d'arribar a la granja on dormirem avui. Primer, ha sortit a rebre'ns la dona, però quan hem dit que érem de Barcelona han aparegut el marit i els quatre fills adolescents, i han improvisat una tertúlia esportiva, que la Núria em sembla que és l'últim que desitjava, després de tot un dia a la carretera.

Volen parlar del Barça i d'alguns gal·lesos il·lustres relacionats amb el futbol espanyol, com ara Mark Hugues o John Benjamin Toshack. La família està dividida entre els que són del Liverpool i els del Manchester United. De seguida, veig que no és l'únic motiu de discussió; als fills no els agrada que la seva mare llogui un parell d'habitacions per treure's un sobresou i ho manifesten posant la música a un volum eixordador. La dona renya els nois amb una mà i amb l'altra es disculpa amb els clients.

La decoració de la nostra habitació és espectacular: el cobrellit de seda rosa, coixins brodats de flors i tocador amb pots de color pastel. La Núria està convençuda que és l'habitació de matrimoni que van estrenar quan es van casar, fa vint anys. Ara se'n deuen haver fet una de nova i han deixat la vella per als hostes.

Avui també és el primer dia que no tenim bany a l'habitació. Hem de travessar un passadís emmoquetat on, a l'esquerra, dormen els pares i a la dreta, els fills. Noto que som en una granja quan m'assec al vàter i, a través de la finestra, veig una gallina, a baix al pati, que em mira amb cara d'estranyada. Deu ser que la meva cara no li resulta gaire familiar.

Només hi ha uns altres clients al *bed&breakfast*. Són una parella de vuitanta anys, amb qui compartim l'esmorzar. Llàstima que les vuit del matí no sigui la meva millor hora per fer nous amics. Necessito despertar-me lentament, sense que ningú m'atabali durant una llarga estona.

Tant ells com nosaltres esmorzem en silenci i ens mirem de reüll, com si ens controléssim els moviments. La senyora s'ha preparat un entrepà i aprofita un moment que fem veure que no l'observem per posar-se'l a la bossa. Al final, l'home decideix trencar el gel:

–Perdonin la pregunta: fa estona que els escoltem amb la meva senyora i no sabem d'on són. Quin idioma parlen, vostès?

Li canvia la cara quan sent que som catalans. David Williams i la seva esposa són una d'aquelles parelles de jubilats anglesos que passen llargues temporades a la Costa del Sol. Dos cops l'any fugen del mal temps de Manchester i s'instal·len unes quantes setmanes a Andalusia, entre Benalmádena i Torremolinos. Per això ell parla castellà, amb un accent que faria les delícies de qualsevol humorista i que comença a alegrar-me el matí.

L'esmorzar s'anima. L'home m'explica els seus records d'Espanya i jo, el projecte de llibre sobre Europa. Fins i tot, li tradueixo el títol a l'anglès: *The neighbours from above*. No sé per què, però em sembla que sona millor en català. La senyora Williams no gosa interrompre la conversa, però ja fa estona que mira el rellotge. És com si tingués pressa per alguna cosa.

–El casament és a la una, David –diu, amb un fil de veu.

A veure si encara seran ells els que es casen, i nosaltres aquí espatllant-los l'últim esmorzar de solters! Sort que abans que faci qualsevol comentari inoportú, l'home m'aclareix que fa 58 anys que es van casar i que la boda d'avui és la de la seva néta. Ja em quedo més tranquil. Ara només pateixo per l'entrepà que ha agafat abans la dona. Què passa, que té por de quedar-se amb gana?

Un guia que fa cara de bon nen

Em temo que el casament de la néta dels Williams passarà desapercebut. Avui, a Anglesey, tothom parla de la inauguració de l'Eisteddfod, la festa nacional de la cultura gal·lesa, que per primera vegada en molt temps se celebra en aquesta illa. En una setmana, s'espera que 170.000 persones visitin el festival. Són els únics dies de l'any que el 20 % d'habitants, que tenen el gal·lès com a llengua mare, es reuneixen i poden viure tot el dia en el seu idioma, sense haver de canviar a l'anglès, perquè algú no els entén.

Els propietaris de la granja ens han recomanat arribar d'hora a l'Eisteddfod per no trobar aglomeracions. Abans de marxar, parem a la gasolinera del poble. No em crec el que estic veient.

Acaba de sortir un empleat de la botiga a omplir-nos el dipòsit! En 52 dies de viatge per Europa, és la primera vegada que ens hi trobem. L'aplaudiria si no fos perquè m'estimo més demanar-li que em miri el nivell de l'oli. Tal com em temia, estàvem a les últimes. N'hi ha cabut tota una llauna d'un litre. Què hauria passat si no ens arribem a trobar aquest home? Tot un país celebrant la festa nacional i nosaltres dos, al marge d'una carretera qualsevol, traient fum pel motor i esperant que se'ns aparegués algun mecànic de guàrdia. Millor no pensar-hi.

Ara ja som a l'entrada de l'Eisteddfod, que és com el Doctor Music d'Escalarre, però en versió folklòrica gal·lesa. Grans extensions de prats, ocupats durant una setmana per carpes, estands i escenaris, per on passen les principals manifestacions artístiques del país: música, dansa, teatre, literatura i arts plàstiques. A la porta, ensenyo el carnet de periodista i ens posen un acompanyant a la nostra disposició.

Són les dotze del migdia i, en aquesta esplanada, hi bat un sol impressionant. No m'estranyaria que passéssim dels trenta graus. Tothom va vestit d'estiu, menys una sola persona: el nostre guia. Ens apareix amb camisa de llana de màniga llarga, corbata i una caçadora beix, que s'ha cordat d'una manera totalment desmanegada. D'un costat, se li enfila fins a mitja barba i, de l'altre, amb prou feines li tapa l'espatlla. Ara veig que això de l'acompanyant no és cap favor. Al contrari, deu ser un càstig. Em puc imaginar com ha anat la conversa: «Un periodista estranger? Envieu-li en Goodchild».

Així es diu el guia, Mihangel Goodchild, que en català significa «bon nen». La veritat és que ja en fa cara. Podria ser perfectament el capellà del festival. Porta els cabells blancs clenxinats amb colònia i unes ulleres rectangulars de grans dimensions, amb la conxa daurada i els vidres enllapissats. De tant en tant, es treu un mocador arrugat de la butxaca dels pantalons i s'eixuga la suor del front.

La Núria fa estona que, amb senyals ostensibles, m'indica que marxem. Em sembla que ja sé per què. Les paraules surten de la boca d'en Goodchild acompanyades de freqüents dosis de saliva, que escampa en totes les direccions. Potser és culpa d'aquest castellà arcaic que parla l'home: «*Aquí acontece una competición para ver quien tañe mejor los instrumentos. Mejor aguardamos fuera*». A aquest pas, necessitarem un altre traductor simultani per seguir les seves explicacions.

El centre del festival és una carpa amb capacitat per a 3.500 persones, que en Goodchild defineix com «la catedral de la cultura gal·lesa». Al seu voltant, hi ha altres pavellons més petits i centenars d'estands, que mostren la vida associativa del país, des d'universitats, moviments religiosos, organitzacions caritatives o el centre de promoció de l'idioma gal·lès, la llengua no anglesa que té més bona salut a la Gran Bretanya. L'Eisteddfod és una visita obligada per als polítics, especialment des que el País de Gal·les va votar a favor de la *devolution*, el 1997, i acaba d'estrenar assemblea nacional.

Mentre passegem pel festival, en Goodchild em fa notar les arrels llatines de l'idioma gal·lès, perfectament visibles en paraules com *pont*, que s'escriu igual que en català, *perygl* per 'perill' o *egwlys* per 'església'. El guia també m'ensenya alguns secrets de la pronunciació del gal·lès. La *ll*, per exemple, que és tan habitual en aquell idioma, diu que l'he de fer portant la llengua al paladar i, al mateix temps, expulsant l'aire pels costats.

No sé què semblem, en Goodchild i jo, cara a cara, fent sons estranys i tirant-nos capellans, i la Núria gravant-nos en vídeo. Ens agafa un atac de riure a tots dos, que el recordarem fins que al setembre arribem a Barcelona.

Ell, mentrestant, ens continua passejant orgullós i explicant a tothom que aquest noi (o sigui, jo) és un periodista català. La majoria fa cara de dir: «ah, molt bé, i...?», fins que arribem a l'estand de l'únic setmanari que s'edita íntegrament en gallès. Allà, el director em dóna la mà, treu un bloc i comença a metrallar-me amb preguntes: per què he triat el País de Gal·les? Per què l'Eisteddfod? Quina impressió n'he tret? Quins paral·lelismes es poden establir amb Catalunya? Com es titularà el llibre?

Després d'haver-me passat tot el viatge preguntant, és una sensació estranya no ser jo qui faci l'entrevista. Al final de la conversa, el mateix director ens fotografia, a mi i a la Núria, llegint el *Ycymro*, un periòdic que es va fundar el 1932 i del qual distribueixen 5.000 exemplars cada setmana entre els tres milions de gal·lesos. Diu que la publicarà a la pròxima edició i que ja ens n'enviarà un exemplar a casa.

Al cap d'un parell d'hores de visita, marxem del festival amb la sensació que ens hem alegrat mútuament el matí amb en Goodchild. Ell se'n recordarà uns quants dies, del periodista català que va acompanyar per l'Eisteddfod, i nosaltres riurem cada nit que el tornem a veure en vídeo, pronunciant una frase desconcertant: «*Estar con ustedes le da mucho gusto a uno*».

5. A Edimburg, a casa dels Simpson

L'estiu és època de casaments a tot Europa. Recordo haver-ne trobat uns quants, generalment el dissabte, en ciutats com Mòdena, Rovaniemi o Aquisgrà. Però enlloc havia vist tantes parelles de nuvis com aquest diumenge a Gretna, el primer poble d'Escòcia que apareix després de travessar la frontera amb Anglaterra. Amb només 3.000 habitants, Gretna s'ha convertit en la rèplica britànica de Las Vegas, des que al segle XVIII les parelles angleses que no tenien autorització paterna s'hi escapaven a casar-se furtivament.

Vaig estar a Gretna el 1993 per escriure un reportatge per al dominical d'*El Periódico* i ara m'ha fet gràcia parar-hi, camí d'Edimburg, per saber si des d'aleshores el poble ha canviat. Com l'altra vegada, avui també plou. Així que aparco el cotxe, la primera persona que em trobo és un dels que vaig entrevistar, ara fa sis anys. Està igual: esprimatxat, amb barba blanca i les mateixes ulleres de pasta negres. Em fa il·lusió veure una cara coneguda a tants quilòmetres de distància. No es pot dir el mateix d'ell. No recorda haver-me vist mai a la seva vida.

Des del 1983, Jim Jackson es guanya la vida oficiant *falsos* casaments, a la casa original del ferrer de Gretna. Ara es veu que és tota una celebritat a la Gran Bretanya, gràcies a una sèrie documental de sis capítols que la BBC va dedicar aquest hivern a Gretna. «Qui m'ho havia de dir! Ara vaig pel carrer firmant autògrafs.» L'emissió de la sèrie també ha fet augmentar les peticions per celebrar matrimonis al poble. «Comptant una noia de Kènia, que va venir ahir, ja he casat gent de 78 països diferents.»

Tot i que diumenge és el dia més fluix a Gretna, perquè el Registre Civil està tancat, en poc més d'una hora enganxem nou matrimonis religiosos. A l'aparcament de casa del ferrer, hi ha tantes parelles de nuvis que és impossible distingir qui es casa amb qui, a qui pertany aquest Jaguar o amb qui marxarà aquell carruatge, que s'espera uns metres més enllà.

Quan una cerimònia encara no ha acabat, ja sento com el gaiter precedeix l'arribada d'una nova parella. I, aquesta vegada (la que fa nou de la tarda), segur que són escocesos. El nuvi es casa amb faldilla, el tradicional *kilt* de llana, amb l'estampat –o *tartan*– que marca l'adscripció a un clan familiar determinat. Potser quan faci uns quants dies més que sóc a Escòcia, només veient un tros de faldilla, ja podré dir si és un Mackintosh o un MacDonald. El que ignoro és de què em servirà saber-ho.

Hem arribat a Escòcia l'1 d'agost, encara no tres mesos després que s'hagin celebrat les eleccions per constituir un parlament escocès. Van guanyar els laboristes i, en segon lloc, va quedar el Partit Nacional Escocès (SNP), la formació que defensa un referèndum d'autodeterminació. Diuen alguns politòlegs que Escòcia pot ser el pròxim país europeu a obtenir la independència. Si a l'època medieval, els abanderats del nacionalisme eren el rei Robert the Bruce i William *Braveheart* Wallace, ara un dels símbols de l'independentisme és l'actor Sean Connery. A finals del segle XX, val la pena que Hollywood vegi amb bons ulls qualsevol causa.

En aquesta campanya electoral, Connery va fer el seu debut polític en un míting de l'SNP. Cinematogràficament, pot estar tranquil. Té el relleu garantit. Darrere d'ell, puja una generació d'actors joves, capitanejats per Robert Carlyle i Ewan MacGregor, que han revitalitzat la indústria del setè art a Escòcia. El punt d'inflexió el va marcar *Trainspotting*, una història d'heroïnòmans i perdedors, ambientada en un suburbi d'Edimburg.

La ciutat ens rep, a última hora de la tarda de diumenge, amb fred, boira i un gaiter palplantat a Princess Street, que diria que està tocant la mateixa melodia que el de Gretna. Els vianants l'ignoren. Fan com si allà no hi hagués ningú. Tots caminen de pressa i amb cara de preocupació. És una imatge que fins ara he vist repetida a totes les ciutats d'Europa on hem estat. Al final, resultarà que un dels pocs elements que ens uneixen, als europeus, és el posat d'amargats que fem quan anem pel carrer. En persones adultes, mai ni una cara afable ni riallera. No fos cas que algú es pensés que estem contents.

I això que els poc més de 400.000 habitants d'Edimburg es podrien considerar uns privilegiats. Viuen en una ciutat elegant, refinada i culta, que ha estat considerada unànimement com una de les més atractives d'Europa. Fins i tot, el barri dels afores on hem reservat el *bed&breakfast* d'avui és d'una estètica impecable, ple de casetes victorianes, amb jardí particular.

Però amb nosaltres, se'ls acaba la tranquil·litat. Arriba el moment de preparar la bossa amb la roba de l'endemà. És una operació que hem repetit mecànicament des del primer dia, però que crida l'atenció dels que no l'han vist mai, sobretot quan la fem al mig del carrer.

Primer, baixem la maleta de la Núria a terra. Com sempre, s'ha endut roba per donar la volta al món tres vegades. Són els únics moments que la meva maleta (que ha estat tot el viatge a sota de l'altra) pot respirar i treure's un pes de sobre. El pas següent és que cadascú obri el seu equipatge i en tregui els «conjunts» per demà. No és una decisió fàcil. Primer, pel temps, que sempre és una incògnita, i segon, pel nostre estat d'ànim (que també és difícil de predir).

Jo mateix no sé si d'aquí a unes hores em llevaré amb ganes de posar-me un altre cop els calçotets de color blau elèctric de Viena, que ara acabo de treure del fons de la maleta. Noto, això sí, que la gent que passa per aquest carrer d'Edimburg se'ls mira amb una certa admiració. «No m'estranya», diu la Núria, «amb el bon gust que tenen els britànics...».

Avui dormim a casa dels Simpson. No són de color groc, però també semblen una família de dibuixos animats. En Jimmy és un jubilat de galtes vermelloses que es passa el dia rentant plats a la cuina, mentre la Isabel es passeja pertot arreu amb un gosset en braços. El seu deu ser l'únic *bed&breakfast* que no té ni un pam de moqueta a terra. Després de tants dies a la Gran Bretanya, agraeixo profundament haver trobat una casa amb parquet i amb una decoració austera, sense cortines estampades, ni parets folrades amb roba de flors.

En Jimmy s'eixuga les mans amb un drap i surt al rebedor per informar-nos que l'any passat va estar a la Costa del Sol jugant a golf. Com si no hi haguessin camps a Escòcia! Només a Edimburg, n'hi ha més de trenta. Això explica la imatge insòlita que veurem demà al matí: un noi esperant l'autobús amb els pals de golf a la mà. Quina diferència amb Catalunya! No crec que ningú que practiqui el golf tingui entre els seus projectes més immediats pujar a cap transport públic.

Per a aquesta nit, la Isabel ens recomana que anem a sopar a Grassmarket, un carrer de pubs i restaurants de sota el castell d'Edimburg. Demà al matí, a l'hora d'esmorzar, ja em tindrà a punt el que li he demanat: el número de telèfon del concessionari Audi de la ciutat.

Me'l deixa al costat del plat del meló i del pomelo, amb un mòbil a sota perquè hi truqui immediatament. Explico el mateix que unes setmanes enrere a Maastricht: que estic viatjant per Europa, que no puc planificar on seré d'aquí a una setmana i que necessitaria que em fessin la revisió del cotxe amb la màxima urgència possible. Aquesta vegada, hi afegeixo que sóc periodista, per si pot servir d'alguna cosa. A l'altra banda del telèfon, una veu femenina molt amable diu que per ella és un plaer poder-me donar hora per al dia 12 d'agost. Per ella, deu ser un plaer, però per mi és una putada! Què volen que faci deu dies a casa dels Simpson, per més bé que s'hi dormi?

En Jimmy, que ha sentit tota la conversa mentre rentava plats a la cuina (no sé qui els embruta, si nosaltres som els únics clients), ens proposa una solució. Un dels seus fills és mecànic i té un taller a l'altra punta de la ciutat, el Simpson Garage. El nom no inspira gaire credibilitat, però no crec que estiguem en condicions de dir que no a una oportunitat com aquesta. A més, l'home s'ha ofert a acompanyar-nos.

En cinc minuts, ens posem en marxa. Ell, a davant, tocant de cap al sostre d'un Mini, i nosaltres al darrere, perseguint-lo pels carrers d'Edimburg perquè no se'ns escapi. Sembla que estiguem rodant un capítol de Mister Bean! Quan arribem, ens presenta el seu fill i marxa una altra vegada escopetejat amb el Mini. D'aquí a cinc minuts, li toca anar a buscar una néta i portar-la a classes de ball. El que fan els avis a tot Europa.

Nosaltres deixem el cotxe en mans d'en Simpson fill (afortunadament, no es diu Burt) i ens esperem asseguts en una barana, de fora el carrer. Hem passejat pel barri i no hem trobat ni un bar (bar Simpson?) ni tan sols cap botiga on matar el temps. Al cap d'un moment, s'atura un senyor de mitjana edat i ens demana d'on som. Li contesto que de Barcelona, «Catalonia», confiant que els escocesos siguin gent sensible a aquestes qüestions d'identitat. Efectivament. L'home reprèn el seu camí i es disculpa per no parlar francès! No em dóna ni l'opció de contestar-li que em sap molt greu ser a Escòcia i no poder dir ni quatre paraules en alemany.

Recordo haver llegit una anècdota relacionada amb el que ens acaba de passar. Una vegada, el Partit Nacional Escocès va invitar delegats de Catalunya i Euskadi a un dels seus mítings. En el moment de pujar a l'estrada, i entre els aplaudiments del públic, la banda va tenir la deferència de començar a tocar les *oportunes* notes del *Que viva España*.

6. Speyside, tota la casa per a nosaltres

Ni en el millor hotel de cinc estrelles hauríem trobat el servei de Cal Simpson. S'han preocupat de buscar el número de telèfon de la casa Audi, de deixar-nos el mòbil per trucar-hi i, quan tot això ha fallat, ens han proposat com a alternativa acompanyar-nos al taller mecànic del seu fill. En un hotel, ens haurien facilitat les pàgines grogues d'Edimburg, i encara gràcies.

És clar que allà només som uns clients i aquí, en un *bed&-breakfast*, em sento tractat com una persona. Fins i tot, a vegades, m'arribo a oblidar que paguem per dormir-hi. És com si els propietaris fossin uns parents llunyans, o uns amics d'un amic, que ens deixen passar la nit a casa seva i al matí, a primera hora, ja ens tenen l'esmorzar a punt.

Per un moment, em ve al cap aquell mastodòntic hotel de 700 habitacions de Londres. Tot just fa una setmana que hi dormíem, però em sembla com si ja hagués passat un mes. En aquest viatge, cada història enterra l'anterior, i a vegades el present és tan bo que és impossible recordar què fèiem ahir.

Avui ens toca pujar fins a Speyside, una zona del nord d'Escòcia al voltant del riu Spey, que concentra gairebé la meitat de la producció de whisky del país. És un terreny muntanyós, i antigament de difícil accés, ideal per a les destil·leries il·legals que, al segle XVIII, volien evitar el pagament d'impostos. Pel camí, un cartell que anuncia la marca White&Mackay ens indica que anem en la direcció correcta. El text és magnífic: «Els anglesos diuen que els escocesos hi entenem molt, de whisky. Com a mínim, hi ha una cosa en què podem estar d'acord».

Els *veïns de baix* també haurien de reconèixer la bellesa dels paisatges escocesos. Hi ha tanta herba a tot arreu, que sembla com si les muntanyes estiguessin folrades de color verd. A banda i banda de la carretera, centenars d'ovelles i vaques pasturen amb tota la parsimònia del món. M'estranya que, amb tants caps de bestiar oví com tenen, fossin els escocesos els que es dediquessin a clonar la Dolly. No sé per què en volen més, la veritat.

L'única herba que respecten els animals és la dels camps de golf. Apareixen quan menys t'ho esperes, als peus d'una muntanya, al costat d'un llac, però sempre en escenaris paradisíacs. Em temo que si visqués aquí el primer que faria seria apuntar-me a un curset d'aquest esport. Per als escocesos, deu ser una manera de sentir-se una part –ni que sigui molt minúscula– del paisatge del seu país.

Ja fa unes quantes hores que anem amb cotxe i hauríem d'anar trobant un lloc per dormir. Faig algunes trucades des d'una cabina de telèfons, perquè el mòbil s'ha quedat sense cobertura. En surto amb una habitació a la pensió de la Rita Marks, al poblet de Tomnavoulin. M'ha dit que avui serem els seus únics clients.

És una casa molt petita, a peu de carretera. Tan sols sentir el soroll del cotxe, ens surten a rebre un gat i una senyora de cabells estarrufats. Ella camina descalça, només amb uns mitjons negres d'home, que li van deu talles grans. El primer que fa és disculpar-se perquè no ens podrà donar sopar. Com que a mitja tarda no tenia ningú a dormir, ha trucat a la seva germana i han quedat per sortir a menjar a fora. «Aquí teniu la clau de la porta», ens diu.

Se'm fa difícil entendre tantes confiances. Acabem d'arribar, aquesta dona no ens coneix de res, no sap ni com ens diem, i ens deixarà sols, amb tota la casa per a nosaltres. Podríem robar-li el que volguéssim en mitja hora i anar-nos-en a dormir a un altre *bed&breakfast*. Però ella sap que no ho farem. Ha vist que portem el cotxe tan atapeït, que no ens hi cabria ni el cendrer del rebedor.

Per no estar-nos sols amb el gat, sortim a estirar les cames. De seguida, trobem un pagès que ens dóna la mà i ens demana on dormim aquella nit. Quan sap que és a casa de la senyora Rita, se li escapa un somriure foteta: «Ui, ara és molt famosa! Aquesta setmana surt a la portada del diari local». Es veu que la nostra mestressa es queixa de la caiguda del turisme al nord d'Escòcia, per culpa del preu de la gasolina i del canvi altíssim de la lliura esterlina. Penso demanar el diari *The Northern Scot* allà on anem a sopar. L'home m'avisa que el pub que tenim més a prop és a quatre milles.

Aquestes distàncies em sonen com si ara mateix estiguéssim a la fi del món.

A mitjanit, ja tornem a ser a casa. Encara hem arribat deu minuts abans que la mestressa, el temps just per xafardejar la dotzena de fotos familiars que tenim a l'habitació. No sé què hi fan aquí, tots aquests marcs. Tractant-se dels seus parents, no seria més lògic que els tingués a la seva tauleta de nit, que no pas a la nostra?

De fet, les habitacions estan paret per paret. Nosaltres la sentim com estossega, cosa que deu voler dir que ella també ens pot sentir a nosaltres. Ho entenem com una invitació a l'autocontenció, bé sigui per la via de l'omissió, bé per la via del silenci. Ja veurem quina opció triem.

L'esmorzar que es crema

Res no ha canviat. La senyora se'n va anar a dormir expectorant, s'hi ha passat tota la nit i ara, que està preparant-nos l'esmorzar, continua estossegant sense parar. Només quan es posa un cigarret a la boca sembla que li calmi la tos. El matí no deu ser la seva millor hora. Tot el que se li podia cremar, se li ha cremat: les torrades, les salsitxes i el bacon. I tot per despistada, perquè vol controlar mil coses al mateix temps. El fum que hi ha en aquesta cuina fa que, cada dos per tres, se li dispari l'alarma antiincendis. Desesperada, ho soluciona traient les piles del detector de fums, i demanant-nos el que ella no té: una mica més de paciència.

Esmorzem tots tres junts i ens posem a parlar de la crisi del turisme. Em sorprèn que entengui perfectament aquesta senyora. No té aquell accent escocès que aquests últims dies m'està posant nerviós. Al pagès d'ahir, per exemple, li havia de fer repetir tot, perquè a la primera no en caçava ni una.

No és que la meva orella s'hagi acostumat al deix escocès, sinó que, en el cas de Rita Marks, hi ha una mica de trampa. Va néixer a Escòcia, però de molt petita se'n va anar amb els seus pares a Anglaterra. Ja no va tornar fins fa dotze anys, quan amb el seu marit (ara ja mort) van comprar aquesta caseta a Tomnavoulin i la van convertir en un *bed&breakfast* de tres habitacions. Es queixa, però, que ha trobat una Escòcia molt diferent: «amb tanta explosió nacionalista, he d'anar demanant disculpes pel meu accent anglès, i explicant a tothom que vaig néixer aquí».

A Rita Marks no li faria cap gràcia que en un futur aquest país pogués ser independent. «Ja tenim un parlament escocès i no serveix per a res. Encara no han fet cap llei. Els polítics d'aquí s'estimen més dir que Anglaterra té la culpa de tot.» No sé per què, però aquests arguments em resulten molt familiars; com si els hagués sentit abans, en un algun altre lloc. No cal que li digui a on. Ja s'avança ella, mentre fa l'últim glop del cafè amb llet: «els nacionalistes sempre posen Catalunya d'exemple». Fins i tot, la construcció del nou edifici del Parlament escocès a Edimburg està en mans d'Enric Miralles, un arquitecte català.

Li proposo que canviem de tema i que parlem del whisky, a veure si això ens posa d'acord. El seu malta preferit és el Macallan, perquè és l'únic que encara el fan envellir en bótes de xerès espanyol, i això es veu que li dóna una suavitat i una elegància molt especial. Aquí no ens podem discutir, perquè no sé què contestar-li.

Aquests dies estic provant un whisky diferent a cada àpat i amb prou feines m'atreveixo a dir si m'agrada o no m'agrada. Això sí, me n'he apuntat un que no coneixia –el Laphroaig– per veure si el trobo quan torni a Barcelona. És un malta de l'illa d'Islay que em van deixar tastar en un pub d'Edimburg, i que té un gust tan fort a fumat que em sembla que m'hi he quedat enganxat.

Abans de marxar, Rita Marks ens avisa que totes les destil·leries venen les ampolles més cares que a qualsevol botiga de Catalunya. Li fem cas; en visitem dues (The Glenlivet i Glenfiddich), però no hi comprem res. Només ens prenem la copa que ofereixen gratis, després del recorregut per les instal·lacions.

Hem après que whisky ve del gaèlic *usquebaugh*, que significa «aigua de la vida». Deu ser veritat. Aquests dies aquí a Escòcia, ens els bevem com si fos aigua. Avui mateix, ja en portem dues copes, i encara no són ni les dotze del migdia.

7. El monstre (d'habitació) del llac Ness

Hi ha una norma no escrita, ni tan sols existent (de fet, me l'acabo d'inventar, ara), que diu que has de desconfiar d'un *bed-&breakfast* quan ni ells mateixos saben escriure's el signe &. Això és el que he vist al rètol exterior de casa de la senyora Frances Jamieson, a la carretera d'Inverness a Fort William. Entre les dues paraules, només hi han sabut pintar un signe + per cobrir l'expedient.

El problema és que la senyora Jamieson disposa de la que deu ser l'única habitació lliure, en 50 quilòmetres a la rodona del llac Ness. Potser hem parat a una dotzena de cases i, a tot arreu, la mateixa resposta: «*sorry, we're fully booked*» («ho sento, està tot reservat»). Ni tan sols ens han pogut oferir el telèfon d'alguna amiga o veïna, tal com ens va passar al País de Gal·les. En la majoria de casos, a més, ens han donat molt poques esperances de poder dormir aquest 4 d'agost, a prop d'Inverness, la capital dels Highlands i un dels punts de màxima concentració turística de tot el país.

I això que el dia havia començat bé, fent la ruta del whisky, enmig de camps d'ordi, i poblets amb noms tan associats a la sobretaula, com ara Knockando, on es produeix el malta homònim i també el Cardhu, un altre dels més populars a Catalunya. M'ha impressionat veure com les cases i els arbres més propers a les destil·leries de whisky es van tornant de color negre, per efecte de l'evaporació de l'alcohol. No havia sentit a parlar mai d'aquest fenomen, que els escocesos han batejat com «la part dels àngels», el 2 % anual que desapareix misteriosament de cada bóta. És com per deixar-lo envellir durant cinquanta anys, tornar i veure que algú se l'ha begut tot!

Havíem previst dedicar la tarda a esperar pacientment que sortís el monstre del llac Ness. Al final, ens l'hem hagut de passar sencera buscant un lloc per anar a dormir. Seria una llàstima que justament avui que estem tan atrafegats hagués aparegut el popular Nessie. Des del segle VI hi ha gent que assegura haver-lo vist traient el cap, cosa que ha atret milions de persones cap a aquesta zona d'Escòcia. Fins i tot, un fotògraf deia haver-ne captat una hipotètica imatge al 1933. Al final, es va descobrir que havia sigut objecte de la broma d'una colla de joves, que van fer aparèixer de sota l'aigua una serp de mentida.

Quan arribem a casa de la senyora Jamieson són tres quarts de nou del vespre. Ens obre la porta una dona d'uns setanta anys, amb bata, que té el marit assegut, immòbil, en una butaca del menjador. L'habitació que ens ensenya és depriment; amb prou feines hi cap un llit, una pica i dues cadires. És el tipus de cambra que esperes trobar en una pensió per hores de les Rambles, de Barcelona. Tant a la Núria com a mi ens sembla horrorosa, però ningú gosa dir que no. I si no en trobem cap més? I si avui és el dia que hem d'acabar dormint al cotxe?

Doncs, segons com, potser hauria sigut més divertit. Ens hem passat tota la nit desperts, culpant-nos l'un a l'altre d'estar en aquella hàbitació rònega. Ningú vol admetre que ha sigut decisió seva. I el pitjor, encara no ho sabíem: hem de compartir el vàter amb la família. No puc evitar imaginar-me aquell senyor que he vist en *batín* mirant la tele, assegut a la tassa del vàter, just instants abans que em toqui entrar-hi, a mi.

Decidim (separadament, perquè no ens parlem, encara) activar el nivell 1 de precaucions higièniques. Consisteix a dutxar-se amb xancletes i a forrar (amb triple capa) la tapa del vàter.

Al matí, esmorzem amb una parella australiana que va arribar més tard que nosaltres i que, pel que expliquen, encara els va tocar una habitació pitjor. El seu cas fa més mal de consciència; ahir s'havien passat tot el dia pujant al Ben Nevis, la muntanya més alta d'Escòcia. Després de l'esforç, es mereixien un altre tipus de llit, i nosaltres ens mereixíem un final diferent per a la nostra volta a Gran Bretanya en *bed&breakfast*.

Potser els pròxims dies a Irlanda ens podrem treure el mal gust de boca d'avui. És clar que quan penso en Belfast el primer que em ve al cap no és precisament una gran habitació.

Belfast, pau i especulació

«Avui no puc creure'm les notícies. No puc tancar els ulls i treure-m'ho del cap. Fins quan, fins quan haurem de cantar aquesta cançó?»

U2,
Sunday bloody sunday

El turisme a Belfast encara està sota mínims. És de les poques capitals europees on, perquè ens atenguin a l'Oficina de Turisme, no hem de fer una llarga cua de joves carregats amb motxilles més grans que ells, que busquen una pensió cèntrica i barata, sobretot barata. A Belfast, les empleades sembla que només treballin per nosaltres. Fins i tot, ens conviden a seure per estudiar detingudament a l'ordinador quin *bed&breakfast* (o és *bed&belfast*, aquí?) s'adiu més a les nostres necessitats. Cada vegada que en troben un que els agrada, giren la pantalla i deixen que la Núria i jo consultem directament tota la informació. La prioritat número u d'avui és tenir un bany per a nosaltres sols. Com a casa.

Ens acaben enviant a tres milles del centre, en plena zona residencial de Belfast. Al nostre carrer, moltes cases senyorials tenen a fora al jardí el cartell d'una immobiliària que les acaba de comprar i que està a punt de transformar-les en apartaments. El procés de pau a Irlanda del Nord –estrenat arran de l'acord de Stormont, de Divendres Sant del 1998– ha fet obrir els ulls als inversors privats. Belfast sembla que comença a despertar-se.

L'Ann, la mestressa del nostre *bed&breakfast,* també està disposada a escoltar ofertes per a la seva propietat: «si els polítics no ho espatllen, ara és un bon moment per vendre». El promotor que ha adquirit la casa del costat vetlla la de l'Ann, però no vol parlar-li de preus fins que no sàpiga quants apartaments li deixarà construir el govern municipal. Després de la pau, arriba l'especulació. És un preu que, si visqués a Belfast, pagaria amb molt de gust.

A Irlanda del Nord, han mort més de 3.000 persones des que, a finals de la dècada dels seixanta, van començar els *troubles* (els problemes), que diuen ells eufemísticament. El conflicte politicoreligiós és entre els protestants partidaris de mantenir la unió amb la Gran Bretanya (unionistes) i els catòlics que són favorables a la reunificació de tota l'illa d'Irlanda (nacionalistes).

He llegit que a Belfast són majoria els primers, amb un 60 %, però tinc un problema: quan miro les cares de la gent, sóc absolutament incapaç de dir qui pertany a cada bàndol. Qui sap si les noies de l'Oficina de Turisme són catòliques i la dona del *bed&breakfast*, protestant. O al revés, potser. És possible que siguin enemigues a mort i, fins i tot, que algun parent d'una hagi mort a mans d'un amic de les altres. Honestament, jo les veig totes iguals.

A diferència de Berlín, aquí la divisió de la ciutat no és història. És la realitat que viuen a totes hores els seus 300.000 habitants. He volgut fer la prova agafant dos diaris d'avui: *The Irish Times*, portaveu dels catòlics, i *Belfast Telegraph*, dirigit a la comunitat protestant. Tots dos s'editen a la mateixa ciutat, però sembla que corresponguin a planetes diferents.

Al primer, hi llegeixo una notícia sobre la conferència que Jon Ander Fonseka, portaveu d'Herri Batasuna, va fer ahir a Belfast Oest: «Els bascos parlen un llenguatge familiar de pau», titula el diari. És significatiu que per al nacionalisme escocès el model sigui Catalunya i que, en canvi, Euskadi sigui el referent per als nacionalistes d'Irlanda del Nord. *The Irish Times* també publica a la pàgina 3 la queixa d'un lector catòlic (i valgui la redundància), perquè va anar a visitar una tieta malalta en un centre hospitalari de Belfast, l'Ulster Hospital, i es va trobar que hi onejava la bandera del Regne Unit. El diari es mostra comprensiu amb el seu lector: «com si no fos prou fotut haver d'anar a l'hospital perquè a sobre hagis d'aguantar aquestes ofenses».

Al *Belfast Telegraph*, en canvi, no hi trobo ni una sola línia d'aquestes dues notícies. Sí que explica el cas d'Andrew Peden, un unionista que va patir un atemptat i que necessita la col·laboració de la gent per poder-se pagar dues cames de fibra de carbó, que valen un milió de pessetes cadascuna. El diari facilita el número de compte on els lectors poden fer els seus ingressos. Es tracta de practicar la solidaritat, però només amb aquells que pensen com jo. Això és el que passa a Irlanda del Nord.

El *Belfast Telegraph* tampoc no es fa ressò del *Féile an phobail*, el festival que anualment organitza la comunitat catòlica de Belfast Oest, i que se celebra durant tota aquesta setmana. L'*Irish Times* dedica una pàgina sencera a explicar els actes, entre els quals destaca un concert de Sinnead O'Connor, la xerrada d'Herri Batasuna i una obra de teatre sobre la negra història de la Royal Ulster Constabulary (RUC), la policia nord-irlandesa que és acusada de desviar informació secreta al terrorisme protestant.

Prou. Deixo els dos diaris a sobre la tauleta de nit i sortim a passejar per Belfast. Si ara entrés la mestressa a l'habitació i me'ls veiés, seria capaç de prendre'm per un mediador internacional de l'ONU. En molt poques cases de la ciutat, hi deu haver algú que llegeixi aquests dos diaris alhora. Hi posaria la mà al foc.

La primera nit no ens podem estar d'anar a fer un tomb amb cotxe pels carrers on és més evident la divisió entre catòlics (Falls Road) i protestants (Shankill Road). Són avingudes paral·leles que estan de costat, però que, quan es fa fosc, els tallen la comunicació directa per evitar incidents.

Avui tot sembla tranquil. No es veu la policia per enlloc. A quarts de dotze de la nit, em crida l'atenció que hi ha molts nens sols al carrer i molts adults, a fora els pubs, vestits amb xandalls llampants. A Falls Road, en alguns casos, substitueixen el xandall per la samarreta verda i blanca del Celtic de Glasgow, l'equip catòlic fundat per emigrants irlandesos que van marxar a Escòcia al segle passat.

Cap dels que avui llueixen orgullosos la samarreta del Celtic no em perdonaria que, abans-d'ahir a Escòcia, em passés una hora jugant a futbol amb tres nens que devien tenir dotze anys. Havíem acabat de sopar, encara era clar i em van venir ganes de fer quatre xuts en aquell prat tan verd. Perquè m'hi volguessin, vaig haver-los de dir que jo també era seguidor del Glasgow Rangers, l'equip dels protestants, i rival a mort d'aquests homes que ara em miren la matrícula del cotxe i intenten descobrir si pertanyem a un país dels que consideren amics o no. Llàstima que no tingui a mà l'adhesiu blanc i ovalat dels Països Catalans, que vaig enganxar al Seat 1200 de casa quan em vaig treure el carnet de conduir.

Per avui, em sembla que ja n'hi ha prou de temptar la sort. Demà hi tornarem al matí, amb algú que ens guiï per les principals zones del conflicte. La Núria feia estona que insistia que marxéssim cap a l'habitació. No se'n vol anar mai a dormir sense haver fet els comptes del dia. És una sort que ho porti tot tan meticulosament endreçat. Només té un petit inconvenient: que podem saber amb massa facilitat tot el que ens hem gastat fins ara. Començo a perdre les esperances que trobem algun país, a Europa, on les coses ens semblin bé de preu.

En Tomeu Penya de Belfast

Les converses de taxi són les úniques en què els dos interlocutors no es miren mai a la cara, sinó que fixen la vista en un tercer punt: el mirall retrovisor. Allà coincideixen els ulls de l'un i de l'altre, i se certifiquen mútuament que la comunicació existeix. Aquest matí a Belfast el que busco com un desesperat no són, precisament, els ulls del taxista, sinó la seva boca. Necessito llegir-li als llavis totes les explicacions que ens està donant i que sóc incapaç d'entendre de paraula.

L'accent d'aquest noi és desencoratjador, més encara que el dels escocesos. És com si un anglès que s'ha passat la vida estudiant el català central, aterra per primer cop a Barcelona i el ve a buscar a l'aeroport el cantant mallorquí Tomeu Penya. Tinc exactament aquesta mateixa sensació. Per tant, és possible que entre el que diu el taxista i el que jo transcric hi hagi diferències abismals.

El seu telèfon ens l'ha donat la mestressa del *bed&breakfast*. És un noi d'encara no uns quaranta anys, de religió protestant, però que assegura que viu totalment al marge del conflicte: «El meu fill de deu anys no sap ni què és l'IRA». Només de pujar al taxi ens diu això com a coartada moral per començar a criticar els catòlics: «Em fan gràcia aquesta gent; no volen ser britànics, però s'aprofiten de tot el que els paga el govern de Londres».

El recorregut que hem contractat té un punt de macabre. De tant en tant, el xofer ens assenyala una vorera, un pont o una cruïlla, i ens indica que aquí es va produir tal atemptat, que allà van matar no sé qui i que una mica més enllà és on van estrenar l'última modalitat dels terroristes: disparar a les cames per ferir la víctima sense causar-li la mort. El que fa por són les comissaries de policia. Semblen autèntiques presons, repartides pel mig de la ciutat. Amb els vehicles policials, passa el mateix: són Land Rovers cuirassats, que tenen l'aparença de tancs militars patrullant pels carrers.

L'agost del 1999, la pau sembla tan fràgil que l'atmosfera de guerra encara no ha desaparegut. A les zones de conflicte, tots els objectes de vidre que són susceptibles de ser apedregats, estan coberts amb una reixa metàl·lica: des de les portes i finestres d'edificis públics fins als semàfors i a les càmeres de seguretat que vigilen els carrers.

A la mínima que pot, el taxista escombra cap a casa. Fem la primera parada en un barri protestant, que sembla que estiguin en plena Festa Major. Però es veu que no, que aquesta *decoració* la mantenen tot l'any. Pertot arreu, banderetes britàniques, enganxades en tires que van de punta a punta de carrer. La majoria de cases també fan ostentació pública de les seves tendències unionistes i pengen la *Union Jack* als balcons. Fins i tot, el mobiliari urbà (fanals, bústies de Correus i papereres) està pintat amb els colors vermell, blanc i blau que identifiquen el Regne Unit.

Com que, a primera vista, no hi ha res que diferenciï catòlics de protestants, l'ús (i abús) dels símbols externs deu ser l'única manera que tenen per delimitar els territoris de cadascun. «Doncs, quin horror viure aquí!», diu la Núria.

Entre que no entenc el taxista, i que saltem de barris amb gran facilitat, acabo orientant-me per les banderes (a les zones catòliques, els colors són el verd, el blanc i el taronja) i, sobretot, pels murals pintats a les parets. És un altre detall que em fa pensar en Berlín, en les pintades que encara queden a les restes del mur. A la capital alemanya, els murals solen tenir algun valor artístic; aquí només estan pensats per acovardir l'enemic i qualsevol turista que, com nosaltres, se li acudeixi mirar-los de prop.

A primera vista, diria que els murals protestants són més prepotents que els catòlics. Pretenen mostrar a la població que s'ha de perpetuar el seu domini sobre l'Ulster. En molts casos, hi apareixen guerrillers amb passamuntanyes empunyant armes, acompanyats d'inscripcions del tipus: «mai acceptarem una Irlanda unida» o «l'Ulster continua dient que no».

Els murals catòlics, en canvi, mostren una població perseguida. La majoria recorden càrregues històriques de l'Exèrcit britànic, presoners de l'IRA o se solidaritzen amb altres moviments d'alliberament internacionals, entre els quals hi ha Euskadi i Catalunya. En alguns d'ells, el text està escrit en gaèlic. No és el cas d'un mural que em crida l'atenció; s'hi veu una paperera i un text que diu: «*Brits out. Keep Eire tidy*» («Fora britànics. Mantinguem Eire net»).

Aquest és el paisatge que veuen els habitants de Belfast quan passegen pel carrer: dibuixos d'armes, cares de terroristes, emblemes de grups paramilitars o retrats de reis, que, com Guillem III d'Orange (King Billy, que li diuen ells), un dia van guanyar la batalla pel tron d'Anglaterra i van establir el domini sobre Irlanda. Quina diferència amb Barcelona! Almenys allà, de les façanes en obres, només en pengen anuncis gegants de telèfons mòbils.

El taxista (definitivament, en Tomeu Penya de Belfast) ens torna a deixar al *bed&breakfast*, al cap d'una hora. Ja tenim l'habitació neta i la migdiada és molt temptadora, però si ens afanyem encara serem a temps de fer la ruta en autobús pel Belfast Oest, que he descobert aquest matí al programa d'actes del festival *Féile an phobail*. Estaria bé passar pels mateixos llocs per on ens ha portat el taxista, però ara sentint la versió dels nacionalistes.

El punt de concentració juraria que és una de les seus del Sinn Fein, el braç polític de l'IRA. A tot arreu, hi ha fotos, llibres, posters i tot tipus de *merchandising* amb la cara de Gerry Adams, un dels artífexs de l'acord de pau de Stormont. L'entrada a l'edifici, en un carrer perpendicular a Falls Road, està presidida per cinc banderes. No em sorprèn veure quines són, sinó com estan col·locades: a dalt de tot, la del Sinn Féin, la d'Euskadi i l'estelada catalana. En un nivell més inferior, la dels Estats Units i la d'Irlanda. Ignoro quina interpretació protocol·lària pot tenir això.

Només d'arribar, una dona vestida amb una samarreta del Che Guevara ens ha dit que era molt difícil que trobéssim bitllets, perquè estaven tots venuts des de fa un parell de setmanes. De tota manera, ens ha recomanat que ens esperéssim al peu de l'autobús, per si hi havia alguna baixa inesperada. Al final, han sobrat cinc places, però no hem sortit afavorits en el repartiment. Els organitzadors s'han estimat més premiar altres persones que també feien cua i que porten samarretes i bosses més properes a la causa nacionalista.

De fet, com se m'acut presentar-me a la seu del Sinn Fein amb una samarreta negra d'El Terrat, on es pot llegir amb lletres taronges estampades al pit: «Què ens està passant?» Això mateix, Albert, què t'està passant!

Una posta de sol, a la costa d'Irlanda del Nord

Belfast, la trobo grisa, industrial i poc afavorida. És cru dir-ho, però els *troubles* li donen una força escènica, a aquesta ciutat, que d'una altra manera no tindria. És un d'aquells casos en què la capital pot arribar a desmerèixer la bellesa de la resta del país. Ho comprovem agafant l'A-2, la carretera que ens allunya de Belfast i que voreja la costa nord-est d'Irlanda del Nord.

De seguida, trobem vaques pasturant en penya-segats a prop del mar i muntanyes verdes que es precipiten abruptament sobre l'aigua. El sol rogenc d'última hora de la tarda completa una de les postals més inesperadament lluïdes del viatge. L'element sorpresa també juga a favor nostre. Tothom m'havia parlat molt bé dels paisatges de costa de la República d'Irlanda, però no coneixia ningú que hagués estat a l'Ulster, més enllà de Belfast.

És clar que el dia que els seus 1,6 milions d'habitants es posin d'acord per viure en pau, a Irlanda del Nord se li obriran unes grans possibilitats turístiques. Ara per ara, segons la guia de Lonely Planet, les màximes atraccions per al visitant són un pont de corda i unes columnes basàltiques. Les visitem per aquest mateix ordre, tal com ens les trobem venint des de Belfast.

El pont Carrick-a-rede –així es com es diu– sembla més pensat per a funambulistes que no pas per a la majoria de la població mundial que (afortunadament) no treballem al Cirque du Soleil. Està fet de corda, té 12 metres de llargada i passa a una altura de 30 metres sobre el nivell del mar. Es tracta de travessar-lo purament pel plaer del risc, perquè (si no caus a l'aigua) vas a parar a una petita illeta on no hi ha absolutament res.

Ja tenia clar que no temptaria la sort, però quan llegeixo les instruccions me n'acabo de convèncer. N'hi ha tres que em semblen lògiques: a) has de respectar la cua; b) els nens han d'anar acompanyats d'adults; i c) només poden passar-hi dues persones al mateix temps. La que em desconcerta del tot és la quarta: el telèfon públic més proper és a dues milles de distància! O sigui, que abans no vingui algú a socórre'm, ja hauré tingut temps de reencarnar-me set vegades en salmó, per no sentir-me estrany a sota l'aigua! Mentrestant, la Núria ho filma tot en vídeo, per poder ensenyar exactament el que no vam fer.

La segona parada és al Giant's Causeway. Deuen ser les vuit del vespre i ja no funciona l'autobús que acompanya els turistes des de l'aparcament fins al punt exacte on apareixen les 37.000 columnes basàltiques (no les compto, ja em refio del que diu la guia). En comptes de caminar un quilòmetre i mig per una carretera asfaltada, agafem un sender que dóna la volta a la muntanya i que ofereix unes vistes espectaculars, amb el sol ja pràcticament a punt de pondre's.

Les columnes estan al costat del mar, algunes fins i tot cobertes per l'aigua, i són de forma hegaxonal i de mides diverses. Un parell de les més baixes les aprofitem per seure, com si fossin uns tamborets que agraïm profundament, després de gairebé una hora caminant. El conjunt de les 37.000 columnes és tan revolucionari que sembla pensat i dissenyat per l'últim escultor de moda. Però no. Va ser obra de la natura fa 60 milions d'anys, quan es va solidificar la lava d'una esquerda subterrània, cosa que va donar origen a aquestes formes tan pintoresques.

El lloc es mereix que hi tinguem una foto tots dos junts. Llàstima que aquí ja no queda ningú per tirar-nos-la, i que, després de set anys d'anar amb aquesta càmera, encara no he après com funciona el disparador automàtic.

A la nit, els 150 quilòmetres de cotxe fins a Belfast se'm fan més carregosos. D'una banda, perquè és fosc i em perdo tot el paisatge de l'anada, i de l'altra, per les punxades a l'estómac que m'agafen havent sopat. Dos mesos fora de casa (i, sobretot, dues setmanes d'esmorzars greixosos) em passen factura.

Les punxades em vénen en fases. Primer, m'he de mossegar el llavi inferior i tancar els ulls, perquè se'm passin les ganes d'anar al vàter. Al cap d'una estona, em tornen amb més intensitat. Ara em recargolo al seient de l'acompanyant i em tapo la panxa amb la mà, per donar-me escalfor. La cosa es complica de veritat quan començo a suar.

Llavors sí que no ja tinc cap més remei que demanar en veu alta:

–Tenim paper de vàter per aquí?

El diumenge, a missa

> *«Michaeleen Og Flynn: "Ets atrevit i pecador, Sean Thornton. Qui dimonis t'ha ensenyat a fer manetes amb aigua beneita?".*
> *»Sean Thornton: "Només pretenia ser amable".*
> *»Michaeleen Og Fynn: "Amable? Aquest és un privilegi reservat als nuvis, i després de les amonestacions".»*
>
> JOHN FORD,
> *L'home tranquil*

Ja que som a Irlanda, hem decidit anar a missa. La meva iaia estaria contenta, si ho sabés. Només es queixaria que hagués hagut de fer més de 16.000 quilòmetres i estar-me dos mesos fora de casa per decidir-me a tornar a entrar en una església, després de tants anys.

A Irlanda, la religió és un dels grans signes d'identitat nacional, i la missa es converteix cada diumenge en un acte d'afirmació patriòtica. A *L'home tranquil*, el protagonista intenta lligar-se una dona a la sortida de missa. Són al costat de la pila baptismal i acaben fent manetes ni més ni menys que amb aigua beneïda. Només podia passar aquí. Una pel·lícula amb una escena així havia d'estar ambientada al país més catòlic d'Europa.

Els protagonistes de *L'home tranquil* (*The quiet man*, 1951, John Ford) són Maureen O'Hara i John Wayne. L'acció discorre en un poblet de l'oest d'Irlanda; Innisfree, a la ficció, i Cong, a la realitat. Ara som a punt d'arribar-hi. De fet, ja hem entrat a la regió de Connemara (catalanitzada per nosaltres, «on 'nem ara?»), que diuen que és una de les més fascinants del país. Això és la Irlanda verda dels prats (i negra de la Guiness) en estat pur. També és aquí on més gent encara parla gaèlic, totalment arraconat per l'anglès a la capital Dublín.

Al cotxe, ens hem entretingut a recordar on hem passat cada nit, des que vam sortir de Barcelona. Avui, 58è dia, ens toca dormir a l'habitació número 42 del viatge. Són xifres que ja comencen a fer respecte. M'agafa com una nostàlgia anticipada, perquè per primer cop ja intueixo el final d'aquest periple tan singular. La Núria encara és més radical. Diu que quan d'aquí a uns dies entrem a França –i ja només ens quedi el sud d'Europa per recórrer–, s'haurà acabat el viatge.

De casa, el que més trobo a faltar no és precisament el llit. En moments de debilitat, em somio estirat a la platja, sense haver-me de moure en tot el dia, més que per anar a dinar i a fer la migdia. No demano altra cosa que tenir la ment en blanc. El viatge em genera tensió, perquè no desconnecto mai. Em llevo i em poso a pensar quina ruta haurem d'agafar, on pararem a dormir, quants dies ens hi quedarem, què visitarem i amb qui parlarem. Ha sigut així des del primer dia i em temo que ho continuarà sent fins a l'últim.

Quan torni a Barcelona, necessitaré unes llargues vacances. Però em sembla que no m'atreviré a demanar-les a la feina. Després de tres mesos per Europa, es pensarien que els estic prenent el pèl.

La nostra arribada a Cong és apoteòsica. Entrem en un *bed-&breakfast* dels afores, la mestressa ens ensenya l'habitació, parlem del preu i decidim que ens el quedem per una nit. Quan sortim a fora a buscar l'equipatge, veig que la casa del costat també lloga habitacions i que sembla més agradable. Deixem la primera senyora esperant-nos, palplantada, i marxem a tocar el timbre de la veïna.

Aquest excés de cobdícia l'acabem pagant amb una penitència que em sembla exagerada. Abans d'anar a dormir, ens passem un parell d'hores matant un exèrcit d'aranyes que han envaït la nostra habitació. Per acabar-ho d'arreglar, els propietaris marxen a una festa i ens quedem sols amb les seves filles, de vuit i cinc anys. Per un moment, em passa pel cap deixar les nenes en mans de les aranyes i tornar a dormir a la primera casa. Segurament que la mestressa encara és a la porta, mirant-se el rellotge:

–Sí que tarden aquests joves a anar a buscar les maletes...

El nen adormit

A primera hora del matí del diumenge, ens apuntem a una ruta a peu pels escenaris de Cong on es va rodar *L'home tranquil*. Som les dues úniques persones que esperem que arribi el guia. La Núria s'imagina que ens tocarà un cinèfil, amb barba i americana de quadres, i jo aposto per un historiador local, un senyor gran amb corbata i ulleres que el 1951 va assistir al rodatge de la pel·lícula.

Doncs, ni l'un ni l'altre. A l'hora de la veritat, ens apareix un nen de quinze anys (més alt que jo, tot s'ha de dir) que s'acaba de llevar ara mateix, i que camina arrossegant els peus. Sembla que l'hagin tret del llit d'una revolada, i que no hagi tingut temps de pentinar-se, ni de rentar-se la cara. El delaten les lleganyes que li enganxen els ulls i la posició dels cabells, tots mirant cap a una direcció diferent.

Sort que la ruta només dura 25 minuts. No hauria aguantat aquest nen ni un segon més. És incapaç de respondre cap pregunta. Només reprodueix, a tota pastilla, diàlegs sencers de la pel·lícula, que li deuen haver fet aprendre de memòria. Em sembla que el patronat de turisme local li fa un flac favor a *L'home tranquil* posant de guia *El nen adormit*.

Ara són dos quarts d'onze del matí i encara ens queda una hora, abans no comenci la missa. Decidim visitar la rèplica del *cottage*, la casa pairal irlandesa dels anys vint que apareixia a la pel·lícula. A part dels vestits, les bicicletes o altres elements decoratius de *L'home tranquil*, allà hi tenen exposats una selecció dels diaris locals del 1951, que expliquen la revolució que va viure Cong durant aquells dies.

Llegeixo que el rodatge va coincidir amb un altre fet de gran transcendència: l'arribada de l'electricitat al poble. El capellà va bufar simbòlicament una espelma (l'element que fins aleshores els havia il·luminat), va beneir les noves instal·lacions, i es va fer la llum als carrers i a les cases de Cong. La celebració va acabar amb un sopar al castell d'Ashford, que està situat als afores del poble i que avui dia continua sent l'hotel més luxós d'Irlanda.

Cong estava envaït per caçadors d'autògrafs, que no volien deixar escapar la presència al país d'alguns dels seus ídols de Hollywood. La crònica del *Connacht Tribune* explica que les estrelles cinematogràfiques eren molt amables amb tothom, fins al punt que John Wayne, quan una dona se li va disculpar per demanar-li un autògraf, li va contestar:

–Tranquil·la, senyora. Em preocuparé el dia que ja no me'n demanin més.

Me'l puc imaginar perfectament. Després de pronunciar amb la màxima solemnitat possible aquesta frase, devia marxar caminant, de la manera que caminava ell, ben garrell, i amb un cigarret als llavis. Que llavors, en aquella època, els americans encara fumaven.

Una església que sembla una piscina

Falten cinc minuts perquè comenci la missa de dos quarts de dotze. Amb el repic de campanes, la gent comença a entrar a l'església. Algú dóna unes monedes per a una col·lecta per als sords. A fora cauen quatre gotes. Les de sempre.

A ningú se li acudiria ara fer manetes a la pila baptismal que es va utilitzar per al rodatge de *L'home tranquil*. De tant estar a la intempèrie, i de tanta pluja com recullen a Irlanda, l'aigua beneïda s'ha tornat de color marró. Els fidels de Cong ignoren aquesta pila i, per senyar-se, n'utilitzen una altra, que és al vestíbul del temple.

L'església catòlica de Cong és la més horrorosa que he vist mai. De fora, s'assembla més a una piscina coberta que no pas a un edifici religiós. L'interior tampoc no té cap gràcia, amb parets que originalment devien ser de color blanc, i amb llum natural que es filtra pel sostre. Cap d'aquests decorats naturals té res a veure amb els que apareixen a la pel·lícula de John Ford. Aleshores, els exteriors es van gravar a l'església protestant (perquè al director li agradava més) i les escenes interiors, a l'antic temple catòlic.

Com l'altra gent, agafo el *Full Dominical* de la parròquia de Santa Maria del Rosari, de Cong. Em serveix per informar-me de les últimes novetats en doctrina religiosa: a) a la col·lecta de la setmana passada, es van recollir 735 lliures irlandeses, unes 150.000 pessetes; b) el sostre i la façana de l'església s'haurien de reformar (en això, estem d'acord); i c) les obres les haurem de pagar entre tots. Més que un butlletí de l'església, el *Full Dominical* sembla un diari d'informació econòmica, subvencionat pel Vaticà, l'obscura capital financera de l'imperi catòlic.

Ens asseiem a l'última fila, intentant sense èxit passar desapercebuts. Noto algunes mirades de gent del poble, que s'estranyen de trobar cares desconegudes a l'església. El primer sorprès de veure'm aquí sóc jo mateix. Mai havia assistit a una missa per iniciativa pròpia.

Comença la cerimònia. Entra el capellà i la gent s'aixeca. Ah, mira, igual que a Taradell! Però aquí, com que estem a Irlanda, el mossèn porta la casulla verda. El segueixen quatre escolanets, amb una capa blanca que no els acaba de tapar els texans que arrosseguen per terra, ni les immenses sabatilles esportives. Veig que els cànons de la moda juvenil no varien a tot Europa. Un cor parroquial, format per una desena d'homes i dones de mitjana edat, interpreta la primera cançó. No n'hi ha ni un que desafini, que per alguna cosa Irlanda sempre guanya el festival d'Eurovisió.

Igual que una classe a l'institut, la missa es basa en el fet que una persona parla (generalment, des d'una posició de privilegi) i les altres se suposa que l'escolten. Hi ha una gran diferència, això sí: a l'església no està ben vist prendre apunts. L'home que seu a l'esquerra de la Núria em dedica una mirada absolutament dissuasiva, que em fa guardar el paper i el bolígraf novament a la butxaca. Quan surto, intento recordar el que ha dit el mossèn al sermó: parlava sobre l'any 2000 i defensava que els cristians no hem de celebrar la fi del mil·lenni, sinó el jubileu.

En l'apartat de novetats de la missa, n'apunto dues: 1) el *Sant, Sant, Sant*, a Cong és el *Holy, holy, holy*, cosa que, a l'hora de cantar-lo, li dóna un toc festiu i alegre que fins ara li desconeixia; i 2) cap al final de la cerimònia, s'han aixecat tres dones del públic, s'han posat un pitet amb una creu i han començat a repartir la comunió, sense que el capellà les renyés. Al contrari, amb el cap els ha fet un gest per donar-los les gràcies.

Pel que fa a la resta, poques sorpreses: nens petits que ploren i el pare se'ls emporta a consolar-los a fora; senyores que trenquen el silenci amb un estossec provocat, i el mossèn que després de 41 minuts (un temps absolutament homologable amb la resta d'Europa), dóna les gràcies a Déu i diu que ja ens en podem anar.

Per davant meu, passa llavors una nena d'uns deu anys, que ha entrat a l'església vestida amb la samarreta del seu Déu particular, el jugador de futbol del Manchester United David Beckham. Deu ser que a les noves religions el líder a seguir ja no és el fill d'un fuster de Natzaret, de barba progre i vestits atrotinats, sinó un multimilionari nen rosset, casat amb l'Spice girl *pija* (i quina no ho és, de *pija*?). Un gol d'aquesta divinitat contemporània és rebut amb el mateix entusiasme que un miracle dels d'abans.

A la sortida de missa, el primer que veig és una parella de catalans. Van en un cotxe amb matrícula de Barcelona i sembla que ens mirin amb cara de desconcert. No deuen acabar d'entendre què fèiem aquí dins. Encara s'haurien espantat més ahir a la tarda, si ens haguessin vist sortir del complex religiós de Knock, una espècie de Lourdes o Fàtima en versió irlandesa.

Hi vam parar, camí de Cong, per veure què passava en aquell poble que rep 7.000 visitants cada dia. Una religiosa molt amable es va oferir per explicar-nos-ho. Al final del recorregut, vaig estar temptat de dir-li el que vam aprendre d'en Goodchild, el guia de la Festa Nacional del País de Gal·les: «*Estar con usted le da mucho gusto a uno*».

El miracle de Knock es va produir el 21 d'agost del 1879, quan a l'ala sud de l'església es van aparèixer la Verge Maria, Sant Josep i Sant Joan Evangelista (de tres en tres, aquí!). Es veu que els quinze testimonis dels fets van explicar que era un dia que plovia, cosa que tractant-se d'Irlanda sempre dóna credibilitat al miracle.

Amb els anys, Knock s'ha convertit en punt de pelegrinatge obligat dels catòlics d'Irlanda i d'altres països europeus.

–Però aquí la gent no ve a buscar la curació física, sinó una regeneració espiritual –ens aclareix la religiosa.

Per això, l'edifici més significatiu és un que acull una mena d'hipermercat de les confessions. És una sala rectangular, amb totes les parets plenes de portes que donen a confessionaris individuals. Al centre, bancs d'església perquè la gent esperi el seu torn o compleixi les penitències que li acaben d'imposar. En hores punta, hi ha prou capellans per atendre seixanta persones al mateix temps.

En fa d'anys que no em confesso. De petit, em neguitejava haver-me d'agenollar a davant d'un home a qui no veia la cara, però que per la veu sabia que era el mossèn que ens feia religió. No podia presentar-me allà i dir-li que no havia pecat. Tampoc tenia ganes d'explicar-li el que realment havia fet. Al final, sempre ho resolia amb la mateixa fórmula: «he dit mentides, he dit pecats (això sempre sonava fort) i no he cregut la meva mare».

La penitència també era idèntica: tres parenostres i un avemaria. Almenys en això eren conseqüents.

L'eclipsi, a Dublín

«Si m'hagués quedat a Dublín, m'hauria passat el dia assegut al pub.»

SAMUEL BECKETT,
quan va marxar a viure a París

El miracle d'aquest estiu del 1999 ha de ser astronòmic. Diuen que un eclipsi total de Sol, com el de demà passat, només es pot veure cada noranta anys. Serà el dia 11 d'agost, a les 11 del matí i 11 minuts. La Lluna s'hi posa poques vegades, entre el Sol i la Terra, però quan ho fa la punyetera tria ocasions tan assenyalades com aquesta.

A Dublín, un venedor ambulant ens ofereix unes ulleres especials perquè puguem mirar l'eclipsi sense que se'ns faci malbé la vista. No m'interessa. No en vull saber res, d'aquest eclipsi. Per culpa seva, el dia 10 no podrem agafar un ferri que travessa directament d'Irlanda a França. Ja no queda cap cabina lliure. La gent ha corregut a comprar els bitllets, perquè el transbordador té prevista una aturada de quatre hores al mig del mar, en una zona on es podrà observar el 100 % de l'eclipsi.

L'única alternativa que Irish Ferris ens ofereix és viatjar les 22 hores asseguts en una butaca, cosa que a hores d'ara ja no estem disposats a fer. Hauríem de passar-nos els dos primers dies a París recuperant-nos d'aquest esforç titànic (amb perdó per l'adjectiu).

Després d'estudiar totes les fórmules imaginables per travessar el tros d'oceà Atlàntic que separa Irlanda de França, trobem una possible solució, en tres etapes diferents: tres hores i mitja de ferri des de Dublín fins a l'illa d'Anglesey, al nord del País de Gal·les; conduir tota la Gran Bretanya fins a arribar a Dover (uns 600 quilòmetres); i un cop allà, tornar a creuar l'Eurotúnel amb tren. A la Núria, no li sembla gens malament aquesta opció. És més, jo diria que està contenta del canvi. S'estalviarà passar-se una nit desperta al barco, amb la psicosi (fins ara, imaginària) que d'un moment a l'altre es marejarà.

Ens queden dos dies a Dublín, que hem decidit passar-los al mateix lloc on els irlandesos fan mitja vida: al pub. Només una tarda haurem d'escapar-nos a la bugaderia. Ja ens torna a tocar rentar roba. Ho he notat quan he obert la maleta i he vist que la tenia pràcticament buida. No és que ens hagin robat res, sinó que la majoria de peces estan entaforades en bosses de plàstic per a la roba bruta, i repartides pel portaequipatge del cotxe. Pel bé de la comunitat irlandesa, no seria oportú que rescatéssim cap samarreta d'aquí dins.

Un cafè llarg amb escuma

«Anar al pub és l'única cerimònia laica sagrada dels irlandesos.» Em va agradar molt aquesta frase del periodista Jordi Ferrerons, quan la vaig sentir abans de marxar de Barcelona, repassant uns miniespais que TV3 havia dedicat a la Unió Europea, el 1994. Hi ha algunes dades que certifiquen l'afirmació: per exemple, el 80 % del total de cervesa que es consumeix a Irlanda, es beu als pubs. Fins i tot, la Guiness que es destina al consum intern només té 4,3 graus d'alcohol, per sota dels 5 graus de les que van al mercat exterior. És la manera que en puguin beure més i encara tornin a casa caminant sense problemes.

La cervesa negra irlandesa té la mateixa aparença que un cafè llarg amb escuma. Som al John Mulligan's, el pub de Dublín que segons les guies serveix la millor Guiness de la ciutat. Diuen els experts que, aquesta cervesa, has de deixar-la reposar durant set minuts, abans de començar-ne a beure. Em fixo en els altres clients i, sense cronometrar-los (perquè no em prenguin per tòtil), m'adono que tots obeeixen aquesta norma.

Decideixo seguir-la, també. Tardo set minuts a fer el primer glop, i mitja hora més, abans no la torno a tastar. La Guiness no és el meu fort, ni tampoc el de la Núria. Ella s'estima més un Bailey's (un licor irlandès que, gràcies a la seva dolçor, és el més venut del món) i jo, un Paddy, un *whiskey* del país. Això sí, com que aquí si no dius res te'n serveixen un didal, decideixo demanar-lo doble. D'aquesta manera, equival a un *xupito* de Barcelona.

El primer contacte amb una taverna irlandesa el vam tenir a Cong. Era dissabte a la nit i hi actuava un grup de música tradicional del país. Els O'Connors eren tres i estaven disposats en forma de triangle; al vèrtex superior, un home d'uns quaranta anys que tocava la guitarra i cantava, i als dos extrems inferiors, un parell de veterans de la música, amb més de setanta anys a les seves espatlles. El que tocava l'acordió estava absolutament impassible, com si ja hagués esgotat tot el que li tocava divertir-se en aquesta vida. El percussionista, en canvi, era l'home més feliç de la sala, només apedregant un plat i un bombo. Ves si costa poc!

Aquell era un exemple de pub rústic de l'Oest d'Irlanda, amb clients que s'acostaven a la barra a demanar una Guiness, sense deixar de cantar i d'aplaudir entusiàsticament totes les melodies. El John Mulligan's, de Dublín, també conserva l'atmosfera de taverna tradicional: moqueta, miralls, vidres gravats i parets esgrogueïdes per la nicotina. Però aquesta és una imatge cada vegada més difícil de trobar a la capital irlandesa, especialment a la zona de Temple Bar, on es concentren els turistes que busquen l'ambient nocturn que ha fet la ciutat mundialment famosa.

A Dublín, igual que ja va passar a Londres, alguns pubs comencen a assemblar-se a petites discoteques, amb la música a un volum eixordador i un parell de guàrdies de seguretat amb el cap rapat, a la porta. Passegem de nit pel Temple Bar i comencem a eliminar locals on no entrarem, entre els quals hi ha La Paloma, un restaurant presidit per dues banderes: la catalana i la del Reial Madrid. Potser és que volen agafar tot tipus de públic, però és una combinació tan desconcertant (sobretot, sense l'espanyola entremig) que no l'havia vist mai enlloc.

Després, fem visites fugaces al Grogan's –un local de joves artistes, ple de fum i quadros a la paret–, a l'Oliver St. John Gogarty –on hi ha un concert en directe de música blues–, i decidim acabar el dia al Davy Byrne's, un dels pubs dublinesos de ressonàncies literàries.

A l'*Ulisses*, de James Joyce, considerada com una de les obres mestres de la literatura universal, aquesta és la taverna en què Leopold Bloom, protagonista de la novel·la, entra a menjar-se un entrepà de gorgonzola i a prendre un vas de vi de Borgonya. Cada 16 de juny, per commemorar el dia en què succeeix l'*Ulisses* –el Bloomsday–, centenars d'admiradors segueixen el recorregut per Dublín que Joyce descrivia a la seva obra.

Ja suposava que el Davy Byrne's no estaria igual que l'any 1904, però mai hagués dit que obriríem la porta i trobaríem un local que sembla una cocteleria decadent, amb una barra de marbre, acabats daurats i llums de color rosa. Cap rastre d'entrepans de gorgonzola ni vasos de vi. Només un pòster de la ruta del Bloomsday, del qual ningú fa cas.

El local és ple d'homes amb corbata que tenen una altra feina. Segueixen a la televisió britànica per satèl·lit Sky Sports, la retransmissió del primer partit de la lliga anglesa de futbol 1999-2000, entre el Tottenham Hotspurs i un equip que sóc incapaç de reconèixer. Pel que es veu, el pub ja no és l'única cerimònia laica sagrada dels irlandesos. El futbol anglès és l'altra.

No veure el sol

L'eclipsi ens enganxa al ferri entre Irlanda i el País de Gal·les. El dia és tan núvol que, des de la taula del bar, on estic passant apunts a l'ordinador, no noto ni tan sols un petit canvi de llum. En vista del fracàs, la majoria de passatgers que el volen seguir des de la coberta del barco, opten per tornar a entrar a dins i veure'l a través dels monitors de televisió. No sento cap crit d'admiració. Dedueixo que el fenomen (almenys al País de Gal·les) ha passat sense pena ni glòria.

Quan, d'aquí a unes hores, travessem Anglaterra amb cotxe, les ràdios només parlaran de l'eclipsi que no s'ha vist, per culpa de la nuvolositat. No entenc per què els anglesos podien tenir tant interès en un eclipsi de Sol, quan la situació normal d'aquest país ja és precisament aquesta: no veure mai el sol.

Benvinguts a l'Europa dels peatges!

«El cafè és el centre de la vida pública de París: el que representa la Borsa per a un poble estrictament comercial, ho és el cafè per als francesos.»

DONALD GRANT MITCHELL

Calais és una atrafegada ciutat portuària del nord-oest de França. Quatre milions i mig de britànics l'any (uns 12.000 per dia) travessen el canal de la Mànega per venir a comprar aquí. El viatge d'anada el fan amb les mans a la butxaca; a la tornada, porten els cotxes carregats de caixes de cervesa i de vi. L'import del bitllet de ferri és irrisori, al costat de l'estalvi que els suposa no haver de pagar les taxes que graven l'alcohol al Regne Unit.

Si avui dormim a Calais, no és per comprar compulsivament dotzenes de llaunes de cervesa i d'ampolles de vi (que tampoc sabríem on posar-les), sinó perquè és la primera ciutat que hem trobat després de sortir de l'Eurotúnel. Hi arribem cap a la una de la matinada. Els voltants de l'hotel Holiday Inn Garden Court (pel nom, ningú diria que ja som a França) no són, precisament, Pedralbes ni la Bonanova.

No em fa cap gràcia haver de deixar el cotxe al carrer. A més, l'únic lloc que he trobat és en una cantonada fosca, al costat d'una pista d'autos de xoc. Em sembla una invitació massa descarada a tots els joves que pul·lulen per aquí, perquè forcin el pany d'un vehicle de matrícula estrangera i es reparteixin el botí de més de dos mesos de viatge. Justament ara, que ja som a prop de casa, em sabria molt greu que em prenguessin el pòster de la Biennal de Venècia. No ho dic per les 80 pessetes que en vam pagar (el que es pot arreglar amb diners, rai...), sinó per l'estimació que li he agafat, després d'haver-hi compartit el viatge des del primer dia.

Al final, tenim sort de la recepcionista, que ens troba un forat al pàrquing de l'hotel. Amb una terrible condició, això sí: haurem de retirar el cotxe abans de les vuit del matí. Dormirem molt poc, però arribarem abans a París. Ara mateix, és l'únic consol que ens queda.

Per nosaltres, França representa un cert retorn a la normalitat. A la carretera, per exemple, les distàncies ja es calculen en quilòmetres i es torna a conduir per la dreta. Només sortir de Calais he trobat un rètol que ens donava la benvinguda a l'autopista i ens desitjava un bon viatge. Tot un detall. Feia molt temps que ningú era tan amable amb nosaltres, en una via pública.

Llàstima que el cartell, la pintura i la mà d'obra ens l'ha cobrat, a la sortida, un senyor que ni ens ha mirat a la cara. És el senyal definitiu que ja tornem a ser a casa. Benvinguts a l'Europa dels peatges! S'han acabat les vuit setmanes de feliç inconsciència, en què no hem pagat ni un duro i hem conduït per les millors autopistes de l'Europa Central, Escandinàvia o les illes britàniques.

Només molt excepcionalment ens hem topat amb algun peatge per finançar obres costoses, generalment ponts. En recordo un a Dinamarca (entre l'illa de Copenhaguen i la d'Odense), un parell a Escòcia (sortint d'Edimburg i a l'illa de Skye) i l'últim, ahir mateix, un pont sobre el riu Tàmesi, a la circumval·lació de Londres.

Aquest ens va agafar tan desprevinguts que va derivar en una petita escena de nervis. Ni l'empresa concessionària admetia targetes de crèdit ni a nosaltres ens quedava un sol penic britànic per pagar en efectiu un peatge irrisori (no arribava a una lliura esterlina). A darrera nostre, mentrestant, la cua de cotxes s'anava fent cada vegada més llarga. Quan ja em veia girant a treure diners a un caixer de Londres, va sortir una empleada de la cabina (encara més nerviosa que nosaltres pel caos que li estàvem organitzant) i es va mostrar disposada a acceptar qualsevol moneda estrangera.

Aquesta va ser la nostra salvació. Amb la seva pulcritud habitual, la Núria havia anat guardant a la maleta els bitllets que ens havien sobrat d'altres països. Per separar-ne uns dels altres, però, els havia repartit a l'interior de petites bosses de plàstic transparent de calcetes de la Benetton. No m'hauria imaginat mai que la Núria, una senyora anglesa i jo ens aniríem passant fundes de roba interior femenina per intentar descobrir el valor dels diners que hi havia a dins. I tot, sota l'atenta mirada d'una dotzena de conductors que esperaven impacients la resolució del conflicte. Ens va acabar salvant la vida un miraculós bitllet de 100 francs belgues.

Aquests petits problemes quotidians de finals del segle XX desapareixeran l'1 de gener del 2002, quan l'euro entri en vigor. Aleshores, la volta a Europa serà molt més plàcida. No caldrà –com fem nosaltres aquest estiu del 99– perdre el temps, els diners i la paciència canviant de moneda, cada vegada que saltem de país.

Serà una sensació estranya, però. Costarà acostumar-nos a no tocar altres bitllets que els nostres de cada dia; a no poder mirarne el disseny, llegir-ne les lletres o olorar-los (que hi ha gent per a tot), quan ens els acaben de donar al banc. El 2002 significarà, també, tota una revolució en el món dels viatges. S'haurà acabat veure aquella imatge tan tradicional d'una família de turistes mirant els aparadors d'una ciutat europea amb la calculadora a la mà.

Amb l'euro en vigor, la calculadora la necessitarem tots –turistes i no turistes– per baixar al forn de la cantonada. M'agradaria saber qui va decidir que el canvi entre un euro i una pesseta havia de ser 166,3. No se li va acudir cap número més difícil per fer operacions mentals?

París o Tòquio?

El 12 d'agost trobem París en el seu estat ideal: sense parisencs. Hi arribem un migdia, estranyament calorós i tranquil. És la primera ciutat en tot el viatge que sembla que estigui tancada per vacances. Els seus habitants han fugit a la costa i han estat reemplaçats per desenes de milers de turistes, que caminen per uns Camps Elisis, sense a penes trànsit, ni tampoc gaires botigues obertes.

Deixem l'equipatge a l'hotel i sortim a dinar al primer cafè que trobem, a l'encreuament de Rue Tronchet amb la Place de la Madeleine. París té una diferència substancial amb Barcelona: a les cantonades, en comptes de mecàniques sucursals de La Caixa, hi ha animats cafès amb terrassa. Només per això, la ciutat ja sembla una altra. És una manera de proclamar (encara que sigui mentida) una cosa tan fantàstica com que als francesos els preocupa més una bona ampolla de vi que una hipoteca.

Les taules dels cafès, una a tocar de l'altra, són rodones, de marbre i exageradament petites. Intentar-hi menjar dues persones al mateix temps és un delicat exercici d'equilibrisme. Amb molt d'esforç, aconseguim que ens hi càpiguen les dues amanides, però deixar la forquilla recolzada entre el plat i la taula ja ens resulta totalment impossible. L'he de collir tres vegades consecutives del terra.

A més, les cadires estan tan juntes que sembla com si m'haguessin enganxat amb Velcro amb el veí del costat. El meu *siamès* llegeix *Le Monde*, menja un assortit de formatges amb pa de *baguette* i aguanta un cigarret encès a un parell de pams dels meus ulls. El tabac és una de les primeres coses que m'ha recordat que estem al sud d'Europa. Diria que aquí hi ha més gent que fuma. Almenys en aquesta terrassa, veig paquets pràcticament a totes les taules. Podrien ser Gitanes o Gauloises, marques mítiques del tabac francès, però no, la majoria són de Marlboro, com a tot arreu.

Per això estan tan amoïnats els francesos; per la pèrdua progressiva d'alguns dels trets que històricament els havien distingit, començant per l'idioma. La seva màxima obssessió és que, en el futur, el francès no es converteixi en un nou llatí. Tenen motius de preocupació: apartada de les noves tecnologies, actualment només un 2 % de la població mundial parla la seva llengua.

Havent dinat, ens distraiem comptant les motos que passen per davant nostre, en direcció a la monumental Place de la Concorde. És una estampa tan inusual en altres països, que gairebé l'havíem oblidat. Aquí no hi ha ni una bici, en canvi. Des d'Alemanya, Escandinàvia o Holanda, les hem anat perdent pel camí, i crec que ja no en veurem cap més fins que arribem a casa. És comprensible: amb el trànsit de Roma o Atenes, qui s'atreveix a sortir al carrer pedalant?

Una hipotètica línia al nord de França podria dividir el continent en dues meitats: cap a dalt, l'Europa de les bicis, i cap a baix, la de les motos. M'agradaria poder-me apuntar a la primera, sense moure'm de Barcelona. Ni que fos per presenciar com els taxistes canvien d'enemic i es comencen a barallar amb els ciclistes.

Des d'aquest cafè, també ens entretenim a observar la multitud de japonesos que caminen apressats cap als aparadors de Fauchon o Hediard, les dues botigues de *gourmets* més prestigioses de París, una a cada costat de la Place de la Madeleine. A hores d'ara, Tòquio deu ser l'única ciutat del món més desèrtica que la capital francesa. Sembla com si tots els seus habitants haguessin vingut a passar l'agost aquí.

París és la ciutat més turística del món. Cada any la visiten 20 milions de persones, atretes per la seva aurèola romàntica i per noms tan cèlebres com la Tour Eiffel, Notre Dame, Montmartre, l'Arc de Triomf, el Sena, el Museu del Louvre o el d'Orsay. Nosaltres mateixos ens vam passar les últimes vacances de Nadal, recorrent-la de punta a punta. Per això, ara podem estar asseguts tranquil·lament en aquesta terrassa, sense consultar guies ni plànols, deixant que sigui la ciutat la que es mogui i passi, a la velocitat que més li convingui, per davant dels nostres ulls.

Quan ens cansem, marxarem a fer la migdiada a l'hotel. Després de l'interminable viatge d'ahir, entre Dublín i Calais, i de les poques hores que hem dormit aquesta primera nit a França, ja se'ns comencen a tancar els ulls.

Núria, al bany! Albert, al llit!

Sempre que arribem a una nova habitació d'hotel ens repartim la feina. La Núria és qui inspecciona el bany: comprova la pressió de la dutxa, l'estat de la tassa del vàter (per si l'hem de forrar) i ja decideix què robarem de la cistelleta de productes higiènics. Els hotels estimulen una cleptomania innocent entre els seus clients. Amb el que paguem per una nit, per què no ens podem endur un potet de xampú a granel, que els deu sortir per 32 pessetes?

En aquest repartiment de funcions, a mi em toca el dormitori. Hi ha hotels que semblen dissenyats pel Departament d'Educació Sexual del Vaticà. Són els que tenen una habitació amb dos llits individuals, separats per una tauleta de nit, al primer calaix de la qual hi ha el Nou Testament. L'objectiu deu ser que un dels dos en comenci a llegir unes pàgines, li entri la son i ja no estigui per romanços.

Durant aquest viatge, hem dormit a més d'una dotzena d'habitacions així. Aleshores, el que em toca fer és arraconar la taula, ajuntar els llits, treure els cobrellits (és on, nit a nit, s'acumula la brutícia dels clients) i comprovar la duresa del matalàs.

L'operació *Descobrim l'habitació* acaba amb el repàs a l'apartat de complements, que normalment inclou: fullejar revistes locals plenes d'anuncis, buscar a les normes de l'hotel a quina hora haurem de baixar demà a esmorzar, comprovar que la connexió telèfonica (si n'hi ha) coincideixi amb la del mòdem de l'ordinador, i efectuar un primer zàping televisiu.

En el cas d'avui, la distribució dels canals francesos al comandament a distància de l'hotel Beau Manoir em sembla perfectament racional. L'1 és la TF1; el 2, la France 2; el 3, la France 3; el 4, el Canal + (seria l'única discutible); el 5, La Cinquième; i el 6, la M6. Deixo les notícies de France 2, el canal públic de més audiència, per provar d'adormir-me. Parlen del modista Paco Rabanne, que va predir que la fi del món coincidiria amb l'11 d'agost del 1999, el dia de l'eclipsi de Sol. Han passat 24 hores des de la data assenyalada i l'únic que ha desaparegut és ell, que ningú el troba.

Em pregunto per què hi ha gent que es dedica a fer aquestes previsions tan catastrofistes. Si t'equivoques, tothom se'n riu de tu, però és que si ho encertes encara és més frustrant: no queda ningú viu per donar-te la raó.

Paradisos prohibits

«Algú va dir una vegada que els rics són pobres amb diners.»

GEORGE CUKOR,
Let's make love

Tenim dos dies per recórrer el París del luxe. Només ens falten els diners. Aleshores, jo podria ser un multimilionari americà carregat d'anys i la Núria, una joveneta que pretenc enlluernar a cop de talonari. O al revés. Ella, una senyora rica mancada d'atencions, i jo, el seu tendre *gigoló*. Passejaríem pels millors hotels, les *boutiques* més elegants i les joieries més sumptuoses. Tot, amb la màxima discreció possible, sense que ningú sabés que som aquí. I acabaríem abraçats, recorrent el Sena de nit, en un *bauteau mouche*, abans no tornéssim a les nostres respectives vides grises.

Però no. No ho farem. Viurem el luxe parisenc com el que som, una parella jove que intenta penetrar en espais que, ni per edat ni per condició, no ens pertanyen.

A l'Avenue Montaigne es concentren les botigues dels principals dissenyadors d'alta costura –Chanel, Christian Dior, Christian Lacroix, Ungaro...– i primeres marques internacionals, com per exemple Prada o Calvin Klein. Al revés de qualsevol altre comerç del món, aquí tot sembla estudiat perquè no hi entri ningú. En alguns casos, el primer obstacle que trobo són unes reixes de jardí que marquen la separació entre el tram de vorera d'ús públic i el que pertany a la botiga.

He d'obrir una porteta i entrar a la seva propietat privada. Tot això, per mirar què tenen als aparadors, que normalment és res. Enmig d'una vidriera que ocupa tot un pany de paret, només veig unes sabates, i encara sense preu. Per mi, que a dins deuen tenir més coses que no els agrada ensenyar al primer que passa pel carrer. Si les vull veure, hauré de superar un últim tràmit: tocar el timbre i esperar que el porter no hi posi cap inconvenient.

Entrem a Chanel, a Ungaro i a Prada, però enlloc com a Christian Dior ens sentim tan desplaçats. Ens reben quatre dependentes tibades, que per tal com van guarnides i per la manera que ens miren, semblen marqueses. Estan en fila, una al costat de l'altra, i ens repassen de dalt a baix perquè entenguem que ens hem equivocat de botiga. No sé què es pensen. Deuen tenir aquesta cara d'amargades, perquè mai es podran comprar res del que venen. Tot el que remenen és per a les clientes. Per a elles, només un mocador que els deu regalar l'empresa per Nadal (amb les inicials gravades, això sí), o alguna peça tarada (si és que el gran Dior ha tarat mai res).

Passejant per la botiga, veig que hi ha gent que compra, sense preocupar-se de si unes botes valen 125.000 pessetes, una faldilla, 300.000 o un vestit, mig milió. Hi ha una dona que té tres dependentes només per a ella: una l'emprova, l'altra li va a buscar les peces, i la tercera li dóna conversa. Només en faltaria una quarta que li pogués aguantar els llavis. De tant pes com hi porta, em fa por que no li caiguin.

A l'Avenue Montaigne, hi ha poques clientes que vagin acompanyades pels marits. És més habitual veure alguns xofers que s'esperen amb el cotxe aparcat a la porta. Fins i tot, una dona àrab que ha entrat a Prada es fa seguir per una jove que no s'atreveix ni a aixecar la vista de terra. La seva única feina és portar els paquets a la senyora.

Sembla mentida. Mentre la majoria d'immigrants que viuen a la *banlieu* (suburbis) de París no gosarien ni posar un peu dos quilòmetres a la rodona de l'Avenue Montaigne, aquesta dona es passeja per les millors botigues, amb la criada i enmig de les reverències dels porters. A la França multiracial, si portes la cartera plena, ningú et mira el color de la pell. Com a tot arreu, de fet.

Un bon exemple de tot això és a la Place de l'Alma, just al final de l'Avenue Montaigne. Allà és on els parisencs homenatgen Diana de Gal·les i el multimilionari egipci Dodi Al Fayed. Una escultura que simbolitza la Flama de la Llibertat s'ha convertit en dipositària dels milers d'emocionats missatges de record que la parella continua rebent. Les inscripcions més recents ja relacionen el destí de la princesa amb el de John John Kennedy.

A mi, ves per on, Dodi i Diana em fan pensar més en una adaptació contemporània del Romeu i Julieta que vaig veure a Verona.

Ens colem al Ritz

La Place Vendôme és un altre dels santuaris del luxe parisenc. A cap més lloc d'Europa hi ha tanta concentració d'or, diamants i pedres precioses per metre quadrat. Les joieries més cares de París són aquí. Amb els seus aparadors passa igual que amb els eclipsis de Sol: mirar-los directament pot provocar lesions irreversibles a la vista. A Cartier, ens fixem en un anell de diamants que val 1.315.000 francs, uns 32 milions de pessetes. L'observem des de tots els angles i al final decidim no comprar-lo. No ens acaba de fer el pes.

Però la joia més cèlebre de la Place Vendôme no la tenen exposada a cap aparador. És l'edifici del número 15. Mitja dotzena de curiosos admiren l'esplendor de la façana i la fotografien a distància, mentre intenten descobrir la identitat d'un privilegiat que travessa la porta principal. Acaba d'entrar al Ritz, probablement el millor hotel del món.

L'establiment el va fundar Cèsar Ritz, el fill d'un camperol suís, l'any 1898. Mohamed Al Fayed (pare de Dodi Al Fayed) va comprar-lo per 4.500 milions el 1979 i se'n va gastar 22.000 més perquè el Ritz recuperés el prestigi perdut. Actualment, una plantilla de 450 empleats atén (diuen que amb una exquisida perfecció) els clients de les 133 habitacions i 42 *suites* de l'hotel. Les grans personalitats mundials del segle XX han dormit aquí. Altres hi han viscut durant anys. És el cas de Coco Chanel. La dissenyadora francesa que va revolucionar l'alta costura mundial es va acabar morint a la *suite* on va passar els últims anys de la seva vida. Potser per això, la roba Chanel és tan cara: els seus hereus encara deuen estar pagant la factura del Ritz.

Un dia de les últimes vacances de Nadal, la Núria i jo vam voler entrar a l'hotel. Només preteníem descobrir com era per dins aquell lloc on mai no dormiríem. Havíem estat tot el dia caminant per París, abrigats amb anoracs, una motxilleta a l'esquena i botes de muntanya als peus. Quan el porter ens va veure amb aquella indumentària, li van entrar unes ganes sobtades de parlar amb nosaltres:

–Bona tarda! On van els senyors?

–A prendre un cafè –vaig pensar que era el més innocent que es podia fer al Ritz.

–Tenen reserva?

–Reserva per al cafè? No, la veritat és que no.

–Doncs, em sap molt greu, però sense reserva no podrà ser.

No vam saber ni què contestar-li. Ens vam quedar a la porta de l'hotel, mirant-nos com un parell d'ànimes en pena. Mai m'havien mentit amb tanta educació i, al mateix temps, d'una manera tan humiliant. Fins i tot, en això el Ritz és diferent. Als altres hotels, et demanen que reservis habitació; aquí el que has d'encarregar quinze dies abans és el cafè. Deu ser perquè tinguin temps de preparar-te'l a consciència.

Des d'aquell dia, han passat vuit mesos. Avui, 13 d'agost, farem un segon intent d'entrar al Ritz. Tampoc tenim reserva, però dubto que la necessitem. Semblem unes altres persones. La motxilla de la primera vegada l'hem deixat a l'habitació, i els anoracs i les botes són a Barcelona. Aquesta nit, la Núria porta un vestit llarg de fil i jo, l'americana que ha estat penjada a darrere el cotxe des que vam marxar de Barcelona. Sort que vaig fer cas de Josep Maria Espinàs, que em va renyar per anar-me'n a Europa sense ni una trista americana. La primera nit ja em va salvar la vida per entrar al casino de Montecarlo i ara espero que també funcioni al Ritz.

Al mig de la Place Vendôme, m'abraço a la Núria i sortim decidits cap a la porta de l'hotel. Aquesta vegada, parlarem primer nosaltres.

–*Bon soir!*

–*Bon soir, madame! Bon soir, monsieur!*

Ha funcionat!!! Ens ho diem amb una mirada de complicitat, només travessar les portes giratòries de l'hotel. Lleugerets, entrem cap a dins, no fos cas que s'hi repensessin. Si fa vuit mesos, l'excusa va ser que no teníem reserva per al cafè, avui són capaços d'inventar-se que els divendres al vespre tanquen l'hotel a les deu.

Del Ritz, m'impressiona el silenci. No hi ha ningú enlloc. Ni tan sols veiem la recepció. Avancem per un passadís llarg, enmig de parets emmirallades, sostres alts i moqueta al terra. Semblem uns *okupes* que acaben d'entrar a la residència dels marquesos de Vendôme. Però els senyors no hi són. Deuen haver sortit a passejar i s'han deixat tots els llums encesos.

Quan arribem a una saleta amb sofàs, no podem resistir la temptació de seure-hi. Si ara ens fessin fora, ja podríem explicar que un dia de l'estiu del 1999 ens vam escarxofar a l'hotel Ritz.

A l'instant que ens aixequem, apareix un empleat que espolsa els coixins i torna a deixar els sofàs immaculats, com si volgués esborrar qualsevol rastre de la nostra presència. No sé d'on ha sortit aquest home. Fa un moment no hi havia ningú, aquí. «Deu estar tot ple de càmeres de seguretat», sentencia la Núria en veu baixa.

A poc a poc, enfilem un segon passadís més estret que ens condueix a la porta del bar Hemingway. Sí, l'escriptor americà també va ser client habitual del Ritz, fins al punt que, després de l'última reforma, van posar el seu nom a un dels bars de l'hotel. Tant és que vagis a Cuba, a l'Àfrica, o a França; a tot el món hi ha establiments que pretenen singularitzar-se amb un rètol que diu: «Aquí va beure Hemingway». La pregunta és: i a on no va beure Hemingway?

El bar del novel·lista americà el trobem tancat per vacances. Anem al Vendôme, l'altre que hem vist a l'entrada de l'hotel. La decoració és tal com m'esperava: parets tapissades de color granatós, palmeres a cada cantonada, taules que semblen petits reservats, una llum molt tènue i una pianista negra, al centre de la sala, que interpreta (quina originalitat!) *As time goes by*, de la pel·lícula *Casablanca*.

El final de la cançó és rebut al bar Vendôme amb tímids aplaudiments. Sembla com si els clients del Ritz, per la seva condició, no volguessin demostrar gaire entusiasme per res. El matrimoni que tenim assegut a davant n'és el millor exemple. Ell aplaudeix amb la mateixa delicadesa que si colpegés un nen petit que ha de fer un rotet, i ella em recorda quan la meva mare m'agafava el palmell de la mà i em feia el «ralet, ralet» (en aquest cas, sense el «pica dineret», que al Ritz no cal).

La pianista s'aixeca i passa a saludar els clients, taula per taula.

–*Where are you from?* –ens demana en anglès.

–Barcelona –li contesto jo, amb aquesta fórmula tan catalana, per no haver de dir «*Spain*» ni tampoc explicar al primer que passi que «*Catalonia is a small country*».

–*Barcelona? Oh, lovely! I love Barcelona!*

I després d'aquestes paraules, se'n va. Sense deixar-nos ni temps de preguntar-li per què li agrada tant Barcelona. Ja deuen haver passat els vint segons que li corresponia dedicar-nos. Ara és el torn de la taula del costat. Paro l'orella per intentar seguir què diu la pianista:

–*Los Angeles? Oh, lovely! I love Los Angeles!*

Si m'ho arribo a pensar, li dic que sóc de Taradell. Em puc imaginar la resposta.

Un home que seu sol ha aprofitat el final de la música per apropar-se a la taula d'una dona, que també té un whisky com a única companyia. S'ha presentat, li ha donat la mà i s'ha assegut al seu costat. «Calla, que sabrem com es lliga al Ritz», ha dit la Núria.

Els hem vist que parlaven encara no cinc minuts, i que marxaven junts del bar. Ara acaben de tornar. Trien una altra taula, demanen una copa, brinden i continuen xerrant, com si res. Quina rapidesa! No ha passat ni un quart d'hora entre la primera frase que es deuen haver dit («a la teva *suite* o a la meva?») i l'última («sempre ens quedarà París»). Per segons què, els clients del Ritz no perden el temps.

També és el cas de dos homes calbs i amb ulleres que, en un altre racó de la sala, tenen unes companyies sospitosament joves i espectaculars: un noi negre vestit amb un *mono* vermell de lluentons, i una noia amb texans estrets i una brusa lligada a la panxa amb un nus. Si la Núria i jo ens presentem així, no hauríem ni passat de la porta. Segur que amb una bona propina, als clients habituals, se'ls permeten totes les excentricitats possibles. Més que al Ritz sembla que estiguem a qualsevol hotel de Cuba: una nit de luxe a canvi de favors sexuals.

Em sembla que ha arribat l'hora de marxar. A la sortida, em fa por no haver begut massa. O tinc al·lucinacions o a fora el Ritz hi ha una concentració de 5.000 patinadors. Suposo que deu ser veritat, perquè noto un cert nerviosisme entre el cos de seguretat de l'hotel. Han protegit tota la porta principal amb reixes metàl·liques. Una cosa és que aquesta nit haguem entrat nosaltres dos i l'altra que 5.000 persones suades, i vestides amb samarreta i pantalons curts, poguessin *okupar* els salons del Ritz.

Com cada divendres a la nit, milers de persones recorren la ciutat amb uns patins als peus, durant més de tres hores. Des del 1993, París s'ha convertit en la capital europea del patinatge urbà. L'itinerari d'avui es dedica a Alfred Hitchcock, justament el dia que es compleix el centenari del seu naixement. Per això, la silueta del cineasta es projecta a les façanes d'alguns edificis de Montparnasse, St-Germain, Montmartre i l'Opéra.

A davant del Ritz, hi toca el descans. Veig els patinadors estirats al terra de la Place Vendôme (més dura que les places dures de Barcelona), com si fos una platja. S'eixuguen la suor, beuen aigua i recuperen forces per continuar el trajecte. Mentrestant, n'hi ha uns quants (un centenar, potser) que s'exhibeixen donant voltes a tota velocitat a l'obelisc de 44 metres que Napoleó va ordenar construir al centre de la plaça.

Amb un cop de xiulet, tot retorna a la normalitat. Els patinadors reprenen el recorregut pels carrers de París, el Ritz obre les reixes de nou, i nosaltres tornem a entrar a l'hotel. No m'agradaria marxar sense haver visitat els lavabos.

Allà, hi descobreixo el detall més *chic* de tot l'hotel. Als urinaris masculins, una pantalla inclinada de vidre transparent protegeix els peus de les possibles esquitxades. No ho havia vist mai. Em sembla una bona idea, però aplicada en un lloc equivocat. Seria més útil en ambients més humils, on una taca de pipí es converteix en una llàntia per a tota la vida.

Els multimilionaris clients del Ritz, si s'esquitxen les sabates, se les poden fer netejar per una dotzena d'empleats. O sortir al carrer a comprar-se'n setanta de noves.

El déu de la gastronomia

«Com és possible governar un país que produeix 370 formatges diferents?»

CHARLES DE GAULLE

«Jo aspiro a que en la meva làpida s'hi digui: "Aquí reposa Nèstor Luján, que no va menjar mai una hamburguesa, ni una pizza, i que només va beure mitja Coca-cola, que se la va partir amb Josep Pla.»

NÈSTOR LUJÁN

A la Borgonya, hi fa massa calor. És diumenge a primera hora de la tarda, i el carrer principal del poblet de Le Rochepot em recorda el passadís d'entrada a l'hotel Ritz: no hi ha ningú enlloc. Els veïns, o són de vacances, o es protegeixen del sol a l'interior de les cases. Només veig quatre homes que suen jugant a la petanca, amb espardenyes còmodes, la camisa descordada i un cigarret a la boca. No sé què hi troben els francesos, en aquest esport. Fins i tot, el retransmeten per televisió. Ja són ganes demanar una pizza, unes cerveses i reunir els amics a casa per seguir una partida de petanca!

París pot ser la capital més visitada del món, però la singularitat de França és la *province*, la seva vida rural. Hi ha tants municipis escampats per tot el territori (36.558), que en toca un per cada 1.522 francesos. El país més gran de la Unió Europea té forma d'hexagon, una figura geomètrica amb costats tan contrastats com ara el canal de la Mànega, l'Atlàntic, els Pirineus, el Mediterrani, els Alps i el Rin. Per nosaltres, un parell de dies a la

Borgonya, a 300 quilòmetres de París, se'ns presenten com una temptació gastronòmica irresistible.

A primera vista, Beaune –la capital vinícola de la regió, amb 20.000 habitants– sembla tan deserta com Le Rochepot. Aparquem el cotxe al costat d'un home que es baralla per engegar un Citroën 2CV –que només deu agafar els diumenges–, i d'un forn que fa hores extres els festius. De la rebotiga, en surt la mestressa, que estava mirant la tele amb la família (petanca, potser?) i ens despatxa unes ulleres de pasta de full. Quina manera tan modesta de començar el nostre recorregut sibarita per la França rural!

Els hipermercats són la principal amenaça del petit comerç francès. Enlloc d'Europa hi ha tantes grans superfícies com en aquest país. Les veig als afores de totes les poblacions i a les contraportades dels diaris locals, anunciant les ofertes de la setmana. Aquests dies, els poderosos agricultors francesos que fa anys cremaven camions espanyols han guanyat una curiosa batalla política als hipermercats. A partir de demà, dilluns, serà obligatori que fruites i llegums portin un etiquetatge doble: per un costat, el preu de venda al públic i per l'altre, la quantitat que n'ha cobrat el productor. Els pagesos esperen que amb aquesta mesura tothom s'adoni de la misèria que els paguen i dels marges comercials abusius de les grans superfícies.

Els primers dies són un caos. Als mercats ningú s'aclareix. Els clients agafen un quilo d'albercocs i no saben ni què n'han de pagar. En l'espai d'una sola etiqueta, hi llegeixen fins a quatre preus diferents: el cost inicial del producte en francs i en euros, i el preu final, també en les dues monedes. El pròxim pas serà penjar un llibre amb les instruccions de pagament a la pell de cada albercoc. Llevat que la Unió Europea prefereixi que n'hi hagi dos: un en francès i l'altre en anglès.

La implantació dels hipermercats a França contrasta amb la importància que també tenen les botigues especialitzades i els productes alimentaris amb denominació d'origen. El meló ha de ser de Cavaillon, les anxoves de Cotlliure, el vinagre de Banyuls, la mostassa de Dijon, la *volaille* (gallina) de Bresse, la vedella de Charolais o els cargols de la Borgonya. Amb el vi, passa el mateix. A França, hi ha més de 300 regions vinícoles amb *Appellation d'Origine Contrôlée*. De la Borgonya, només en surt el 5 % de la producció total de vi francès, però amb noms tan mítics com ara Chablis, Mersault i Clos de Vougeot.

El 15 d'agost, el verd intens de les vinyes indica que s'acosta la verema. És un gust mirar el paisatge de la Borgonya, extraordinàriament net i endreçat, gràcies a la simetria amb què s'alineen les vinyes. Aquí no passa com a Escòcia, on totes les destil·leries de whisky ja són en mans de multinacionals. A la Borgonya, el vi encara és un negoci familiar i artesanal. Els propietaris controlen fins a l'últim detall del procés.

Fins i tot, al poble de Morey-St. Denis, el minúscul cementiri municipal està envoltat de vinyes pels quatre costats. Segur que una connexió per sota terra permet que, després de morts, els antics propietaris continuïn comprovant la qualitat de les anyades. No m'estranyaria que a les seves làpides aparegués l'epitafi de Groucho Marx, etíl·licament deformat: «Perdonin que no ens aixequem... estem de ressaca».

Alarma al Paul Bocuse

Aquestes setmanes voltant per tot Europa, hem trobat restaurants que per simular una qualitat que no tenen es posen un nom francès. Els regenten impostors que es pensen que per dir-se *La Provence*, *Le Plaisir à Table* o *La Vie en Rose*, i per encendre quatre espelmes a les taules, ja tenen dret a fer-te marxar amb la cartera i la panxa buides.

A França també es pot menjar malament, però és una mica més difícil. T'hi has d'esforçar. Nosaltres no ho aconseguirem fins d'aquí a un parell de dies a Marsella. La primera nit en aquella ciutat mediterrània, soparem dues vegades: una, en un restaurant del port, on deixarem intactes una sopa de peix amb gust de clor i un parell de llenguados anorèctics i carbonitzats, i l'altra en arribar a l'hotel, dos bikinis abans no tanquin la planxa del bar, i encara gràcies.

Amb totes les excepcions que es vulguin, a França es concentren alguns dels millors cuiners i restaurants del món, tal com acredita la *Guia Michelin* que (oh, casualitat!) també és francesa. Només dos restaurants catalans mereixen les tres estrelles, el màxim reconeixement d'aquesta publicació: el Bulli, de Ferran Adrià, a Roses, i el Racó de Can Faves, de Santi Santamaria, a Sant Celoni.

A la Borgonya, com aquell qui diu, hi ha un tres estrelles Michelin a cada poble. Però nosaltres, que ens agrada complicar-nos la vida, tenim taula encarregada a 150 quilòmetres d'aquí. El Paul Bocuse, el que diuen que és el restaurant més conegut del món, ens espera als afores de Lió. Algú ens hauria d'haver advertit que allò no és simplement un gran restaurant. Estem a punt d'entrar al santuari del déu de la gastronomia.

Només d'arribar al restaurant veig que, a la façana de l'edifici, hi apareix el propietari pintat a mida real. Quin mal gust, tot un pany de paret per a aquest home! Al seu costat, hi ha un *botones* negre, vestit de vermell de cap a peus. D'entrada, dubto que no sigui un dibuix, també. Però ho descarto a mesura que ens acostem amb el cotxe; al noi se li va dibuixant un somriure a la boca, es posa a caminar i s'acosta a obrir la porta de la Núria. Jo, com si no hi fos. Es veu que aquestes atencions només són per a les noies.

Després d'esperar-me una estona assegut, acabo acceptant que hauré de baixar pel meu propi compte. Tanco la porta de cop i comença a sonar l'alarma del cotxe. No pot ser! Mira que hi ha llocs perquè es dispari l'alarma, doncs no; m'ha d'anar a passar la primera vegada a la vida que vaig a un tres estrelles Michelin i tinc un *botones* al meu costat!

El noi ja no ensenya les dents blanques. Ha perdut el somriure i comença a mirar-nos sospitosament. Jo faig cara de disculpar-me i esgoto el repertori de gestos per fer veure que intento parar aquest terrabastall: obro i tanco la porta, pujo i baixo el botó de seguretat, i premo, una vegada i una altra, el del comandament a distància. L'alarma continua xisclant com si res, i jo ja no sé ni on mirar.

El conserge, que ara ja no té cap dubte que el cotxe és robat, crida el cap de seguretat del local. S'acosta un home alt i gros, vestit de paisà. Aquest, per raó del seu càrrec, fa veure que sí que es creu que som els propietaris del vehicle. Em demana que obri el capó i l'únic que aconseguim és amplificar el volum de l'alarma, fins a nivells insospitats. Algunes persones que sopen a les taules del menjador –les de més a prop de la finestra– es giren cap a fora, per descobrir què passa.

Sí, sí, som nosaltres. És que hem robat un cotxe i ara ho venim a celebrar amb un bon sopar –em vénen ganes de cridar.

Mentrestant, el cap de seguretat continua inspeccionant el motor. Li sembla que ha trobat un sistema per desconnectar l'alarma.

–Necessitaria algunes eines. Em pot dir on són, si us plau.

–Les eines? Mmm, mmm..., doncs no ho sé, la veritat. No les he hagut de fer servir mai.

Amb aquesta resposta, he confirmat totes les sospites de l'home i el noi. Abans no cridin a la policia, m'ofereixo a retirar el cotxe i aparcar-lo 200 metres més avall, en un lloc que almenys no molesti els que estan sopant. Com passa sempre en situacions compromeses, quan el deixo allà, l'alarma es para en sec, tal com s'havia engegat. Sense saber com, ni per què.

Ens mirem amb la Núria, respirem fondo i amb el cor encara accelerat, entrem al restaurant. No em puc imaginar una arribada més triomfal al Paul Bocuse. A partir d'aquest moment, el conserge ens marcarà de prop tota la nit. Pel que pugui ser.

La porta del menjador ens l'obre una noia amb un vestit jaqueta de color cru. Ella mateixa ens confirma la reserva (el nom que van apuntar per telèfon s'assembla a més a Pratsobreroca que no pas a Om) i comunica el nostre número de taula a una senyora gran que s'espera al seu costat. Aquesta dona (que després descobrirem que és l'esposa de Paul Bocuse) només ens acompanya fins a mitja sala. Un cop allà, ens deixa en mans d'un home que dedueixo que deu ser el *maître*, perquè va vestit amb americana negra i porta una insígnia platejada a la solapa esquerra.

Tot plegat sembla una cursa de relleus i que nosaltres siguem el testimoni, que es passen de l'un a l'altre. No és que estiguem tancats a fer noves amistats, però en només deu metres, ja hem tractat amb tres persones diferents. L'últim home, després de perdonar-nos la vida amb la mirada, ens assenyala la nostra taula. Allà ja ens esperen el conserge, amb la mateixa cara de desconfiança, i un altre cambrer, que s'agafa fort l'americana (perquè no la hi robem, suposo). Els dos interpreten la mateixa comèdia, amb gestos mimètics, per apartar-nos la cadira i fer-nos seure.

Som en un extrem de la sala. Des d'aquí, podem veure perfectament la decoració ostentosa i recarregada del local, amb daurats pertot arreu. De seguida, adverteixo unes càmeres de seguretat al sostre, que enfoquen cap a unes pintures i a un moble de fusta, que semblen de qualitat. Espero que aquestes mesures de vigilància siguin permanents. No m'agradaria pensar que les han instal·lat ara, a corre-cuita, per a nosaltres: la parella que va amb un cotxe robat. Així és com ens deuen conèixer els cambrers, quan parlen entre ells.

Tot el que es pugui imaginar –la vaixella, la cristalleria, la coberteria, els tovallons i fins el més mínim complement– està marcat amb el nom i la silueta de Paul Bocuse. Ho deuen fer perquè, si algú ho roba, tingui més problemes a l'hora de vendre-s'ho. La noia del costat està escurant un plat amb salsa i, molt lentament, veig com comença a aparèixer el perfil de l'omnipresent (i pel que sembla, egòlatra) cuiner francès.

Ens porta les cartes el *maître* que hem conegut abans a peu dret i un altre que va vestit igual (i que, per tant, deu ser del mateix rang) ens ve a demanar què volem. Hem triat el menú degustació; vuit plats per 780 francs, unes 20.000 pessetes per cap. I jo que em pensava que als restaurants els menús sempre eren l'opció més barata...

Començarem amb un aperitiu, un tastet de crema fina de llagosta amb niu de caviar; després un entrant, *foie* fresc de casa cuit a l'Oporto, i dos plats principals de peix, filets de llenguado amb salsa Bercy, i roger en un llit de patates cruixents amb tàperes. Després, un granissat de vi de Beaujolais, per tirar avall; una carn de caça, colomí en fulles de col nova; una selecció de formatges, i un carro amb una dotzena de postres diferents, entre els quals he vist pastís de fruites, crema de xocolata, o *crème brûlée*, una espècie de crema catalana. Llegit en francès, el menú encara impressiona més: el roger amb patates i tàperes és *rouget barbet en écailles de pommes de terre croustillants aux crâpres*. Les racions són tan petites que tardarà més el cambrer a dir-ne els noms que jo a menjar-me-les.

El *maître* que pren nota del menjar no vol saber res del beure. Deu ser d'aquells que s'atabalen quan té moltes coses al cap. Per al vi ens envien el *sommelier*, un noi vestit amb un davantal negre de pell, i una mena de conxa de plata, al pit. Em dóna una carta de vins que sembla un volum de l'Enciclopèdia Catalana. Fins i tot, té un índex perquè no em perdi. Quaranta-vuit pàgines per les dues cares, amb els noms de totes les ampolles i al costat uns preus que, per les quantitats que veig, diria que estan expressats en pessetes, i no pas en francs.

Dissimuladament, quan han coincidit a mig passadís, el *maître* ja li ha explicat, al *sommelier,* els plats que ens menjarem. Segons això, aquest noi intenta seleccionar la beguda que lligui millor amb la nostra tria gastronòmica. Jo aguanto la carta i ell em comença a assenyalar alguns negres Pinot Noir de la Borgonya. No miro ni el nom, ni l'anyada, ni la denominació d'origen; només tinc curiositat per la columna dels preus. No n'hi ha cap que baixi de les 15.000 pessetes. Quan en marca un de 10.000, li agafo la paraula i li dic que sí, que ja m'està bé aquest.

Però encara no hem acabat. Ara toca buscar el blanc, un Chardonnay de la Borgonya. Per això, repetim una altra vegada el ma teix procediment, fins que, com a mal menor, me'n troba un de 12.000 pessetes. Els preus m'han deixat tan distret, que no se m'acut altra cosa que donar-li les gràcies. No sé per què, francament.

A partir d'aquí, es posa en marxa el dispositiu de Transport i Tast del Vi (TTV). Un cambrer jove, i vestit de blanc, porta les dues ampolles i les deixa en una taula adjunta a la nostra. Darrere seu, ve un segon *sommelier*, obre el vi, es posa els taps al nas, se'n serveix una mica de cada un a la conxa de plata i els tasta, primer el blanc, i després el negre. Quina barra! Al preu que van i encara se'l beuen ells! El dispositiu TTV es tanca quan torna el primer *sommelier* i em demana si ens agraden els vins que ell ha seleccionat. I a mi què m'explica, si encara no l'he provat!

A aquesta altura del sopar, no ens han portat cap plat i ja hem tractat amb nou persones diferents. Si continuem amb aquesta mitjana, sortirem d'aquí havent saludat mitja ciutat de Lió! Ara mateix, tindria ganes d'anar a rentar-me les mans, però vés a saber a quin cambrer li he de demanar on és el lavabo. Segur que només hi ha un empleat responsable del servei i que tots els altres se sentirien terriblement ofesos si m'hi dirigeixo amb aquest propòsit.

Al Paul Bocuse, la jerarquia és molt estricta. Els cambrers d'americana blanca (a part de tacar-se amb més facilitat) no poden servir mai a les taules. Només estan autoritzats a portar plats des de la cuina fins a les mans dels que vesteixen amb americana negra. Per una vegada, els negres són els que manen i els blancs els que han de callar i obeir.

De camí cap al lavabo (he decidit que ja sóc grandet i el puc trobar jo sol) veig una botiga on venen, entre altres coses, llibres, vaixelles, salers, pòsters i obridors. I no diríeu mai quina cara surt a tots aquests objectes? Doncs sí. La de Paul Bocuse. La mateixa que, a les fotos de les parets del restaurant, apareix al costat de Bill Clinton, François Mitterrand o Frank Sinatra. I també la mateixa que, quan estic fent un pipí, veig a sobre l'urinari, en una portada dels cinquanta anys de la revista *Paris Match*, al costat d'Alain Delon, Valéry Giscard d'Estaing o Edouard Balladur. Si avui somio en aquest home serà perfectament comprensible. S'està convertint en una de les distraccions de la nit, caminar pel local i jugar a trobar on és Paul Bocuse. Com en aquells llibres, que tothom busca en Wally.

L'altre al·licient entre plat i plat és observar les taules que tenim al voltant nostre. Una l'ocupen un matrimoni d'uns cinquanta anys i un noi de vint, que m'imagino que és el seu fill únic. Ell té pinta de ser empleat de banc i d'haver fet moltes hores extres per permetre's que avui, que fa anys del seu casament, poguessin venir a sopar aquí. De fet, la majoria de clients no semblen reconeguts gastrònoms, sinó persones que han dit: «un cop a la vida, val la pena anar a un lloc d'aquests». I han anat a parar a casa del cuiner més famós del món, que no vol dir que la crítica el reconegui com el millor. Altres professionals més innovadors, com els francesos Joel Robuchon i Alain Ducasse i el català Ferran Adrià, tenen més prestigi que el veterà Paul Bocuse.

A la taula del costat nostre, hi tenim dues dones –posaria la mà al foc que són mare i filla– que, quan han entrat, han merescut l'honor de ser saludades personalment pels *maîtres*, amb una encaixada de mà. Són les úniques que aparenten ser clients habituals. Pel moreno sobtat que llueix la mare, fa la impressió que hagi vingut a sopar directament des del solàrium. Llàstima que s'acabi de menjar dos postres. Ja veig a venir que demà haurà d'anar al gimnàs i començar el règim.

A la tercera taula que tenim a la vista, hi sopen dues sospitoses parelles de mitjana edat. Les dones es comporten amb els cambrers amb l'arrogància de les noves riques, i els homes semblen contrabandistes. Un porta el braç enguixat, com el Lute quan sortia de robar gallines, i l'altre va amb samarreta groga i una barba tan tancada que se la deu afaitar tres vegades el dia, i encara mai li queda la cara neta. Quan marxen, el *maître* s'afanya a comprovar que han deixat els diners a sota la factura (aquesta gent no paga mai amb Visa), abans no hagin engegat el cotxe i ja sigui massa tard per perseguir-los.

La quarta i última taula del nostre menjador és la més curiosa. L'ocupen set japoneses joves, que fotografien tots i cadascun dels plats del menú degustació. No m'estranya. Els plats són petites obres d'art (sobretot, petites). La barreja de colors i textures és tan estudiada que, més que menjar-me'ls, me'ls quedaria mirant tota la nit.

Em fa molta gràcia la coordinació que demostren les japoneses. Quan les han servit a totes, enretiren la cadira, s'aixequen de puntetes per tenir millor perspectiva i retraten la creació culinària, les set en el mateix instant. La resta del sopar se'l passen en silenci. Només parlen una vegada en veu alta per demanar al cambrer que els faci una foto a totes juntes.

Aquest restaurant ja s'ha convertit en una atracció turística més de França. Per si en teníem algun dubte, ho comprovem a l'hora de pagar. Ens porten la factura i una carta del restaurant com a regal. Perquè no marxem del Paul Bocuse sense cap *souvenir*.

És com aquell qui va a París i torna amb una Torre Eiffel en miniatura.

Marsella, en un país multicolor

«El port de Marsella és on es dóna cita el món sencer: no trobem dues persones vestides de la mateixa manera, no trobem dos homes que parlin la mateixa llengua.»

ALEXANDRE DUMAS,
Voyage dans le midi de la France

«Marsella és ara el que devia ser Pèrsia a l'Antiguitat, Alexandria a l'Edat Mitjana: una Babel de totes les nacions.»

GUSTAVE FLAUBERT,
Par les champs et par les grèves

–Ja tornes a filmar?

–Va, digues alguna cosa, Albert.

–Què vols que digui?

–No sé, tu mateix, explica on som, la calor que fa...

–Hola, com va? Som a Marsella i, com podeu veure, per fi tenim estiu. Tot el sol que no hem vist durant dos mesos el fa avui, aquí. I de moment, això és tot. Us deixem perquè hem d'anar a banyar-nos. Va, talla, pesada!

La càmera és com la tercera persona del viatge. Quan la Núria o jo li parlem, ens fa l'efecte que ens escolta i que ens veu algú que no som nosaltres. Mentida. Això no s'ho mirarà ningú, quan arribem a Barcelona. Perdríem tots els amics, si ho intentéssim. Queden tres setmanes llargues de periple per Europa i el vídeo ja dura més que *Lo que el viento se llevó*.

Amb la càmera de fotos, encara no hi parlem. No estem tan malament. Això sí, tractem els carrets usats com si fossin fills nostres. En tenim deu i són tan petits que ens caben tots a la motxilla. Per no perdre'ls, els portem sempre a sobre. Com tots els pares del món, les poques vegades que ens n'hem de separar, patim perquè no els passi res. Ara mateix, som a la piscina de l'hotel i els hem deixat sols a dalt l'habitació. Què deuen fer? Si almenys els poguéssim trucar...

No ens banyàvem des de Dinamarca, des d'aquell diumenge de principis de juliol que vam parar en una platja de la península de Jutlàndia. Avui, hem tret del fons de la maleta els banyadors arrugats, ens hem posat xancletes (les mateixes que no vam agafar per anar a la sauna finlandesa) i hem baixat a remullar-nos.

A primera hora de la tarda, no queda cap gandula lliure. O l'hotel és molt gran i té molts clients, o tot Marsella es ve a banyar aquí. El màxim que podem arreplegar és un parell de cadires de plàstic. Això sí, tothom està molt moreno. És com si amb la llum i el sol del Mediterrani, la ciutat i les persones haguessin recuperat el color.

A dins l'aigua, les coses no milloren. Nedar és impossible. Només tenim espai per sucar-nos. De puntetes, fem petits saltironets amunt i avall, sense moure'ns de lloc ni estirar els braços per no topar amb cossos desconeguts. Igual que dos melindros entrant i sortint de la xocolata desfeta.

Estem allotjats al mateix hotel on viu des de fa un parell de setmanes, l'exfutbolista del Barça Iván de la Peña, que aquesta temporada 1999-2000 juga a l'Olympique de Marsella. És la primera informació que ens ha donat el recepcionista, quan ha vist que érem de Barcelona: que si va arribar el 5 d'agost, que si el francès no és el seu fort, que si té un cotxe impressionant... Si li fem un parell de preguntes més, segur que ens acaba explicant què esmorza, amb qui dorm i com és la roba interior que Iván de la Peña envia a la bugaderia.

A Marsella, hi ha molta afició al futbol. Els èxits de l'equip local els últims anys han accentuat l'orgull dels seus habitants enfront dels parisencs. Passejant pel Port Vell, trobo una parada amb samarretes de l'Olympique. Al pit, no hi han estampat el nom de cap patrocinador, sinó les divuit diferències entre Marsella i la capital de França. Me n'apunto unes quantes, sota la mirada atenta del venedor, que es deu pensar que estic fent espionatge per a la competència:

Ells són pàl·lids/Nosaltres som multicolors.
Ells estan tristos/Nosaltres ens morim de riure.
Ells són submisos/Nosaltres som rebels.
Allà plou/Aquí ens banyem.
Ells mengen fluixet/Nosaltres ens afartem d'allioli.
Ells vénen a casa nostra de vacances/Nosaltres no hi hem d'anar a fer res, a casa seva.

Ridiculitzar els parisencs és una de les aficions d'aquesta ciutat mediterrània. Marsella és un altre món. Sembla impossible que de la Borgonya fins aquí, només hàgim conduït 400 quilòmetres. En tres hores, hem deixat enrere l'ordre i la netedat de Dijon i ens hem submergit en el caos de Marsella. Mai com avui havia notat un contrast tan fort, durant el viatge per Europa. Ni els dies que hem canviat de país.

Si m'haguessin portat aquí amb els ulls tancats, i m'haguessin deixat al mig del cèntric mercat dels Caputxins, no hauria endevinat mai que érem a França. Ni tan sols a Europa, hauria dit. De totes les botigues, en surt música àrab; a les parades, hi ha fruites i espècies africanes; i pels carrers, trobo dones de pell negra amb túniques d'estampats vistosos, i magrebins que demanen caritat en un idioma, per mi, irrecognoscible.

Marsella és la connexió marítima de França amb Àfrica i amb el seu passat colonial. Del port, en surten barcos que enllacen regularment el sud de França amb el nord d'Àfrica. La ciutat és plena d'immigrants. No és només al mercat dels Caputxins ni als barris dels afores. A la nit, grups de nois joves es concentren als voltants del Port Vell per tocar ritmes africans amb els bongos. Alguns homes, amb una túnica fins als peus, venen artesania de fusta, i un parell d'àrabs, un al violí i l'altre a l'acordió, toquen el *Que viva España*, potser perquè el seu fatigós periple per Europa va començar precisament a Espanya, i aquesta és la primera cançó que es van haver d'aprendre perquè algú els llancés monedes per menjar.

Des de l'església de Notre Dame de la Garde, el punt més alt de la ciutat, veiem tot Marsella: al sud, les zones residencials i al nord, la *banlieue*, suburbis d'arquitectura horrorosa, on l'atur arriba fins a xifres insospitades i cada dos per tres esclaten nous conflictes racials i socials. Aquesta és una de les poques coses que Marsella deu compartir amb París: l'existència de barris sencers, autèntics ghetos de població immigrant als afores de la ciutat.

França segueix per televisió reportatges sobre la vida i els episodis de violència a la *banlieue* i no els reconeix com una cosa pròpia. Mentrestant, molts dels estrangers que hi viuen s'aferren a les poques coses que els pertanyen: la religió musulmana, la música *rap* i el *verlan*, una deformació de l'idioma francès que consisteix a canviar l'ordre de les síl·labes perquè ningú els entengui. Per ells, una dona no és una *femme*; és una *meuf*.

Enlloc com a Marsella es palpen les tensions de la nova França multiracial. A les eleccions, un de cada quatre vots és per al Front Nacional (FN), el partit xenòfob d'ultradreta, que fins i tot governa a Vitrolles, Orange i Toulon, altres ciutats del sud-est del país. Els seus seguidors no toleren que a França hi hagi quatre milions de musulmans, que un 10 % de la població sigui d'origen immigrant, i que 18 milions de francesos tinguin pares o avis estrangers.

Per tota la Unió Europea, sorgeixen altres brots d'intolerància racista. L'arribada d'extracomunitaris –d'Àfrica o de l'Europa de l'Est– encara genera moltes reticències. Sembla un contrasentit, si fem cas a un informe que acaba de publicar l'ONU i que assegura que Europa necessitarà, en els pròxims 25 anys, 160 milions de treballadors estrangers, per fer front a l'envelliment de la població.

L'Europa uniformement blanca i cristiana té els dies comptats. Però ha decidit morir matant. Per això, en lloc d'anar a buscar els immigrants que li fan falta per cobrir llocs de treball, els obliga a jugar-se la vida travessant l'Estret en perillosíssimes pasteres, viatjant espantats al doble fons d'un camió o amagats al motor de qualsevol barco.

Els més afortunats arriben aquí i, quan són en un d'aquests suburbis de Marsella, es desperten a batzegades del somni europeu. Res no és el que es pensaven.

El millor preludi del sud d'Itàlia

Marsella fa tota la impressió de ser una ciutat d'espavilats. En dos dies, ens hem trobat uns quants grups de joves amb els cabells engominats enrere, morenos de pell i espitregats fins al melic. Estan fets uns pinxos. Van amb moto sense casc, deixen els cotxes a sobre les voreres o els aparquen en una cantonada, amb les portes obertes i la música a tot volum.

A Marsella, qui fa trampes i se'n surt, està ben vist; tant és que siguin petites infraccions de trànsit, com estafes i corrupcions de més alta volada. Obeir la llei és de rucs. Per això, aquesta ciutat és el millor preludi que podíem tenir abans d'anar a Roma i Nàpols. Demà al matí, marxem cap al sud d'Itàlia. Segons l'ordinador, de Marsella a Roma hi tenim 895 quilòmetres i vuit hores de viatge. Ens espera tot un dia a la carretera i passant per Gènova, que això és el pitjor.

Només de pensar en aquella autopista, se me'n van les ganes de conduir. No en conec cap de més avorrida. Ja la vam fer l'11 de juny per anar de Montecarlo a Mòdena. Que frescos estàvem el segon dia de viatge! «I jo que prima! Pesava set quilos menys que ara», hi afegeix la Núria.

Aleshores, ens vam entretenir a comptar, un per un, tots els túnels del tram de Niça a Gènova. Fins i tot, ens hi vam jugar un sopar; pel que jo recordava d'un altre estiu, n'hi devia haver 25, com a mínim. La Núria, exagerada com sempre, va dir 50. Al final, en només 270 quilòmetres, vam trobar 176 túnels consecutius. Un per minut.

El primer ens va fer molta gràcia, el segon també, però quan en portàvem 83 volíem escapar i no sabíem com. Era un malson. N'hi havia de totes mides: el més petit feia 36 metres i el més gran, 2.006. En algunes rectes, entràvem en un túnel i ja vèiem la sortida del quart, perquè estaven posats en fila, un darrere l'altre.

Dels llums del cotxe, no me'n vaig ni preocupar. Els vaig engegar al primer túnel i no els vaig tancar fins a l'últim, al cap de gairebé tres hores. El problema van ser les ulleres de sol. Perquè no m'enceguessin els canvis de claror, me les havia de treure a l'entrada de cada túnel i tornar-me-les a posar a la sortida. En total, vaig repetir aquesta operació 352 vegades. Només demano que demà, quan hi tornem a passar, estigui ennuvolat.

Aquell 11 de juny recordo que em vaig quedar amb les ganes de dormir a Gènova. Havia llegit a *La Repubblica* que Bruce Springsteen hi actuava el vespre. M'hauria agradat acabar el dia sentint com el *Boss* cantava *Tunnel of love*. Hauria estat el túnel que feia 177.

El xafogós "ferragosto" romà

«Una Roma masculinizada es un dios divinamente pagano, un titán, un tritón de Fontana de Bernini, que nos sodomiza produciendo una irritación que ya nunca se calma.»

TERENCI MOIX

La Visa ha dit que prou. A Roma, en una barberia de Campo de Fiori, ja no m'han deixat pagar amb targeta. No m'estranya que hagi superat el límit mensual. Les últimes setmanes, aquest tros de plàstic ha passat per les mans de mitja Europa. Fins i tot jo, de tant donar-los per telèfon, ja sóc capaç de recitar de memòria la data de caducitat i el número de 16 xifres de la targeta. Ara no la podré tornar a utilitzar fins que, d'aquí a 48 hores, La Caixa no me'n renovi el crèdit. Gairebé no me'n recordo, de com era un dia sense Visa.

Avui m'he tallat els cabells per segona vegada des de Barcelona. Tant a Itàlia com a Finlàndia, m'he hagut de barallar amb els perruquers perquè me'l deixessin curt. Es torna a portar llarg, diuen. En el cas de Roma, el primer problema ha sigut trobar una barberia oberta el 19 d'agost. A la capital italiana, li passa com a París fa uns dies: els seus habitants han tancat la ciutat per vacances, han deixat la clau als turistes i se n'han anat a la costa. Ningú vol passar a Roma el xafogós *ferragosto*, que diuen ells.

Només es queden els que han de treballar, com la portera d'un edifici de la Via Giulia, que ens sorprèn quan fotografiem el decadent pati interior de la finca: parets escrostonades de color teula, una bici destartalada en un racó i un Fiat Cinquecento blanc, que es comença a rovellar.

–Faci les fotos que vulgui, però sàpiga que els veïns m'ho tenen prohibit. Què passaria si vostè fos periodista?

Millor que no li digui la veritat. Prefereixo ser jo qui pregunti.

–Què hi fa a l'agost, a Roma?

–No puc fer vacances. He de treballar i he de cuidar el meu marit. Té Alzheimer, sap?

Se li entelen els ulls quan diu el nom de la malaltia. La portera deu tenir uns seixanta anys, però es nota que ha envellit prematurament. No es maquilla, a penes es pentina els cabells grisos i el seu cos esprimatxat només es tapa amb una bata estampada de màniga curta. M'ensenya els blaus que té als braços. Són de la força amb què s'hi agafa el seu home quan ella intenta moure'l del llit al sofà, del sofà al bany, i un altre cop al llit. «És dur com una pedra. Ara és un vegetal que no coneix ningú, però ha de pensar que havia sigut un home tan intel·ligent...»

Ens diu adéu eixugant-se les llàgrimes amb un mocador arrugat. Marxem un altre cop per la Via Giulia pensant en les nits en vetlla que deu passar aquesta dona al costat del seu marit malalt. No té ningú que l'ajudi ni diners per pagar una residència. Fa deu anys que viu així. I els que li queden, potser. Me'n recordo de Dinamarca. Si hagués nascut allà, ara no estaria tan sola. L'Estat li donaria el cop de mà que aquí, al sud d'Europa, no troba enlloc.

Roma és una immensa bastida. Aquest estiu del 1999, els paletes no tenen vacances. Pertot arreu, veig edificis i monuments coberts amb lones de plàstic, carrers aixecats i altres amb les ferides tot just acabades de tancar. La ciutat ha programat més de 5.000 obres abans no arribi el 2000, l'any del jubileu. Algunes, no seran ni a temps de començar-les. «Sempre esperen a l'últim moment per fer-ho tot», es queixa un dels pocs verdulaires que tenen la parada oberta al mercat de Campo de Fiori.

Al taxista que ens porta a la Fontana di Trevi tampoc no li fa gaire gràcia el jubileu. «Sí, treballarem molt, però el trànsit serà més caòtic que mai.» La circulació de Roma sembla planificada per un grup d'anarquistes. L'horrorosa Piazza Venezia, construïda al segle passat per commemorar la unificació italiana, és una gran rotonda, que en deu fer tres com la plaça de Francesc Macià de Barcelona. Hi arriben cotxes per tots costats, però a ningú se li ha acudit que faria falta regular-los. No hi ha semàfors, ni un senyal de «cediu el pas» ni tan sols els carrils pintats al terra.

Això sí, enmig del caos, en un racó de la plaça que hi toca l'ombra, hi ha dos *carabinieri* en un Fiat Uno. Tenen les portes del cotxe obertes, les cames estirades a sobre les finestres i la gorra que els tapa els ulls. Amb aquesta calor tan humida, qualsevol surt a dirigir el trànsit. Prefereixen allò tan italià del *dolce far niente*.

A Roma, només ens movem els turistes, rajant de suor i amb una ampolla d'aigua sense gas a la mà. (Sí, sí, sense gas; aigua sense gas. Per fi, s'han acabat les ditxoses bombolletes!) Caminem amunt i avall de la ciutat, primer al Coliseu, després a la Piazza di Spagna i més tard, dinar al Trastevere. De tant en tant, un petit descans al voltant d'algunes de les fonts que esquitxen els carrers de Roma. Amb la calor que fa, és estrany que ningú no s'hi banyi. Ni que sigui vestits, igual que Anita Ekberg i Marcello Mastroianni a *La dolce vita*.

A la pel·lícula, tenien tota la Fontana di Trevi per a ells sols. A la vida real d'aquest dijous 19 d'agost, això és impossible. Hi ha massa turistes perquè es remulli tothom. L'alternativa és llançar-hi una moneda, que no ocupa tant espai. Diu la llegenda que, si complim aquest ritual, segur que tornarem a Roma.

La tradició antiga era més rocambolesca: els joves romans que havien d'abandonar la ciutat, anaven a la Fontana di Trevi amb un vas per estrenar, l'omplien d'aigua de la font, se la bevien i acabaven trencant el got. Tot això per assegurar-se que tornarien a casa. Afortunadament, l'operació actual és menys arriscada i, per què no dir-ho, més lucrativa. Cada dia, els serveis municipals treuen entre cinc i sis cubells de monedes, i les destinen a beneficiència.

Famílies senceres maten la tarda llançant diners a l'aigua. Al costat nostre, un home filma tot el procés en vídeo: des que la mare obre la bossa i li dóna una moneda a cadascun dels fills («no, aquesta no, agafeu l'altra que és més petita»), fins que els cèntims serpentegen a dins l'aigua i es dipositen al fons de la piscina, enmig de la resta de ferralla.

A mi, aquesta vegada també em toca filmar. La Núria es col·loca d'esquena a l'escultura del Neptú i deixa anar a la piscina 100 lires italianes, unes vuit pessetes i mitja. Em temo que, si mai volem tornar a la capital italiana, haurem de fer alguna altra aportació suplementària. I amb la Visa, potser. La que avui encara tenim inutilitzada.

El sopar d'aquest vespre l'haurem de pagar amb les poques lires en efectiu que ens queden. Triem el restaurant Alfredo, de la Piazza Augusto Imperatore, que diuen que fa els millors *fettuccine* del món, amb mantega i parmesà. Totes les parets del local estan decorades amb fotos dels famosos que han passat pel local. La majoria són actors i actrius de la dècada dels cinquanta i els seixanta, els anys en què Roma –i els estudis Cineccità– eren el Hollywood europeu. D'aquella època, a la capital italiana ja no en queda res més que això: pel·lícules i fotos.

Totes les estrelles apareixen jugant amb una tirallonga de *fettuccine* a un pam de la boca: Groucho Marx, John Wayne, Liz Taylor, Sofia Loren, Frank Sinatra, Orson Welles, Alfred Hitchcock, Gregory Peck, Clark Gable i Kim Novak. Al seu costat, altres marcs amb personatges més detestables: l'expresidenta de Filipines Imelda Marcos o la dona del general Franco, Carmen Polo. Pel que es veu, a l'Alfredo, hi deixaven entrar tothom.

Avui, a les taules del voltant nostre, la majoria de clients proven els *fettuccine*. Som a Itàlia, el paradís de la pasta. Cada persona en consumeix 25 quilos l'any, quatre vegades més que la mitjana europea. Això sí, perquè no els sembli que cada dia mengen el mateix, li han donat centenars de formes i noms diferents. Per aquest motiu, quan miro les cartes dels restaurants, no sé mai si llegeixo els tipus de pasta o l'alineació de la selecció italiana de futbol: Rigatoni, a la porteria; Gnocchetti, Anelli, Tubetti i Cappelletti, a la defensa; Pansoti, Fedelini i Panzarotti, al mig; i a la punta d'atac, Spaghetti, Farfalle i Taglierini.

La crisi de l'home italià

La Via Veneto es mor de fàstic. *La dolce vita* dels anys seixanta ha passat a la història. Ara és només una avorrida avinguda d'hotels per a turistes. Havent esmorzat, repasso la premsa del dia, des d'una de les terrasses del carrer. Els diaris també sembla que s'hagin encomanat de la ganduleria de Roma, a l'agost. És com si els periodistes fossin de vacances i les notícies no tinguessin ningú que les escrivís.

La Núria està contenta a Itàlia. Després de dos mesos per Europa, per fi ha recuperat el gust dels autèntics *capuccinos*: cafè, llet espumosa i xocolata empolvorada per sobre. Tampoc sembla tan difícil! Aquest matí, l'acompanya amb un tros de *panettone*, un pa de pessic amb fruita confitada que els italians es mengen per Nadal, i la Núria, un 20 d'agost.

Amb una mà remena el *capuccino* i amb l'altra m'ensenya una pàgina de *La Repubblica*. El diari publica una enquesta sobre les dones més desitjades d'Itàlia. Encapçalen la classificació la presentadora del *Telegiornale 2*, Maria Grazia Capulli, i l'actriu d'*El carter de Pablo Neruda*, Maria Grazia Cucinotta. Em fa molta gràcia que la lluita per ser la dona més guapa d'Itàlia sigui entre una

Capulli i una Cucinotta. Triar per triar, em quedo la Cucinotta. És una *maggiorata* de les d'abans, una Sofia Loren del segle XXI.

El problema és l'home italià. Un estudi d'*Il Messagero* ha detectat una pèrdua alarmant de la virilitat masculina dels italians, amb molts més casos d'impotència o inhibició sexual. Perilla la imatge de *latin lover*, que havien passejat amb tant d'èxit per la costa catalana, especialment després del Mundial de futbol del 82. Eren aquells anys en què els homes italians venien a Catalunya, de cinc en cinc, a dins d'un Fiat Uno, i trencaven els cors de la població local femenina.

El sexòleg Angelo Peluso atribueix el problema al bombardeig de dones despullades a què estan sotmesos els homes. Ell mateix ha comptat (una feina peculiar, no ens enganyem) entre cinquanta i vuitanta nus femenins la setmana, en programes de tele, anuncis o premsa. Els quioscos –m'hi vaig fixar ahir quan passejàvem per Roma– estan plens de revistes d'informació general amb noies que ensenyen els pits a la portada. És com si a l'*Interviu* li haguessin sortit una dotzena de clònics, i el llibreter els exposés, arrenglerats, l'un al costat de l'altre.

La crisi de l'home italià té un segon capítol més surrealista, al mateix diari. És un anunci del Mini que s'emet als cines d'Anglaterra, en què apareix una noia observant homes despullats que condueixen diferents vehicles. Veu un Porsche i no en fa cas; un Volvo, tampoc, i encara menys, quan troba un italià al volant d'un Ferrari. Al final, mira el xofer despullat del Mini i obre els ulls exageradament per fer notar la contradicció entre les dimensions del que acaba de veure i el nom del cotxe anunciat.

Fins aquí, no deixa de ser un espot més o menys enginyós. Però la notícia còmica és que Klaus Davi –un italià, que el va veure per casualitat a Anglaterra– ha presentat un recurs a l'organisme europeu de la publicitat perquè considera que l'anunci es riu de dos valors molt importants per a la identitat cultural italiana: el Ferrari i la virilitat masculina.

Crec que jo també tinc motius per actuar judicialment contra els anglesos. També posaven en dubte la meva masculinitat. A cada *bed&breakfast* que arribàvem, la mestressa em feia una repassada i em confonia amb un italià.

A quarts d'onze del matí, en aquest racó de Via Veneto, encara no hi toca el sol. L'olor dels *espresso* que surten de la cafetera perfuma les primeres hores del divendres. No tenim cap pressa. Ningú no ens espera. Podem allargar l'esmorzar i la lectura dels diaris, com si fos un diumenge dels de casa.

La notícia de portada de *La Repubblica* és de les que trasbalsarà les vacances dels italians. Tombats a la platja, a sota d'un para-sol, l'hauran de llegir dues vegades per creure-se-la. No, no és cap canvi de govern. Això ja no els immuta, els italians. Porten 57 governs des de la Segona Guerra Mundial, i alguns de tan breus que només han durat deu dies.

És molt pitjor que tot això: la Vespa, una cosa tan italiana com la Vespa, passarà a mans d'una empresa americana. Igual que fa uns anys la Ducati, o la Gucci, que ja és d'uns francesos, i el Lamborghini, que el controla el grup alemany Volkswagen. Sort que als italians sempre els quedarà Ferrari. Si mai *il cavallino rampante* arribés a ser dels americans, aleshores sí que Itàlia ja no tindria cap motiu per mantenir-se unida.

La Vespa la va dissenyar l'enginyer Corradino d'Ascanio a finals de la dècada dels quaranta, però, paradoxalment, van ser els americans els que li van popularitzar a tot el món, gràcies a la imatge d'Audrey Hepburn i Gregory Peck passejant amb moto a *Vacances a Roma* (1953). Durant tots aquests anys, moltes altres pel·lícules italianes han immortalitzat la Vespa, fins a arribar, a la dècada dels noranta, al *Caro diario* de Nanni Moretti. El protagonista, un home de barba negra, volta per Roma conduint una Vespa, amb un casc de color blanc, i un aire a mig camí entre Eugenio, Gerry Adams i Calimero.

A la Roma actual, veig moltes Vespes i pocs cascos. Els motoristes no es volen tapar el cap; es despentinarien i no podrien notar el *ponentino*, que és el ventet que ve de mar, i que refresca (és un dir) les tardes d'estiu de la ciutat. A nosaltres, que anem a peu i no en moto, ens espera un altre dia de calor com el d'ahir. L'única esperança és que avui, quan ens aixequem de Via Veneto, anirem al Vaticà. No diuen que a les esglésies catòliques sempre hi fa fred? Doncs si Sant Pere és la més gran del món, me la imagino com un iglú, el nostre hotel de gel al mig del sufocant desert romà.

Goril·les de discoteca a la porta del Vaticà

«*Vaya negocio tienen montado aquí en el Vaticano. Y pensar que empezaron con un pesebre...*»

MIGUEL GILA

Al Ritz, sí, però al Vaticà, no. Els porters m'acaben de dir, quan encara sóc a la plaça, que no em deixen passar. Quatre nois amb americana, corbata i ulleres de sol negres decideixen, amb males maneres, qui accedeix i qui no a l'església de Sant Pere. Pel que sembla, jo no sóc digne d'entrar a la casa del Senyor.

Es veu que no els han agradat els meus pantalons, perquè només em tapen fins al genoll. A Sant Pere no s'admet cap home que ensenyi els turmells ni cap dona amb faldilla curta i les espatlles despullades. Deu ser per no despertar les passions latents dels qui viuen al Vaticà. Els únics que veig que poden entrar més lleugers de roba són els nens. Ja no m'atreveixo a dir per què.

Ens toca separar-nos. La Núria visita sola l'interior de l'església de Sant Pere i jo em quedo al costat dels porters veient com exerceixen el control a la plaça. Com pot ser que a les dotze del migdia, a ple sol, i amb la calor que fa a Roma, obliguin la gent a anar tapada de cap a peus? Sembla que els empleats de seguretat siguin quatre bromistes i que tot plegat formi part d'un programa de càmera oculta que gravi les reaccions d'incredulitat dels turistes.

El primer que fan els visitants quan arriben al Vaticà, l'estat més petit del món, és admirar la immensitat de la plaça de Sant Pere. Amb 340 metres de llarg i 240 d'amplada, és com tres vegades el camp del Barça. Els més fidels, fins i tot, s'agenollen i besen el terra de la plaça en justa correspondència amb el gest del Papa cada vegada que arriba a un país. Llavors s'aixequen, miren la finestra des de la qual Joan Pau II recita l'àngelus cada diumenge al migdia, comproven que avui no toca i es dirigeixen a l'entrada de l'església de Sant Pere.

A mig camí és quan intervenen els porters. En mitja hora que fa que sóc aquí, el percentatge de gent que es queda sense entrar supera el 50 %. Primer, protesten i, després, intenten improvisar una solució per saltar-se el control. És una sort que no m'hagin deixat passar. Feia dies que no reia tant com avui, veient l'espectacle de fora el Vaticà.

Algunes famílies decideixen entrar per torns i passar-se la roba de l'un a l'altre. Es canvien allà mateix, al centre de la plaça de Sant Pere, cosa que, per cert, el Vaticà també hauria de prohibir. La temptació s'amaga a qualsevol lloc.

Una noia que porta una faldilla massa curta se l'obre de darrera per baixar-se-la fins al genoll, el mínim exigit. Els porters l'autoritzen a passar, però no s'adonen que ara, quan camina, se li veuen les calces per dalt. Això no només hauria d'estar prohibit, sinó també castigat i perseguit per la Guàrdia Suïssa, els encarregats de la seguretat del Vaticà, també coneguts (no sé per quins dubtosos mèrits) com l'*harem dels prelats*.

Ara els que tenen problemes són un grup de set persones espanyoles, totes uniformades amb bosses d'Iberojet. Un dels nois no pot entrar perquè va amb uns pantalons com els meus, fins al genoll. Sento que parla amb els porters i que apel·la a la seva condició de bon cristià. No hi he caigut jo, que els podia haver dit que un diumenge a Irlanda vaig anar a missa! Total, tampoc no li ha servit de res. El noi s'ha d'acabar intercanviant la roba amb una noia de la colla: ell es posa els pantalons llargs de la noia i ella va amb els curts d'ell. Això sí, cadascú conserva la seva bossa Iberojet.

Els casos ridículs són constants. Una senyora de mitjana edat que va impecablement vestida amb samarreta i *shorts*, es tapa les cames amb una armilla del seu home, perquè la deixin entrar. El resultat final (a part que atempta contra les normes més elementals del bon gust) l'obliga a caminar com si fos una *muñeca de Famosa*.

La Núria es deu entretenir amb la *Pietat* de Miquel Àngel i altres escultures de l'interior de l'església, i s'està perdent aquest espectacle de carrer. De tant que em distreu, no he pensat ni a buscar un lloc a l'ombra. Quan m'agrada més és quan veig venir de lluny algú amb pantalons curts, somrient i sense poder-se imaginar que, d'aquí a uns segons, li impediran l'entrada.

–*Long trousers* –«pantalons llargs», li diu un porter en anglès.

–¿Cómo que *long trousers*? ¿No puedo entrar?

–*Long trousers*.

Un altre espanyol. N'està ple a Roma. Aquest és un senyor baixet, amb pocs cabells, que deu tenir uns quaranta-cinc anys. Porta pantalons fins al genoll i està a punt d'agafar un atac de còlera, si no ho impedeixen les dues persones que van amb ell.

–Esto es increíble. Resulta que eres cristiano, que vienes a Roma y no te dejan entrar porqué se te ve un palmo de pierna. No tenéis vergüenza. Estamos en el siglo xxi.

L'home marxa uns metres enrere, fent que no amb el cap. Els seus companys intenten calmar-lo, però ell torna a girar-se, encara més indignat, i es planta a un metre de la cara del porter que no l'ha deixat passar.

–No tenéis vergüenza. *Long trousers, long trousers*, si Jesús está en pelotas en la cruz.

L'argument és irrefutable. Per això, no obté cap resposta. La meva riallada, en canvi, és tan forta que la deu haver sentit la Núria des de dins de l'església. La veig que surt i ve corrent. Encara podrà assistir a la segona part de la discussió.

En aquest moment, un noi a qui ja han denegat l'entrada, torna després d'haver-se comprat un *pareo* en una botiga de *souvenirs*. Es tapa les cames i prova d'entrar, però els guàrdies li diuen que no una altra vegada. L'home espanyol intercedeix per ell.

–Pero si no se le ve nada. ¿Por qué no puede entrar? ¿Por qué va con faldas? Esto es sexismo. Sois unos sexistas.

–Non é escocese.

–¿Qué dices, que no es escocés? Encima de cachondeo. Mira, mira –li assenyala una estàtua de Sant Pere–. ¡Si hasta San Pedro llevaba faldas!

L'home coneix tota la iconografia sagrada. Però en 2.000 anys les coses han canviat molt a l'Església catòlica. Si ara el Papa es dedica a gravar discos, és lògic que l'entrada al Vaticà la dominin quatre *matons* de discoteca.

Una colla de bàrbars

Tantes discussions per crear una moneda única a la Unió Europea i resulta que fa milers d'anys un territori equivalent a quaranta països actuals d'Europa, Àsia i el nord d'Àfrica ja funcionava amb una mateixa divisa: el denari. I ni tan sols s'havia de preocupar per la seva paritat amb el dòlar. El centre de tot aquest imperi era Roma. A la capital italiana, en queden records a cada cantonada: temples, fòrums i arcs de triomf que els emperadors es feien construir per a més glòria, i també banys, teatres o arenes que els governants aixecaven per tenir el poble content. Tot plegat ha convertit el centre històric de Roma en una gran ciutat museu, amb restes de dos dels grans imperis d'Occident: el romà i el cristianisme.

El Coliseu, un amfiteatre amb capacitat per a 70.000 persones, potser és el monument més impressionant per als visitants. Em sorprèn que els romans ja ni es girin quan hi passen pel costat. No sé si és que el tenen massa vist o si no gosen ni mirar-lo per por que un dia els caigui a sobre la seva pròpia història.

A l'estiu, dos cops per setmana, s'organitzen visites col·lectives nocturnes al Coliseu. Quan hi arribem, a dos quarts d'onze del vespre, el grup ja està ple i les taquilles tancades. Però a la noia de l'entrada li fem llàstima i ens hi afegeix d'estranquis. Aquest és un dels avantatges del sud d'Europa: tot es pot arreglar. La iniciativa personal d'una empleada està per sobre de qualsevol norma.

Amb la mentalitat més encotillada dels centreeuropeus o dels anglosaxons, avui ens hauríem quedat al carrer. Un cop superat el límit de vint persones, no haurien deixat entrar ningú més, fins que no es convoqués una reunió del Patronat de l'amfiteatre i s'aprovés (per majoria qualificada) l'ampliació del nombre de places disponibles a les visites nocturnes.

Per sort, ara ja som a dins i recorrem el Coliseu, pas a pas, guiats per una arqueòloga italiana («*estar con usted le da mucho gusto a uno*»). La seva dolça cantarella ressona en l'inusual silenci de la nit romana. Un home del grup s'ha descalçat i camina amb les sabates a la mà, com si no volgués danyar la malmesa estructura de l'amfiteatre. L'única llum la posa un globus que s'alça sobre l'arena i que simula la claror d'una nit de lluna plena.

Travessar la porta del Coliseu ha estat com retrocedir 2.000 anys en la història de la humanitat. Per les paraules de la guia, no em costa gaire imaginar la bogeria col·lectiva que es vivia aquí dins, cada vegada que l'amfiteatre obria les portes. Les pel·lícules d'època també hi ajuden. Torxes a la nit i tendals de dia per protegir-se de la calor romana. La plebs enfervorida a les grades i, a baix a l'arena, gladiadors que lluitaven entre ells, combats de feres i, fins i tot, duels d'homes amb animals, com ara tigres, óssos o lleons.

Aquests últims eren els més ràpids, perquè els gladiadors sempre tenien les de perdre. Podien ser lluitadors professionals o condemnats a mort, que preferien posar fi a les seves vides al Coliseu. Només hi havia una possibilitat de sortir-ne viu: tombarse de panxa a terra i aixecar el braç esquerre per demanar clemència. Llavors era el públic qui decidia la sort del gladiador: el dit gros cap a baix significava la mort i cap amunt, la salvació.

Em fa por que, si hi ha algun ciutadà dels Estats Units entre el grup, exporti aquesta idea al seu país. És l'únic que els faltaria. A l'imperi americà –el que ara domina el món, tal com van fer els romans en el seu moment– la pena de mort encara és vigent a molts estats. Els veig capaços de deixar que els reus triïn si prefereixen morir a la cadira elèctrica o en un ring de Las Vegas o de Nova York, a mans de Mike Tyson i altres bèsties d'aquest calibre.

De fet, en 2.000 anys hem avançat ben poc. Els gladiadors d'aquella societat tenien la fama dels futbolistes d'ara i la crueltat dels boxejadors. Els combats a vida o mort entre un home i un animal de l'època dels romans també tenen un equivalent a les portes del segle XXI: els toros.

Què passarà d'aquí a 2.000 anys més? Els turistes de l'any 3999 visitaran les runes del Camp Nou i un antropòleg els explicarà com es comportava la gent allà dins? Entendran que els toros i la boxa desfermessin la passió dels ciutadans? Trobaran lògic que a les esglésies prohibissin l'entrada per ensenyar els turmells?

Segurament que no. Es pensaran que habitàvem el planeta una colla de bàrbars.

Caos a la napolitana

«Sólo puede circular por Nápoles quien haya nacido allá.»

FÉLIX DE AZÚA

Nàpols dorm la migdiada. A primera hora de la tarda de dissabte, fins i tot els gossos trenquen el son, estirats a les voreres de la Via Toledo. Només hem trobat un taxi i encara té el vidre del parabrisa trencat.

–És d'un ciclista que vaig embestir diumenge –aclareix el conductor.

I ara n'atropellarem un altre, si aquest home no deixa de girarse enrere cada vegada que parla (a crits) amb nosaltres. Que no sap que hi ha una cosa que es diu retrovisor?

–Vaig estar de sort. No vaig haver ni de portar el noi a l'hospital.

Tampoc s'ha comprat un vidre nou. Com que és estiu, ja li va bé portar ventilació natural al cotxe. Això sí, a les rectes, quan agafa més embranzida, els cabells li voleien enrere, com si conduís una moto sense casc.

El taxista no vol parlar de futbol. Les èpoques glorioses del Nàpols ja han passat. Ara l'equip malviu a la Segona Divisió italiana. M'imagino com devia ser tot això quan, els anys vuitanta, va venir Diego Armando Maradona i els va fer guanyar una lliga. Quina combinació tan explosiva: el futbolista argentí i aquesta ciutat de murris! No m'estranya que, des d'aleshores, els napolitans venerin Maradona amb la mateixa devoció que senten per

San Gennaro, el patró local, encara que les vides de l'un i de l'altre hagin anat per camins molt diferents.

Amb l'equip de futbol en crisi, Nàpols només pot liderar la classificació dels índexs de delinqüència. El primer trimestre del 1999 va ser la ciutat d'Itàlia amb més atracaments: 1.110 a Nàpols per 1.089 de Roma, tot i que la capital té el triple d'habitants. L'atur fa estralls aquí. Tothom s'espavila com pot per guanyar unes quantes lires. Uns venen mocadors de paper o tabac de contraban i altres prefereixen dedicar-se a la petita delinqüència o al crim organitzat, i formen part de les xarxes mafioses de la *Camorra* napolitana.

El taxista ens deixa a les portes de Spaccanapoli, el centre històric de la ciutat. Aquí dins no hi entra ni la llum del sol. Els carrerons són estrets i foscos, amb llambordes a terra, roba estesa a les finestres i edificis apuntalats perquè no caiguin. Nàpols sembla que visqui una postguerra permanent. És com si haguessin tret els personatges de la Barcelona dels anys quaranta: dones amb bata i mitges fosques, i homes amb brillantina i samarreta imperi, que veuen com passa la vida, des dels balcons de casa seva. Alguns parlen entre ells i els homes no treuen els ulls de sobre la Núria.

El disseny del barri sembla una trampa per a turistes. Passejant per Spaccanapoli es fa difícil imaginar algun napolità que no estigui implicat en afers tèrbols. Només faig que mirar endavant i endarrere. Tothom em resulta sospitós. Sé que si ens volen robar, no podrem ni marxar corrent. N'hi ha prou amb una persona que ens tapi l'entrada del carrer i una altra, la sortida. Per això, a cap dels dos no se'ns ha ocorregut treure la càmera de vídeo de la motxilla.

La UNESCO ha declarat Patrimoni Mundial de la Humanitat el centre històric de Nàpols. El barri és ple d'esglésies, autèntics tresors enmig de la misèria. Els humils habitants de Spaccanapoli busquen refugi en la grandiositat de la religió. Les *madonnas* les tenen al carrer en vitrines, la imatge de San Gennaro és a totes les cases i el negoci (legal) més famós del barri són les figures artesanals del pessebre.

Que lluny queda aquesta societat volcànica i explosiva de l'Europa neta, organitzada, silenciosa i cada cop més atea. En contrast amb moltes ciutats que ens han semblat clòniques, Nàpols ens ofereix avui tota la seva caòtica singularitat.

Un codi de circulació alternatiu

Conduir per Nàpols no és fàcil. Als seus habitants no els agrada obeir cap norma, i menys les de trànsit. Amb els anys, han acabat creant un codi de circulació alternatiu. Nosaltres, en 24 hores d'immersió napolitana, hem tingut temps d'intuir-ne els articles bàsics. Són aquests:

1) Consideracions generals:

–És obligatori conduir només amb la mà dreta. L'esquerra s'ha de deixar lliure per tocar el clàxon (encara que no hi hagi cap motiu aparent) i per fer gestos obscens als altres conductors.

–Per estalviar ensurts als vehicles que vénen al darrere, queda totalment prohibit parar-se als passos zebra.

–Tampoc no es podrà utilitzar mai l'intermitent quan es canvia de carril o de direcció, per no provocar possibles enlluernaments als altres conductors.

–Per tal de no coartar les llibertats individuals dels ciutadans, no s'instal·laran més semàfors i els que ja existeixen es deixaran sense funcionar. Si, malgrat aquestes mesures, mai se'n trobés un d'encès, s'hauran de complir escrupolosament les normes següents:

(a) S'ha d'intentar no haver de parar mai en un semàfor. El llum verd autoritza els conductors a passar (i a tocar el clàxon al primer que es despisti una mil·lèsima de segon). El llum taronja vol dir: «accelera, que hi ha temps de sobres», i el vermell equival a: «jo de tu ho provaria; el no ja el tens».

(b) En el cas que s'hagués d'acabar parant (opció que, no cal dir-ho, es desaconsella), mai s'ha de fer abans de la línia blanca, sinó a sobre el pas zebra o, fins i tot, una mica més endavant.

(c) També es castigarà tots aquells conductors que facin cua ordenadament. Tant les motos com els cotxes petits (tipus Fiat Cinquecento) hauran d'anar buscant forats per col·locar-se a la primera línia de sortida.

2) Normes per a les motos:

–No hi ha límit de persones per circular amb la mateixa moto. Com a vehicles familiars que són, el mínim s'estableix en tres. En cas de portar un nen petit, és especialment emocionant si va dret al davant de la Vespa, i sense cap tipus de protecció.

–Per evitar possibles calors, incomoditats o simplement per no poder lluir l'última moda en patilles, queda completament prohibit l'ús del casc.

–Sí que és obligatori circular amb un telèfon mòbil. En carrers especialment atapeïts, es recomana utilitzar la mà que queda lliure per parlar amb la *mamma* des del *telefonino*.

–En el cas hipotètic (San Gennaro no ho vulgui) de no tenir cobertura en els moments de més concentració de gent, s'ha d'optar per cridar l'atenció deixant les dues mans del volant, i mirant a banda i banda del carrer.

–Els cotxes es consideraran simples obstacles d'una gimcana que s'han d'anar esquivant.

–Quan s'entri en un carreronet estret (com els que hi ha a Spaccanapoli o al barri Espanyol), la velocitat ha de ser directament proporcional al nombre de persones que hi estiguin passejant en aquells moments i, sobretot, al nombre de noies que hi hagi als balcons.

3) Normes per als cotxes:

–Per evitar possibles incomoditats, no s'ha d'utilitzar el cinturó de seguretat. En el seu lloc, s'han dissenyat unes samarretes que el porten dibuixat.

–La circulació no s'organitza per carrils, sinó per forats. Així que un conductor en vegi un, s'hi ha de posar; i si no el veu, també. Els altres ja s'apartaran a cops de clàxon.

–Es recomana als vehicles que si no volen ser avançats (i, per tant, lesionats greument en el seu honor i la seva reputació) no deixin ni un centímetre de separació amb el cotxe de davant.

–Si, tot i així, algun conductor es considera ofès, se l'encoratja perquè baixi del cotxe, s'encari al seu rival, l'insulti i, quan sembli que estan a punt d'agredir-se, li perdoni la vida i torni al volant amb gestos ostensibles que vinguin a dir: «mira, perquè m'has enganxat en un bon moment, que si no...».

4) Avís final:

Els agents de policia estan obligats a complir escrupolosament totes les normes anteriors.

L’Europa diferent

«La ciudad de Atenas (...) aún está en los dolores del parto: es desgarbada, confusa, tosca, poco segura de sí misma. Tiene todas las enfermedades de la niñez y algo de la melancolía y la desolación de la adolescencia.»

HENRY MILLER

Els grecs van fundar Nàpols com a *Neapolis* (‘ciutat nova’) l’any 600 abans de Crist. Potser per això, el caos circulatori d’Atenes em resulta familiar. A la capital grega, sembla que estiguin vigents les normes napolitanes de trànsit. Soroll de clàxons tothora, cotxes aparcats en quarta fila i homes que baixen la finestra i es criden en la distància. Com enyoro aquells conductors suecs que s’apartaven per deixar-me passar!

Atenes, amb gairebé quatre milions d’habitants, comptant el Pireu i els suburbis, viu al límit del col·lapse. Avui, dilluns, només poden circular els vehicles de matrícula imparell. Demà ho faran els parells. Les autoritats han hagut de restringir el trànsit al centre de la ciutat, a causa dels altíssims nivells de contaminació atmosfèrica. És el terrible *nefos*, un núvol groc de pol·lució que castiga amb duresa els seus habitants. L’alternativa al transport privat és el metro, els troleibusos taronja que trenquen la grisor de la ciutat o els taxis que, a Atenes, es poden parar encara que vagin plens. Com si fossin autobusos.

Aquest matí, el ferri ens ha deixat a Patras, 200 quilòmetres a l’oest de la capital grega, després de 18 hores de travessia des del sud d’Itàlia. La primera imatge de la ciutat m’ha vingut com un cop de puny a la cara. Homes i dones carregats de paquets caminant pel mig de la calçada, carrers tallats abruptament, rutes alternatives sense senyalitzar, botigues destartalades, rètols que cauen i bars plens només d'homes. Som més a prop de l'Orient Mitjà que d'Europa; de Turquia que d'Itàlia. Per alguna cosa, Grècia va estar tants anys sota el domini de l'imperi otomà i ara, tot i pertànyer a la Unió Europea, només té frontera amb quatre països, tots ells extracomunitaris: Albània, Macedònia, Bulgària i Turquia.

Després de tot un estiu viatjant, hauria desitjat una rebuda més plàcida, sense els nervis de perdre'ns per enèsima vegada per carrers desconeguts. Sort que la Núria m'anima amb el seu particular optimisme. A ella, tot el que no sigui viatjar per mar, ja li està bé. Tinc amics que em demanen per telèfon si encara ens aguantem, després de dos mesos i mig viatjant junts les 24 hores del dia. Doncs sí. Tampoc crec que tingui gaire mèrit, en un viatge tan extraordinari. Suportar 75 dies tancats al pis de Barcelona, sense separar-nos ni un minut, sí que seria un miracle.

Per anar a Atenes, triem l'autopista de peatge. Quedo parat quan veig que els cent primers quilòmetres només tenen un carril en cada sentit. No vull ni pensar com devia ser la carretera general que no hem agafat: com a mínim, sense asfaltar i amb forats de la mida del cràter del Vesubi. Tots els senyals de trànsit estan plens de pintades contra la intervenció militar de l'OTAN a Kosovo. Grècia és el país europeu que n'ha liderat les protestes. «*NATO, dogs*» («OTAN, gossos») és la inscripció més habitual de les que estan en anglès.

Les pintades gregues no les entenc. És l'únic idioma de la Unió Europea que té un alfabet diferent. Per això, no es troben aquells típics llibres *Aprengui grec en deu dies*. El més semblant, l'ha escrit un tal Brian Church i he vist que el llegia una dona anglesa al bar del ferri: *Learn Greek in 25 years* (*Aprengui grec en 25 anys*). No cal que el comprem. Marxaríem de Grècia sense haver passat ni del pròleg.

Però no tot són inconvenients. Parem a la primera àrea de servei i comprovo que aquest és el país més barat que hem trepitjat fins ara. Per primer cop, els preus em recorden els de casa. Deu ser que ja ens acostem al final del viatge. Amb la Visa ja recuperada, pago un dipòsit de gasoil a 90 pessetes el litre i compro una bossa de patates, una aigua sense gas i una Coca-Cola per 750 dracmes, 375 pessetes. Després de tants mesos multiplicant i dividint mentalment, s'agraeix trobar una operació de canvi de moneda tan fàcil: 2 dracmes, 1 pesseta.

Tornem a sortir a la carretera, amb el dipòsit ple i l'estómac enganyat. Tenim una setmana per endavant, repartida entre Atenes i l'illa de Santorini. Ens espera un país confús. Sense la Grècia antiga, no existiria la civilització occidental. Aquí va néixer el teatre, la filosofia i la democràcia. En canvi, la Grècia contemporània només lluita per continuar sent el parent pobre d'Europa, els últims de la fila. Res no dura per sempre. Ni els Estats Units, potser; per més que ara sigui impossible d'imaginar.

Els Jocs Olímpics tornen a casa

A finals d'agost del 1999, noto que la gran il·lusió de Grècia és acollir de nou uns Jocs Olímpics, els de l'any 2004. Pertot arreu, venen samarretes, gorres i altres productes que anuncien l'esdeveniment. A l'Oficina de Turisme d'Atenes m'asseguren amb entusiasme que la cita olímpica transformarà la ciutat: «s'ampliarà el metro i es construiran unes rondes de circumval·lació». Com si em sonés d'haver-ho sentit en alguna altra ciutat...

Els Jocs tornen (encara que una mica més corromputs) al país que els va veure néixer l'any 776 abans de Crist. S'inauguraran amb la marató, una cursa de 42 quilòmetres dedicada al soldat Filípides, que després de la victòria dels grecs contra els perses a la batalla de Marató, se'n va anar fins a l'àgora d'Atenes amb un missatge: «*Nenikikamen*». «Hem guanyat», volia dir el que va ser el primer periodista de la història. Avui dia, ja no caldria l'esforç inhumà d'aquest jove, que li va acabar costant la vida. En això sí que la civilització occidental ha avançat molt. Ara, les guerres ja les transmet (si és que no les planifica) la CNN en directe a tot el món.

Coincidint amb els Jocs Olímpics, els grecs també han iniciat una campanya perquè tornin a Atenes els marbres del Partenó, que s'exposen al Museu Britànic de Londres. A l'Acròpolis trobem una brigada de noies distribuint fulletons reivindicatius entre els turistes. N'han editat 300.000 –en grec, anglès, alemany, italià i espanyol– que reclamen els marbres que Lord Elgin es va endur al segle XIX, per al nou museu que s'inaugurarà el 2004.

Encara que mig expoliada, l'Acròpolis té *overbooking* de visitants. Fa quatre dies, veia el Coliseu de Roma de nit i amb només vint persones. Avui som més de 1.000 que, a ple sol, intentem admirar la simplicitat i la perfecció arquitectònica del Partenó. Quina diferència! A l'Acròpolis haurien de fer com a la resta d'Atenes: restringir la circulació, en aquest cas, la de turistes. Un dia que entrin els que porten pantalons llargs (així tenen el Vaticà content) i l'endemà, els que van amb pantalons curts.

Amb tanta gent al costat, és difícil viatjar en el temps i imaginar-me aquest mateix turó sagrat, 2.500 anys enrere, sense ni un japonès i ple d'habitants de la Grècia clàssica, que pujaven a adorar Atenea, la deessa local. L'ocupació principal dels que hi peregrinen avui és filmar-se en vídeo, suats però somrients. Li deixo la càmera de fotografiar a un home que fa cara de ser de bona pasta.

–*Can you take a picture, please?*

–Sí, home, sí. Ja us hi podeu posar bé, que sóc d'Olot!

Olot? Oh, lovely! I love Olot –és el primer que em ve al cap.

Acabem el primer dia sencer a Atenes intentant un segon viatge en el temps. És al Museu Arqueològic Nacional, que acull una amplíssima col·lecció d'obres d'art de la Grècia antiga. He llegit que està considerat entre els deu museus més importants de tot el món. Per això, encara em desconcerta més el rètol que trobo a l'entrada: «Algunes sales estan tancades perquè falten guàrdies». És el pitjor servei possible a la campanya per al retorn dels marbres del Partenó. Per què volen aquells tresors a Grècia, si no tenen ni gent per vigilar-los?

Atenes està mal repartida. Aquí no tenen guàrdies i, en canvi, en una farmàcia del mateix carrer he hagut de tractar amb tres persones perquè em donessin una crema per als peus, destrossats després de tot un estiu de caminar amb sandàlies. L'he vist a l'estanteria, l'he agafat i me n'he anat directe a caixa per pagar. La noia m'ha fet que no amb el cap i m'ha indicat que em dirigís a un taulell, on hi havia un home amb bata blanca. Aquest s'ha mirat la crema pels dos costats, m'ha mirat a mi i, després d'agafar-se el seu temps, ha imprès una factura i s'ha quedat el producte.

Amb la factura a la mà, he tornat a la caixa. La noia m'ha tractat com si jo fos el llest de la botiga, el que es vol saltar tots els passos reglamentaris. M'envia amb els ulls a un altre taulell, i a una altra cua, perquè un altre senyor (aquest sense bata blanca, però a la mateixa velocitat) em doni el pot de crema a dins d'una bossa de plàstic. Amb el temps que ha tingut, com a mínim me'l podia haver embolicat amb paper de regal i amb un llacet.

Ara sí, torno a caixa, pago i surto de la farmàcia amb la crema dels peus, després d'haver-me barallat amb tres empleats. I, mentrestant, al museu del costat no tenen guàrdies.

L'escriptor Evelyn Waugh el 1927, va dir: «A Grècia tot requereix el doble de temps que a cap altra part del món». Doncs això.

Prohibit tirar paper higiènic al vàter

> *«Quan entro allà, a l'església dels grecs / amb les fragàncies del seu encens / amb les veus i acords litúrgics, / la majestuosa presència dels sacerdots / i el ritme greu de cada moviment, / el meu esperit vola cap a les grans honres de la nostra raça, / cap a la gloriosa era bizantina.»*
>
> CAVAFIS,
> *A l'església*

Els grecs són com italians després d'una mala nit. Mai a la vida n'havia conegut cap. La paraula *grec* em sonava més a un iogurt, a una assignatura que no vaig triar a tercer de BUP o a una especialitat de les pàgines de relax dels diaris. A Atenes he vist que els grecs són de pell morena, de cabells foscos, ulls negres i nassos prominents. Segons la Núria, no tenen l'atractiu dels italians, perquè el seu aspecte general és més descuidat, com si després d'una nit de marxa, no haguessin pogut passar per casa.

Són bons venedors, això sí. Com a mínim, tossuts. Els comerciants del barri turístic de Plaka, abans no descobreixen d'on som, són capaços de dir-nos la mateixa frase en tots els idiomes possibles: «*speak english?*», «*parlez français?*», «*parla italiano?*», «*¿habla español?*». Fins i tot, n'hi ha un que, quan li expliquem que som de Barcelona, pronuncia la mateixa lletania que sents a cada pas al Gran Basar d'Istambul: «Barcelona és bona si la bossa sona». M'agradaria saber qui es va inventar aquesta estúpida frase i, sobretot, qui va decidir exportar-la. Va ser Hemingway, també?

Passejant per Plaka tinc la sensació que em poso al mig de moltes converses. Els botiguers han tret les cadires a la vorera i parlen, a crits, amb els seus col·legues de l'altra banda de carrer. La majoria té un got de cafè en una mà i un cigarret, a l'altra. Sempre un cigarret. Grècia és el país de la Unió Europea amb un percentatge més alt d'addictes al tabac: un 43 % de la població.

Al restaurant on sopem, al peu de l'Acròpolis, no cal que hi busquem zona de fumadors i no fumadors. Aquí no hi ha separacions d'aquestes. Al contrari, com que no és un dia de gaire feina, tenim el propietari assegut a la taula del costat esperant clients i fumant un cigarret darrere l'altra. De tant en tant, expectora com no sentíem fer-ho des de la mestressa d'aquell *bed&breakfast* del nord d'Escòcia.

La prova definitiva de l'addicció dels grecs al tabac és el titular de portada del diari *Adesmeftos Typos*. Resumeix el projecte de baixada d'impostos del govern en una frase: «Tres cigarrets per dia». És una altra manera de dir que cada grec hi sortirà guanyant 102 dracmes el dia (51 pessetes), o sigui que disposaran de més diners per a tabac. Una gran notícia, sens dubte.

Però si alguna cosa m'ha desconcertat en aquests dos primers dies de ser a Grècia són alguns dels seus vàters, els més antics. Només per això no deixaria que els grecs formessin part d'Europa. M'he trobat vàters, en alguns bars de la capital, on està prohibit tirar el paper higiènic a la cisterna, perquè no s'embussi. O sigui; tu fas el que hagis de fer, et neteges i diposites el paper en una bossa de deixalles que tens al costat. Les conseqüències són fàcils d'imaginar, especialment quan et toca entrar-hi a última hora del dia.

A favor dels grecs, només se m'acut dir que, posats a no tirar alguna cosa a dins del vàter, han fet bé de triar el paper.

Grills a la capital més sorollosa d'Europa

A Atenes és com si hi hagués dues ciutats. Una és la que veiem des de la terrassa de l'hotel i que podria ser perfectament Amman, la capital de Jordània: soroll, trànsit, contaminació i una gran extensió de cases baixes de color blanc, apilonades de manera desordenada. L'altra ciutat és la que trobem als vespres quan venim al barri de Plaka. Fins i tot, sentim els grills com canten.

Són carrers on els cotxes no poden entrar, plens de botigues i agradables restaurants amb terrassa. Plaka és un oasi de calma, enmig de la voràgine d'Atenes. Deu ser el barri més silenciós que hem visitat a cap gran ciutat europea. La paradoxa és que sigui a Atenes, la més desagradable de les capitals.

Un dels *souvenirs* més buscats a Plaka són les esponges naturals, les que es fan al mar. El primer dia que les vaig veure de lluny, penjades a fora de les botigues del carrer Adrianou, les vaig confondre amb bosses de patates fregides. També hi ha molta bijuteria, ceràmica i parets plenes de samarretes a cada cantonada. Algunes reprodueixen escenes de la Grècia clàssica i altres resumeixen el que busquen molts turistes en aquest país: «*90 % sex, 1 % love, 9 % relax. This is Greece 100 %*». És curiós, substitueixo *Greece* per *Spain*, i la samarreta continua tenint el mateix sentit.

A l'hora de sopar, cada nit canviem de terrassa, però l'aperitiu és sempre el mateix: un *ouzo*, licor d'anís servit amb aigua i molt gel. Tampoc no falla mai que un dels dos demani una amanida grega (tomàquet, cogombre, enciam, formatge *fetta*, olives negres i verdes, tàperes i ceba). A Atenes, apreciem com a enlloc la cuina mediterrània, el gust de l'oli d'oliva, la qualitat dels productes frescos (com ara el peix, la fruita o les verdures) i l'ús d'herbes i essències per aromatitzar el xai o el cabrit.

Avui, com que deuen saber que és la nostra última nit a Atenes, tenim música en directe. Sona el *buzuki*, el mateix instrument de corda que feia ballar el sirtaki com un boig a *Zorba, el grec*. Ni he begut prou *ouzo* per sortir a imitar l'Anthony Quinn, ni el músic que tinc al davant és, precisament, Mikis Theodorakis.

De tant en tant, una iaia vestida de negre, de cap a peus, entra al restaurant. N'hi ha un exèrcit per tot el barri, que passen, taula per taula, a vendre rams de flors de bosc a la gent. A Atenes, les iaies compleixen la mateixa funció que a Barcelona els immigrants hindús amb les roses. Aquí, igual que a casa, tampoc veig ningú que els compri res.

Havent sopat, passegem pel carrer Kydathenion i els ulls se'ns en van cap a la façana del cinema. Aquests dies, hi projecten *Torrente, el brazo tonto de la ley*. Veig que la història d'aquest policia porc i feixista, que interpreta Santiago Segura, ha arribat fins a Grècia. Fins i tot, la crítica del diari *Athens News* li concedeix dues estrelles, que vol dir que és una pel·lícula que es deixa mirar.

L'omnipresència mediàtica de Santiago Segura no té fronteres. És la segona vegada en pocs dies que topem amb la seva imatge per Europa. La primera va ser al programa *Nulle part ailleurs*, del Canal Plus francès. S'hi trobava com a casa: ballava al mig del plató, amb calçotets (blancs, no de color blau elèctric) i els pantalons abaixats fins al turmell.

Torrente és l'última sorpresa que ens tenia preparada la capital grega. Ara toca dormir unes hores i demà al matí, marxar cap a Santorini. Diuen que les illes gregues tenen tota la llum i el color que li falten, a Atenes.

Dos dies de vacances a Santorini

Els restaurants de Santorini fan olor d'Aftersun. Abans de sortir a sopar, tothom es banya amb crema hidratant les pells castigades per tantes hores al sol. Hi ha gent que, de tan llefiscosa que va, tinc por que rellisqui de les cadires. Pel color de la cara (si no són anglesos), sóc capaç d'endevinar quants dies fa que són a l'illa els clients de totes les altres taules.

Els que estan vermells com un pebrot, acaben d'arribar avui mateix. Els que es comencen a pelar, ja fa de tres o quatre dies que són a Santorini. I els que estan morenos, tot el mes d'agost que duen ser aquí. Nosaltres pertanyem al primer grup. Hem hagut de córrer a comprar un pot d'Aftersun d'un litre. Tinc algunes parts del cos molt ressentides. No m'hi tocava el sol des de fa ben bé un any.

Santorini no ens donarà temps ni de pelar-nos. Ens caurà la pell a trossos, camí de Portugal. Devem ser els únics en tota aquesta illa volcànica que hem arribat avui i marxem demà passat. Però per a nosaltres, tombar-nos dos dies al sol és el luxe del viatge. Les petites vacances d'un llarg estiu.

Hem llogat un apartament minúscul a la falda d'un penyasegat que cau al mar d'una manera abrupta. Tota la roca és plena de petites casetes de color blanc, amb les portes i les finestres blaves. Són els dos colors oficials de l'illa: el blau del mar i de les cúpules de les esglésies ortodoxes, i el blanc de les edificacions i de la roba de fil que a la nit es posen els turistes.

Santorini és plena de gent guapa. Els veig a les terrasses dels apartaments veïns, esmorzant safates de fruita fresca i llegint aquells llibres gruixuts que tot l'any han anat deixant per a l'estiu. La majoria de turistes són parelles joves, de vint-i-cinc a quaranta-cinc anys, que lloguen un jeep descapotable i condueixen amb banyador per les estretes carreteres locals. És com si a l'aeroport ja no deixessin entrar els que tenen més de cinquanta anys. No fos cas que les seves pelleringues deslluïssin la bellesa natural de l'illa.

Els últims dies d'agost, Santorini continua col·lapsada. Per anar a Fira, la capital, hem d'aparcar el cotxe dos quilòmetres als afores. A partir de les set de la tarda, quan es buiden les platges, el centre de la població es torna més caòtic que la mateixa Atenes. Hi ha retencions, tant per als que condueixen com per als que van a peu. Els vianants baden als aparadors de les botigues. Moltes són d'artistes estrangers –els neorurals de les illes– que un dia van venir de turistes i s'hi van quedar a viure.

No serà el nostre cas, almenys aquesta vegada. Hem arribat a Santorini amb el bitllet d'avió per tornar a Atenes a la butxaca. El vol d'anada va ser horrorós. Anàvem amb l'avió més vell, esquifit i inestable de la companyia grega Olympic Airlines. Mai havia passat tanta por volant: sorolls indesxifrables, sotregades constants i inesperats canvis de pressió atemorien tot el passatge. Semblava com si l'aparell no tingués prou consistència per resistir el vent.

A dins, en canvi, no hi circulava ni una gota d'aire. Les hostesses havien desaparegut i els cinquanta passatgers dissimulàvem la tensió ventant-nos amb la revista de la companyia aèria. Si el vol arriba a durar més de mitja hora, hi hauria hagut un motí a bord.

–Em recorda aquells autobusos de poble tan tronats, que fa quaranta anys que cobreixen la mateixa línia i que cauen a trossos per la carretera –li vaig comentar a la Núria.

Ella encara va ser més cruel:

–Doncs a mi em fa pensar en els avions de paper que tiràvem a col·legi. Sempre queien quan menys t'ho esperaves.

A l'arribada a la terminal de l'aeroport, tothom va respirar tranquil. Només una dona, a qui li va sonar el telèfon mòbil, continuava amb la mateixa cara d'esporuguida. Deia que sí en grec, mentre tancava els ulls i es mossegava el llavi inferior. Semblava que li estiguessin comunicant alguna notícia important. A mitja conversa, ens va demanar un bolígraf i es va apuntar un número a la targeta d'embarcament. Quan va penjar, es va posar a plorar. Ens va treure de dubtes, sense deixar de sanglotar.

–Era la policia. Acaben de localitzar a Santorini la meva filla de quinze anys, que fa tres dies que s'ha escapat de casa, a Atenes.

Santorini ha deixat de ser un bon lloc per perdre's. De seguida et troben.

Els veïns del costat

«Estás en una gran urbe portuaria, un crisol de mundos, pero tienes la sensación de que esa calle por la que vas ha sido siempre tu calle. La calle donde Pessoa va a por tabaco, con su amor Ofelia y una danza de almas en el magín. La calle por la que sube sudoroso el gordo periodista Pereira, el de la novela de Antonio Tabucchi, camino de una omelette as finas herbas.»

MANUEL RIVAS

Últims dies de viatge. Els veïns del costat, els hem deixat per al final. Si no fos per ells, ja s'hauria acabat aquest apassionant periple per Europa. Semblem els Siniestro Total cantant allò de *Menos mal que nos queda Portugal*. El problema és que, des de Grècia, Portugal ens queda lluny. Molt lluny.

Són cinc dies i mig de viatge des de Santorini: l'avió a Atenes, una nit al ferri de Patras a Bari (amb famílies senceres d'immigrants albanesos que dormen als passadissos i somnien en una nova vida a l'Europa occidental), i 3.000 quilòmetres amb cotxe, per travessar Itàlia de sud a nord, la Costa Blava francesa, Catalunya, Espanya i arribar a Portugal per Extremadura.

No conduïem tant des de la pujada al Cap Nord, a principis de juliol. Però a Suècia estàvem sols a la carretera i aquí enganxem l'*operació tornada* de l'agost a tots els països. Les cues, la conducció agressiva i un parell de dies de mal temps –amb pluges i pedregades constants– fan més desagradable la travessia per autopista d'Itàlia a Portugal. I, sobretot, la insolació que portem de Santorini. L'Aftersun no dóna l'abast.

La Núria i jo ens convertim en simples màquines (llefiscoses) de fer quilòmetres. Els canvis de país els notem per l'idioma dels rètols, la moneda amb què ens cobren el peatge i els entrepans de les àrees de servei. Fins i tot ens retrobem, mig de casualitat, amb el pa amb tomàquet. Llàstima que hagi de ser en un bar de l'autopista A-7, amb un pernil massa salat, un tomàquet verd i pa de baguet congelat.

Som al costat de Barcelona, però no podem desviar-nos. Després de tres mesos fora de casa, ja no ve de quatre dies més de no dormir al nostre llit. La ràdio del cotxe torna a parlar en català. Per evitar temptacions, l'apago i poso un fado de la cantant portuguesa Mísia: «*Quem é que abraça o meu corpo?/ na penumbra do meu leito?/Quem é que beija o meu rosto,/ quem é que morde o meu peito?/Quem é que fala da morte/docemente ao meu ouvido?*». («Qui és que abraça el meu cos?/a la penombra del meu llit?/Qui és que besa el meu rostre?/Qui és que mossega el meu pit?/Qui és que em parla de mort/dolçament a l'oïda?»)

Portugal ens espera demà a ritme de fado. Dolç. Sensual. Melangiós.

A casa dels parents pobres

Lisboa, 1999. Any 1 després de l'Expo 98. El pont sobre el riu Tajo dóna a la capital portuguesa una modernitat inesperada. Ningú diria que uns centenars de metres més enllà s'amaga una ciutat antiga, de carrers de llambordes costeruts, tramvies centenaris i façanes malmeses. Ara mateix sembla que estiguem a punt de travessar el Golden Gate de San Francisco.

Arribem a Lisboa el dimecres 1 de setembre al migdia. S'acaba l'estiu i comença un nou curs escolar. Els quiosquers de la capital estan enterrats sota una muntanya de col·leccionables. Tots presenten ofertes espectaculars de llançament: dos compactes de *Musicas do Brasil* per 995 escuts portuguesos, 795 pessetes; el primer fascicle de *Minerais e pedras preciosas*, amb un rubí autèntic (segur que sí!) per 295 escuts; i el llibre i el primer vídeo de l'heroïna infantil sueca *Pippi das Meias Altas* només per 695 escuts. Podria ser un quiosc qualsevol de Barcelona. Fins i tot, l'empresa editora és la mateixa: Planeta Agostini.

Lisboa comença a recollir els fruits d'haver organitzat l'última Exposició Universal del segle XX. La ciutat ofereix nous perfils urbanístics i el turisme ha crescut d'una manera espectacular. Al barri medieval d'Alfama, una botiguera que ven objectes d'artesania fets amb llaunes de sardina ens atén amb una rialla a la boca: «L'any passat els estrangers venien a l'Expo; aquest any vénen a gastar». El conductor del tramvia número 28 també ha notat el canvi: «No havia vist mai res igual en aquesta ciutat. Hem tingut turistes des del mes de febrer», m'explica meravellat, mentre fa avançar l'*electrico* per la ciutat a cop de maneta.

Molts d'aquests visitants de la capital portuguesa són espanyols, uns 500.000 l'any segons l'Oficina de Turisme. Els dos països comparteixen molts retalls de la seva història: un passat d'exploradors, quatre dècades de dictadura al segle XX, un gran desenvolupament econòmic els últims anys i la mateixa fe europeista dels conversos. Diu l'escriptor Vicente Verdú, que quan un espanyol és a Portugal «se sent com si estigués a casa d'uns parents que passen per una mala situació». Trobo que té raó. Quan arribo al Rossio, el centre de la Lisboa tradicional de la Baixa, és com si projectés un mirall sobre la Barcelona de fa quaranta anys.

Em sorprèn trobar a la plaça més concorreguda de la capital portuguesa tants homes que escupen a terra, sense cap tipus de pudor ni de precaució per als altres vianants. Pateixo perquè no em vingui a parar als peus cap escopinada. Potser per això, al Rossio, s'hi guanyen la vida mitja dotzena de netejasabates, una activitat pràcticament desapareguda a Barcelona. Trobo denigrant aquesta manera de mostrar, al mig del carrer, les escandaloses diferències socials: homes amb corbata i cartera que s'escarxofen en una butaca, mentre algú assegut en un tamboret, amb el cul gairebé a terra, enllustra les sabates dels senyors.

Un altre dels oficis habituals al Rossio és el de plastificador. Em desconcerta veure tantes parades amb una taula de càmping, trossos d'Aironfix, una guillotina i tubs de cola. Si els portuguesos no es fan plastificar el DNI cada dia, no entenc de què pot viure tota aquesta gent.

Amunt i avall de la plaça circulen altres comerciants ambulants, enmig de les terrasses on els habitants de Lisboa es dediquen a *petiscar*, menjar tapes acompanyades d'un got de vi. La meva venedora preferida és una dona que amaga centenars de sostenidors de totes les talles i colors, en un cove de vímet. El porta tapat amb un llençol blanc que obre cada vegada que s'acosta una senyora a triar i remenar. Aleshores, des de lluny, veig com dependenta i compradora fan volar la roba interior de les classes populars portugueses.

També passen per davant nostre un pare i un fill que carreguen xandalls cridaners i roba esportiva en bosses d'escombraries negres. Amb els braços i les espatlles aguanten algunes peces per poder-les mostrar als vianants, com si els seus cossos fossin aparadors ambulants. Fins i tot, un policia municipal s'interessa per una dessuadora grisa amb lletres blaves d'una universitat americana. Se la mira pels dos costats, però no se la queda. No deu gosar treure's l'uniforme i emprovar-se-la al mig del carrer.

A Lisboa, una persona encara es pot arribar a vestir de cap a peus sense haver d'entrar a cap botiga ni visitar cap mercat. Caminant per Rua Augusta, el carrer de la Baixa que enllaça el Rossio amb la Praça do Comércio, és l'hora dels complements. Primer, m'ofereix ulleres de sol un home que en porta mitja dotzena a cada mà, agafades per les nanses. Més endavant, un altre home m'ensenya un grapat de rellotges. Quan li dic que no m'interessen, veig que es posa la mà a la butxaca i treu un parell de *pedres* d'haixix. Darrere nostre, repeteix la mateixa operació amb un grup de nois de catorze anys. Només amb una diferència: amb ells, s'estalvia els rellotges i va directament a la xocolata.

La Baixa és una quadrícula neoclàssica de carrers rectes, dissenyats després del terratrèmol que va destruir Lisboa el 1755. D'aquí, en surten tramvies i elevadors cap als barris que queden enfilats en algun dels set turons de la ciutat. És la postal que tots els turistes s'emporten de Lisboa: un tramvia groc d'un sol vagó pujant per carrers de pendents increïbles.

La meva fotografia la faig a l'*electrico* número 12, just quan comença l'ascensió a l'Alfama, amb un parell de nens enganxats per fora, a la porta del darrere. Uns metres més enllà, veig com salten en marxa i entren en un portal rònec. El tramvia els ha deixat a davant de casa. A temps de dinar, espero. Ja és un quart de tres.

La majoria de botigues conserven l'aire tradicional del barri d'Alfama: fruiteries minúscules als baixos d'edificis en runes, barberies de rajola verda a les parets i massatge Floïd a l'aparador, i altres negocis més difícils de classificar. És el cas d'un comerç empolsinat, que anuncia, amb papers esgrogueïts a la porta, tots els serveis que ofereixen: contracten assegurances, adoben pells, fan fotocòpies en un minut (n'he vist de més ràpids) i embalsamen animals, des de gossos fins a gats, passant per canaris, perdius o papagais. Tinc una idea: si mai volen ampliar el negoci, els puc presentar l'home que fa una estona em volia vendre rellotges i haixix. És l'únic que els faltaria.

Enmig de tantes imatges antiquades, no m'estranya que Lisboa sigui l'única capital europea on noto que els turistes espanyols es passegen amb aires de superioritat. És allò d'anar a visitar «els parents pobres» i potser també les últimes seqüeles de tantes dècades de dominació espanyola, a finals del segle XVI i començaments del XVII. A Itàlia, per exemple, vaig trobar madrilenys que intentaven xampurrejar l'italià. A Lisboa, tots parlen castellà. Consideren que aquí l'esforç l'han de fer els portuguesos.

Aquests, per la seva banda, intenten diferenciar-se o confondre els espanyols que els visiten, fins en el detall més anecdòtic. A Lisboa, quan un taxi té el llum verd encès, no vol dir que està lliure; al contrari, està ocupat; la revista *Muy interesante*, perquè no sembli el mateix, es ven als quioscos de Portugal amb un altre nom (*Super Interessante*) i, a l'idioma, també hi han introduït petits canvis que arriben a ser inquietants. El cartell de l'ascensor de l'hotel prohibeix que hi pugin soles les persones que tinguin menys de «*10 anos*». Deu ser per això que veig que tothom va acompanyat.

Diaris de tarda i fados de nit

A Lisboa, redescobreixo el petit plaer de tenir a les mans un diari amb notícies del mateix dia. Des de la terrassa de l'antic cafè A Brasileira (i al costat d'una figura de bronze del poeta Fernando Pessoa) llegeixo un dels exemplars d'*A Capital* que, a mitja tarda, acaben d'arribar al quiosc de la Rua Garrett. A Catalunya, el record dels últims vespertins –*Telexprés* o *Noticiero Universal*– es perd a la dècada dels vuitanta.

Del diari, em crida l'atenció la polèmica entre dos grups d'arquitectes per la revolució cromàtica dels carrers de la capital portuguesa. Uns es queixen de la utilització excessiva del color groc per pintar les façanes dels edificis que es construeixen o es reformen els últims anys a Lisboa. Diuen que tradicionalment la ciutat havia tingut uns tons més suaus: blancs, ocres o roses. Els altres culpen la dictadura de Salazar d'haver fet apologia dels colors apagats i reivindiquen que Lisboa, com a terra de gents diferents, ho ha de reflectir en un cromatisme més alegre i divertit.

Mentre els arquitectes es discuteixen en públic, nosaltres fa un parell de dies que veiem moltes façanes del Bairro Alto o d'Alfama que cauen literalment a trossos.

–Primer que les pintin. Després ja triaran el color –diu la Núria per tancar la polèmica.

Com a teló de fons d'aquesta història policroma, hi ha el passat colonial de Portugal. Des de Marsella, no havia vist una ciutat amb tanta barreja ètnica com Lisboa. Hi ha homes i dones de tots els continents, perquè l'imperi portuguès s'estenia per Àfrica (Angola, Moçambic, Guinea Bissau, Cabo Verde i Santo Tomé), Àsia (Timor Est i Macau) i Amèrica (Brasil i Goa).

Precisament la notable presència d'africans i brasilers a Lisboa ha influït en la sonoritat del fado, la música popular portuguesa. El primer fado d'aquest viatge, el vaig sentir a Radio Latina de Luxemburg, al taxi d'un immigrant portuguès. Aleshores, no volia ni escoltar-lo, perquè Portugal significava el final d'un estiu que tot just començava. Ara és tot el que ens queda, abans de tornar a Barcelona: quatre fados mal comptats.

Demanem a l'Oficina de Turisme un local on puguem sopar i escoltar música, i ens envien al club de fados San João de Praça, al costat de la Sé, la catedral de Lisboa. Toquem un timbre, ens obren sigil·losament i ens fan passar al menjador. Volíem un lloc que no fos turístic i ho hem encertat: aquest no ho és. No hi ha ningú. Som la Núria i jo sols, en tot el restaurant. Una legió de cambrers, cuiners i músics treballaran aquesta nit per a nosaltres.

Al final de cada plat, es tanquen els llums, entren dos guitarristes (sempre els mateixos) i un cantant (cada vegada, diferent). Ens saluden, es col·loquen al costat de la nostra taula i ens interpreten tres cançons a l'orella. Em fixo en un petit detall: tots els vocalistes canten amb els ulls tancats. No sé si és per evocar l'amor i la *saudade* amb més sentiment o per no veure que, a davant seu, hi tenen una sala completament buida.

Una nit als toros

«La muerte puso huevos en la herida/ ¡No me digáis que la vea!/No quiero sentir el chorro, cada vez con menos fuerza.»

FEDERICO GARCÍA LORCA,
Llanto por Ignacio Sánchez Mejías

Avui serà la primera vegada a la vida que entraré en una plaça de toros. Estic impacient. Si fa o no fa com aquell llunyà 10 de juny, que des de l'habitació de l'hotel del Louvre, comptava les hores que faltaven per jugar a la ruleta a Montecarlo. És un viatge singular, sens dubte. El vaig començar al casino i l'acabaré, tres mesos després, als toros.

Arribem a Campo Pequeno, la plaça de braus de Lisboa, un quart d'hora abans de les deu del vespre. Uns homes amb bata vermella (i la camisa descordada fins al melic) ens acompanyen a les nostres localitats i ens ofereixen coixins per no haver de seure a la pedra, on s'han cagat tots els coloms de Lisboa. A les entrades, llegeixo que és un espectacle reservat als majors de sis anys. Té una lògica: més petits, no n'entendrien tota la crueltat.

La plaça de Campo Pequeno, construïda el 1892, té capacitat per a 9.000 persones. Avui només n'hi deuen haver unes 3.000. La composició de la llotja d'autoritats sembla una mica ridícula: un parell de senyors amb corbata, un parell més amb uniforme policial i un altre que toca la trompeta. Tots estan tapats per una gran bandera portuguesa, que només els deixa treure el caparronet per sobre. A l'altre costat de la plaça, hi ha una banda de música. Contràriament al que seria previsible a Portugal, no toquen fados. Matarien el toro d'una depressió. Prefereixen animar-li les últimes hores de vida, amb un pasdoble darrere l'altre.

El meu veí de localitat m'adverteix que el que em trobaré aquí no té res a veure amb una corrida espanyola.

–No es preocupi. Tampoc n'he vist mai cap allà –li contesto.

–És que a Portugal no matem el toro a la plaça. I l'animal surt amb unes banyes de plàstic, que li tapen les banyes originals.

Ara entenc amb què es deuen guanyar la vida els plastificadors del Rossio: folrant banyes de toros. Sort que aquest bon home m'ha avisat. M'imagino l'impacte que hauria tingut en veure sortir una bèstia de 600 quilos amb el cap embolicat amb Aironfix.

Els portuguesos senten una fascinació especial per les corrides espanyoles. És com si les seves no fossin prou salvatges. El meu veí està al·lucinat amb la valentia d'El Juli, un torero madrileny de setze anys, que fa pocs dies va ser ferit per un toro. M'ensenya amb admiració una revista portuguesa que recull les seves declaracions, després de l'enganxada.

–Fixi's què diu: «Ara em sento més home». Aquest noi arribarà lluny.

Encara és més incomprensible el que he vist aquest matí, en un balcó amb roba estesa del Bairro Alto de Lisboa. Enmig de samarretes, calçotets i texans, penjava un drap de cuina, amb el cartell estampat d'una corrida de toros. Era de la plaça de Pozoblanco, el 26 de setembre del 1984, el dia que hi va morir Francisco Rivera Paquirri. La necrofília dels aficionats als toros arriba fins al punt de treure la pols de casa amb una esquela.

Un torero que es diu Andy?

El veí ja s'ha adonat que els toros no són el meu fort, però com que em veu prenent notes i posant-hi interès, continua amb les explicacions didàctiques. Diu que els toreros a Portugal van enfilats a sobre d'un cavall i, per això, reben el nom de *cavaleiros*.

–És el que vostès en diuen *rejoneadores*. Ja en deu haver sentit a parlar, oi?

–Doncs ara mateix, pel nom, no.

–Avui n'hi ha dos de portuguesos –João Telles i João Salgueiro– i un d'espanyol, Andy Cartagena. No el coneix, tampoc?

–No. No sé de cap torero que es faci dir Andy.

Quan surten a la plaça, veig que els *cavaleiros* no van vestits com els toreros. Semblen mosqueters, més aviat. Porten una levita que els tapa el cos fins al genoll. Aquesta és una altra de les diferències: aquí no marquen paquet.

En el toreig portuguès el *cavaleiro* ha de clavar banderilles al toro –unes de curtes, unes de llargues, unes de vermelles, unes altres de verdes–, però totes han de fer sagnar l'animal per l'esquena i per la boca. Morir, no morirà a la plaça, però el patiment no li estalvia ningú. Cada banderilla clavada amb èxit és celebrada per la banda amb uns acords musicals que semblen d'un espectacle de circ. Mentrestant, el toro, se'l veu més distret jugant a aixecar sorra amb les potes que no pas participant en aquest cruel espectacle dels humans.

Quan l'animal ja ha sigut castigat amb set banderilles, el *cavaleiro* es retira i dóna pas als *forcados*.

–No s'ho perdi, perquè això sí que només ho veurà a Portugal –m'aconsella el veí.

Els *forcados* són un grup de vuit homes que van amb pantalons ajustats, faixa vermella i una torera. Salten a l'arena i es col·loquen en fila índia, i en línia recta amb el toro. El primer de tots es posa una barretina verda al cap, avança fins a dos metres de l'animal i comença a provocar-lo, davant l'expectació de tota la plaça. El toro no té més remei que posar-se a córrer i envestir (amb banyes de plàstic) la persona que troba a davant.

El *forcado* se li penja al damunt del cap i lluita per frenar l'animal, agafant el toro per les banyes (que d'aquí deu venir l'expressió). Per aguantar això, té l'ajut dels set companys que l'esperen al darrere i que fan pinya amb ell per amortir-li el cop. L'operació s'acaba, entre els aplaudiments dels espectadors, quan un dels *forcados* estira el toro per la cua i l'obliga a giravoltar sobre si mateix.

Com que la bèstia no mor a l'arena, al final fan entrar un ramat de vaques per emportar-se el toro cap a les quadres. Aleshores, el *cavaleiro*, la seva quadrilla i el primer *forcado* donen la volta a la plaça, recollint les flors i les peces de vestir que els llança la gent. Si els *cavaleiros* són els artistes de l'espectacle, els *forcados* hi posen el valor, la masculinitat. Per això, són els més aclamats pel públic.

Entre toro i toro, un grup d'homes que van vestits com si sortissin dels Santfermins aplana la sorra i retira els excrements que els cavalls han deixat a la plaça. Quan acaben, apareix un empleat amb un cartell que indica l'any de naixement del següent animal (tots són del 1995), la ramaderia (tots són del Brito Paes), el pes (tots oscil·len entre 480 i 580 quilos) i un número, que després veig que coincideix amb el que els toros tenen gravat a la pell. El *cavaleiro*, en canvi, no porta números ni cap altra identificació externa. Ja se suposa que l'has de conèixer.

Els descansos són aprofitats per un escamot de nois per repartir propaganda de la corrida de dijous que ve a la nit, a Campo Pequeno. Miro el cartell i no m'ho acabo de creure. No pot ser que a Lisboa també ens persegueixi l'ombra d'aquest home.

–Què hi va que no saps a qui dediquen la pròxima corrida? A Ernest Hemingway!!!

La Núria ja ni s'immuta. Des del Ritz de París, no podem anar enlloc que no hi hagi passat abans aquest escriptor nord-americà. D'aquí a un parell de dies, quan arribem a casa, estic per inaugurar una habitació que porti el nom d'Ernest Hemingway.

O un moble bar. Que potser seria més apropiat.

De Lisboa a casa

«Els que viatgen (...) ja no saben usar la paraula. T'inviten a casa i t'ensenyen diapositives el diumenge a la tarda.»

MONTSERRAT ROIG

Hem carregat les maletes al cotxe i, per últim cop, hem fet allò que tant m'agrada: deixar una ciutat i tornar a sortir a la carretera. Però el viatge d'avui té un regust amarg. De Lisboa a casa. La nostra vida nòmada té les hores comptades. Igual que l'estiu del 1999, que també s'acaba.

Diuen els amics que a Catalunya tot continua igual. No recorden que hagi passat res de nou, en aquests tres mesos. Ni tan sols saben de ningú que s'hagi mort. Que estrany! Sempre es mor algú conegut quan ets fora de casa.

Els meus amics d'aquest estiu han sigut uns altres: els veïns de dalt. Vés a saber si per a ells hi ha hagut cap novetat. El que és segur és que ni deuen recordar que un dia vaig passar fugaçment per les seves vides. Altra feina tenen. Penso en Claudio el Compadre, l'alemany que tocava flamenc a Berlín, amb sandàlies i mitjons; en la Karen, aquella jubilada sueca que els anys seixanta havia estat a Catalunya, i ara només patia perquè no li volés la perruca; penso en la dona que rentava homes finlandesos despullats a la sauna de Hèlsinki, i em pregunto si els tornaré a veure mai més. Segurament que no.

Tampoc és fàcil que em trobi la reina del vi d'Alemanya, aquella noia que vestia a joc amb els tovallons del seu hotel; ni la senyora que robava entrepans d'un *bed&breakfast* del País de

Gal·les, el mateix dia que es casava la seva néta; i encara menys espero veure els quatre *matons* de discoteca del Vaticà.

Alguns dels veïns de dalt els tinc fotografiats, com per exemple Martin Pedersen, el danès que el 10 de setembre (d'aquí a sis dies) s'ha de casar amb una mallorquina; o l'entranyable guia gal·lès, Mihangel Goodchild, autor d'aquella frase tan entranyable: «*Estar con ustedes le da mucho gusto a uno*». Tornar a casa també en dóna, de gust. Però diferent.

És el gust de veure el que hem deixat enrere. Els necessers aixafats a Suècia. Els sopars a quarts de vuit del vespre. Els problemes de la Núria per depilar-se. Les bronques dels crupiers de Montecarlo. Els mosquits de Lapònia. El boli Bic de color verd del Pare Noël. L'eclipsi que no vam veure. Els esmorzars anglesos. Els dos únics sucs de taronja naturals –Mònaco i els Cotswolds– en 88 dies. L'aigua sense gas que no trobàvem enlloc. Les 170 pessetes per un pipí a Venècia. Els llits separats pel Nou Testament. El monstre d'habitació del llac Ness. L'hotel més petit del món. Les 29 peces de roba interior que vam rentar a Copenhaguen. Els maldecaps per revisar el cotxe. L'autopista italiana de 176 túnels. Els ascensors de Luxemburg. Les grues de Berlín. Les bicicletes assassines d'Amsterdam. L'adhesiu de prohibit fumar al crematori de Mauthausen. El drap de cuina del dia que va morir Paquirri. La mort de John John Kennedy. I la missa de diumenge, a Irlanda.

Parlem del viatge com si haguéssim fet la volta al món. Ai, senyor! Però si el territori de la Unió Europea només representa el 2 % de la superfície mundial. Per veure l'altre 98 %, necessitaríem estar 25 anys seguits voltant. Potser sí que aleshores, el dia que tornéssim, trobaríem alguna cosa canviada, començant per nosaltres mateixos, que estaríem a punt de jubilar-nos.

Per fi, a Barcelona. Obro la porta de casa. El llum de l'entrada. El del passadís. El del menjador. I pujo la persiana. Un altre cop hi entra claror natural, després de 88 dies de foscor.

La nevera, tan buida com la vam deixar. El llit, encara amb els llençols del juny. Tot sembla al seu lloc. No, tot no. Les parets del menjador són plenes de cucs. Ja veig d'on surten. Les nous de sobre la taula s'han podrit. Afegim insecticida a la llista de la compra que hem començat a fer al cotxe.

Queda la feina ingrata. Muntanyes de roba bruta: la blanca, en un pilot; la de color, en un altre; i els calçotets de color blau elèctric de Viena, sols en un racó, a punt d'anar a les escombraries, quan tinguem bossa d'escombraries.

Queden les fotos. Demà portaré els 14 rodets a revelar. «Però no val mirar-te-les tu, primer», m'ha avisat la Núria.

I queda explicar el viatge. A la família. (No esteu cansats d'anar amunt i avall?) Als amics. (Què us ha agradat més?) Als companys de feina (Una anècdota, va.) Al porter. (És cara Europa?) Al cambrer del bar de la cantonada. (Heu menjat bé?) I als que sempre ho saben tot. (Tres mesos viatjant i no heu estat a *tal* poble? Doncs us heu perdut el millor.)

Qui sap si un d'ells és el que ara mateix ja truca per telèfon. Amb cara de circumstàncies, despenjo l'auricular i em deixo caure al sofà que tant he enyorat tot l'estiu.

–Sí?

Índex